AF355808

LA VIE ET L'ŒUVRE

DU TROUBADOUR

RAIMON DE MIRAVAL

FOIX. — IMPRIMERIE-LIBRAIRIE GADRAT AINÉ.

LA VIE ET L'ŒUVRE

DU TROUBADOUR

RAIMON DE MIRAVAL

ÉTUDE

SUR

LA LITTÉRATURE ET LA SOCIÉTÉ MÉRIDIONALES

A LA VEILLE DE LA GUERRE DES ALBIGEOIS

THÈSE PRÉSENTÉE A LA FACULTÉ DES LETTRES

DE L'UNIVERSITÉ DE PARIS

PAR

PAUL ANDRAUD

Professeur agrégé de l'Université

PARIS (2e)

LIBRAIRIE ÉMILE BOUILLON, ÉDITEUR

67, RUE DE RICHELIEU, 67, AU 1er

—

1902

A MON FRÈRE

EN TÉMOIGNAGE DE NOTRE VIEILLE AFFECTION

AVANT-PROPOS

C'est moins une étude littéraire qu'une étude de mœurs que nous avons voulu écrire en prenant pour sujet *la vie et l'œuvre du troubadour Raimon de Miraval.*

Sans négliger la valeur propre des poésies que Miraval nous a laissées, nous nous sommes attaché surtout à fixer, son œuvre aidant, certains traits de la civilisation méridionale à la veille même des événements qui allaient, en ruinant cette civilisation, arrêter dans son développement la poésie qu'elle avait fait éclore.

Miraval est en effet de ces poètes dont Fauriel a pu dire que « leur vie, plus poétique encore que leurs œuvres, est précieuse pour l'histoire de la société au milieu de laquelle ils vivaient[1]. » Si l'on entendait par « vie poétique » celle où l'idéal tient la première place, peut-être faudrait-il faire sur ce point plus d'une réserve, surtout en ce qui concerne Miraval, nous le verrons. Mais si l'on entend par là que l'existence de certains troubadours abonde en incidents tellement romanesques[2] que, si des témoignages irrécusables ne venaient les confirmer en grande partie, on les rejetterait comme invraisemblables, rien de plus juste.

Miraval se prête peut-être mieux que beaucoup d'autres à

1. *Hist. de la Poésie prov.* t. II. p. 55. — C'est à ce titre que la biographie de Miraval est reproduite dans l'*Histoire générale de Languedoc* (cf. plus loin, p. 230.)

2. Un romancier contemporain M. Paul Heyse, n'a-t-il pas repris récemment l'histoire de Gaudairenca et de Miraval ?

une étude des mœurs de son temps, car il dut sa célébrité, non seulement à son talent poétique, mais aussi à la singularité des aventures dont il fut le héros et sur lesquelles des souvenirs nombreux nous ont été transmis.

L'abondance de ces souvenirs était pour nous tenter et nous inquiéter à la fois. Les noms propres qui figurent en assez grand nombre dans les poésies de notre troubadour, dans sa biographie ou dans les *razos* de ses pièces, font entrevoir, au premier abord, la possibilité d'étudier de près la société d'alors dans une région déterminée. Malheureusement les noms réels sont rares dans le texte de Miraval, et fréquents les pseudonymes ; de plus, il ne s'y trouve, pour ainsi dire, aucune allusion historique[1]. Enfin, le caractère volontiers fantaisiste des récits que nous devons aux anciens commentateurs des troubadours est fait pour dérouter la critique ; et peut-être n'est-il pas exagéré de dire que la difficulté de voir clair dans tous ces détails est d'autant plus grande que les auteurs des *razos* prétendent nous renseigner de plus près.

Nous avons du moins tâché d'apporter, à démêler ce qu'il pouvait y avoir de vrai dans les traditions relatives à Miraval, toute la prudence qu'exigeait un travail de ce genre, nous abstenant toujours, là où les documents faisaient défaut, de proposer une solution formelle.

Au reste, la part du roman faite, il subsiste, ce nous semble, assez de vrai — parfois même de ce vrai qui « peut n'être pas vraisemblable » — pour que cette enquête particulière apporte un élément, sinon tout nouveau, du moins assez précis, à l'étude de la civilisation méridionale au moyen-âge. S'il est malaisé, pour ne pas dire impossible, à qui retrace la vie d'un humble chevalier du XIIe siècle, d'arriver sur tous les points à la certitude, il n'en est pas moins vrai que les

---

1. De là vient qu'il est si difficile de dater, même approximativement, bon nombre de ses pièces.

légendes — si légendes il y a — attachées à son nom ont leurs racines dans la réalité : aussi restent-elles instructives, alors même qu'on n'en peut retrouver l'origine, pour qui cherche à connaître l'état des mœurs et des esprits dans le monde où vivait le troubadour, et à préciser la place qu'il y occupait.

Il nous a semblé surtout que la psychologie curieuse de notre poète, reconstituée à l'aide de son œuvre et de ses aventures, pouvait former un document intéressant : Raimon de Miraval nous permet de nous représenter avec quelque relief un type social, dont nous ne songeons nullement à nier l'étrangeté, mais qui exista réellement et qui, comme tel, mérite d'être classé.

Non que la physionomie du troubadour n'ait été du premier coup saisie et fixée par Diez ; mais, au-dessous du travail d'ensemble qu'il a consacré à la littérature poétique du Midi et à ses mœurs dans leurs rapports avec la poésie, au-dessous de ses notices biographiques largement esquissées, il y a place pour des études plus spéciales : ne fissent-elles que confirmer par le détail le dire du célèbre critique, elles auraient encore leur raison d'être. Et que de détails restent à contrôler dans un champ aussi étendu ! L'examen complet et méthodique de l'œuvre de chaque troubadour de renom fournirait une tâche assez longue : comment Diez eût-il pu, dans un livre où il entreprenait d'étudier un grand nombre de ces poètes, soumettre à une vérification rigoureuse toutes les traditions les concernant ? Il lui suffisait, comme il l'a fait, de formuler au besoin ses réserves, sans chercher à élucider tous les points douteux.

Sur la valeur littéraire de notre auteur nous nous expliquerons franchement : nous n'avons voulu ni l'exalter ni la rabaisser. Il est permis, tout en rendant hommage aux qualités extérieures de la lyrique provençale, de regretter qu'elle n'ait pas produit des talents plus distincts les uns des autres : et cette considération même nous invitait à réduire la partie littéraire de notre étude. Mais il serait injuste, sous prétexte que les troubadours sont légion, de nier les mérites de bon nombre d'entre eux.

Tout d'abord, Miraval est de ceux dont il nous reste assez de pièces authentiques pour que leur œuvre, bien que mutilée, puisse être jugée avec quelque équité. On est donc fondé à rechercher, s'il y a lieu, ce qui constitue l'élément vraiment personnel de sa poésie : il ne réside ni dans la richesse de l'imagination, ni dans la force du sentiment. Nous estimons que Miraval poète est surtout intéressant pour avoir mis parfois une précision vive et familière qui a bien son prix dans un genre auquel les Provençaux n'ont donné que trop d'uniformité en l'idéalisant : nous voulons parler de la chanson d'amour.

Bien qu'il y ait assurément moins d'originalité dans son œuvre que dans sa vie, il jouit cependant auprès de ses contemporains d'une incontestable renommée : c'est que son tour d'esprit répondait sans doute exactement aux tendances de son époque. Moins personnel, comme artiste, que tel de ses rivaux, peut-être n'en reflète-t-il que plus fidèlement le milieu où il vécut.

Très répandu dans les cours du Midi, d'ailleurs maître de son art, il fut à même de rimer avec aisance, et en homme qui s'y connaissait, la chronique amoureuse de son temps. Par ses qualités et ses défauts, il est vraiment un des chantres attitrés de cette société légère et brillante, qui eut ses faiblesses et ses ridicules, comme elle eut ses héroïsmes, et à qui l'on peut bien pardonner sa trop longue insouciance en faveur des tragiques épreuves qui l'attendaient.

*
* *

En l'absence d'une édition de Miraval[1], nous étions tenu de reproduire tous les passages de notre auteur qui nous ont servi à reconstituer sa vie ; nous avons même cité en entier certaines pièces particulièrement importantes, quand il ne nous était pas possible de renvoyer à un texte assez sûr.

Pour les manuscrits autres que ceux de Paris[2], nous avons utilisé les copies déjà publiées dans les divers recueils ou périodiques français, allemands et italiens. Nous avons fait prendre cependant une copie spéciale des pièces de Miraval — fort nombreuses — contenues dans D (Modène) : nous la devons aux bons soins de MM. Caputo et Sola, de l'Estense.

Quant aux manuscrits de Paris, nous en avons fait nous-même la collation complète : nous n'avons négligé que le texte de K, que celui de I rend inutile. Notre ami E. Galtier, professeur agrégé de l'Université, a bien voulu achever pour nous la collation de R.

Un mot encore, sur l'orthographe que nous avons adoptée pour les noms propres. Pour les noms de personnes, nous nous sommes attaché à conserver la forme ancienne et, autant que possible, régionale ; pour les noms géographiques, nous avons toujours employé la forme moderne.

---

1. Une édition critique de Miraval représente une assez lourde tâche : nous l'avons assez avancée pour ne pas désespérer de la mener à bonne fin.

2. Pour la désignation des manuscrits nous employons les sigles du *Grundriss* de Bartsch.

*
* *

Ce fut sur le conseil de M. Chabaneau que nous entreprîmes ce travail : nous aurions voulu qu'il fût plus digne de ce maître éminent, dont nous n'avons pas été l'élève, mais dont il nous a été donné d'apprécier la courtoisie et l'érudition.

Nous avons d'autres dettes de reconnaissance à acquitter. M. A. Thomas, notre ancien professeur à la Faculté des Lettres de Toulouse, nous offrit naguère de nous communiquer, afin de les étudier et d'en faire au besoin notre profit, deux actes relevés par lui dans le fonds de Malte aux Archives de la Haute-Garonne : nos recherches ainsi amorcées, il nous a été plus facile de mettre la main sur les autres documents.

Nous sommes, au même titre, l'obligé de M. F. Pasquier, archiviste de la Haute-Garonne, qui, instruit de l'objet de notre travail, nous signala l'existence d'une des pièces relatives à l'abbaye du Loc-Dieu : par elle nous avons été amené à découvrir les autres.

Nous devons plus encore à M. A. Jeanroy, professeur à l'Université de Toulouse, qui, en mettant sa bibliothèque à notre disposition, a grandement facilité notre tâche : nous avons trouvé en lui un guide aussi qu'éclairé qu'obligeant, à qui nous nous faisons un devoir d'exprimer notre vive gratitude.

ADDITIONS ET CORRECTIONS

Pag. 16, ligne 30 : effacer la virgule à la fin de la ligne. — pag. 20, note 3 : au lieu de : *les mss. A et B,* lire : *les mss. AB et a.* — pag. 41, note 3 : au dernier vers, lire *enemics* au lieu de *ennemics.* — pag. 45, av. dernière ligne, et pag. 46, note 1 : lire *valc* au lieu de *vale.* — pag. 51, ligne 4 : lire : l'*identification* au lieu de : l'*identité.* — pag. 55, note 2 : lire : *Alfonso II* au lieu de *Alfonse II.* — pag. 73, ligne 21 : au lieu de *Carcassonne et Beaucaire,* lire : *et qu'il rentre dans Carcassonne.* — pag. 77, ligne 23 : au lieu de : *des conclusions,* lire : *les conclusions.* — pag. 84, note 2 : au lieu de : *p. 38 n. 1,* lire : *p. 35 n. 1.* — pag. 105, note 5, lire *qui men no ditz* au lieu de *no no ditz.* — pag. 143, vers 29, lire *qem* au lieu de *gem.* — pag. 237, ligne 10 : lire : *engagent à Guilhem.* — pag. 238, à la fin de la pièce 7. le mot « Dartimi » devrait être en italique.

INTRODUCTION

LE LANGUEDOC ET LE NORD-EST DE L'ESPAGNE
VERS LA FIN DU XIIe SIÈCLE

Avant d'étudier la vie et l'œuvre d'un troubadour qui fut en
relations, non seulement avec les seigneurs du Midi de la
France, mais avec les princes du Nord de l'Espagne, il nous a
paru nécessaire d'esquisser rapidement le tableau de ces contrées à l'époque où Raimon de Miraval dut les parcourir et s'y
rendit célèbre.

Rien de plus capricieux, on le sait, que l'existence des poètes
d'alors, qui, les beaux jours venus, se rendaient dans les cours
et dans les châteaux où résidaient leurs protecteurs et laissaient
çà et là, au gré de leur inspiration, les vers dont les mille
incidents de la vie courtoise leur fournissaient le thème ; rien
de plus difficile à suivre que ces allées et venues continuelles
dans les régions où s'étendait leur renommée et que leur art,
planant volontiers au-dessus des rivalités qui divisaient si souvent les familles seigneuriales, unissait malgré tout dans un
même culte.

S'il est impossible de suivre pas à pas les troubadours dans
ces courses incessantes, dont leur poésie, par sa nature même,
leur faisait une nécessité, l'on peut cependant fixer sans trop
de peine, pour les plus connus d'entre eux, les limites dans
lesquelles s'exerça leur activité. S'il nous arrive, par exemple,
au cours des aventures de Raimon de Miraval, de perdre quelquefois sa trace, du moins saurons-nous quels sont ceux des

pays de langue d'oc qu'il visita le plus volontiers. Notre tâche n'est pas d'étudier quelle a été l'influence exercée par l'art des troubadours sur une région déterminée, — ainsi que Milà y Fontanals l'a fait pour l'Espagne[1] — non plus que de grouper autour d'une maison princière tous ceux des poètes provençaux qui furent ses protégés — comme M. P. Meyer l'a fait pour les comtes de Toulouse[2] — : notre objet est de montrer, non pas les troubadours, mais bien l'un d'entre eux à la cour des différents princes du Midi.

I

Voici quels étaient, dans la deuxième partie du xii" siècle, c'est-à-dire au moment où Miraval comptait parmi les représentants autorisés de la poésie, les monarques et les principaux seigneurs auprès desquels, dans la région qui nous intéresse, l'art des troubadours fut en faveur. Nous mentionnerons surtout ceux dont il semble que Miraval ait été connu ; non que tous aient été, à proprement parler, ses protecteurs ; mais il fut certainement en relations avec le plus grand nombre, et, si nous n'avons pas de preuve matérielle qu'il ait vécu auprès de tel de ces personnages, il est pourtant vraisemblable qu'il n'était un inconnu pour aucun de ceux que nous allons citer[3].

Ce sont les comtes de Toulouse qui, à tous les titres, doivent être mis en première ligne. Pendant les règnes d'Alfonse Jordan (comte de 1112 à 1148) et de Raimon V (1148-1194), ils ont agrandi leurs domaines, affermi leurs droits, triomphé des tentatives faites, au cours du xii" siècle, pour réduire leur influence, soit par des voisins redoutables, tels que les rois d'Aragon, soit par des vassaux tout puissants, tels que les vicomtes de Béziers. La première partie du règne de **Raimon VI**

1. Milà y Fontanals : *De los Trovadores en España* (Barcelona 1861).

2. *Les Troubadours à la cour des Comtes de Toulouse (Hist. Lang.* vii. 411 et suiv.)

3. Il va de soi que nous avons mis largement à profit, pour cette étude la « *Géographie historique de la province de Languedoc au Moyen-âge* » de M. A. Molinier, insérée au tome xii de l'*Histoire de Languedoc*.

(comte de 1194 à 1222) est encore pour eux une période de grand éclat. Parés des titres les plus beaux, non seulement comtes de Toulouse, mais marquis de Provence et ducs de Narbonne, ils exercent leur suzeraineté sur une région qui va des Alpes à la Gimone; et, si l'étendue même de ce vaste territoire s'oppose à ce que leur domination y soit effective sur tous les points, du moins leur prestige est-il considérable. Peut-être les efforts qu'ils tentèrent pendant le XIIe siècle pour réaliser en fait cette domination étaient-ils sur le point d'aboutir définitivement, quand la guerre des Albigeois vint les rendre inutiles. Mais pendant la seconde moitié du XIIe siècle et durant les premières années du XIIIe, leur puissance et leurs richesses attirèrent à leur cour les poètes les plus célèbres de leur temps. Non qu'il faille attribuer leur générosité envers ces derniers à un amour désintéressé de l'art, à un sentiment éclairé du beau — c'est un point sur lequel il est difficile de se prononcer [1] —; mais, incarnant en eux le goût des races méridionales pour le faste et les plaisirs, ils étaient naturellement amis d'une poésie où se reflétait tout ce que leur vie avait de facile et de brillant : la présence de ces poètes, qui relevaient l'éclat de leurs fêtes et payaient de leurs vers les largesses reçues, était un signe de plus qui attestait la grandeur de leur maison : le joyau de l'art eût vraiment manqué à leur couronne.

Avec cette période, où la gloire des comtes de Toulouse atteint son apogée, coïncide le plein épanouissement de la lyrique provençale, et plus d'un nom illustre doit être cité à côté de ceux de Raimon V et de Raimon VI : Bernart de Ventadour, Peire Rogier, Peire Raimon, Ugo Brunenc, Peire Vidal, Folquet de Marseille, Bernart de Durfort entretinrent des rapports avec Raimon V ; quant à Raimon VI, Aimeric de Péguilhan, Aimeric de Belenoi, Ademar le Noir, Raimon de Miraval furent au nombre de ses protégés.

A côté et au-dessous des comtes de Toulouse, des vassaux de ces derniers avaient eux-mêmes assez de prestige pour s'attirer les louanges des poètes et faire de leurs résidences des

1. Voir là dessus les justes réserves faites par M. P. Meyer (*Hist. Lang.* VII. 441.)

centres littéraires importants. Parmi ces vassaux, les vicomtes de Béziers-Carcassonne sont au premier rang.

La maison des Trencavel s'était affermie elle aussi durant le xii⁰ siècle. Maîtres du Razès, du Biterrois, de l'Albigeois, ses vicomtes balancent quelque temps dans le Languedoc l'influence de leurs suzerains. Un certain nombre de seigneurs de leur région, qui ne s'étaient trouvés jusque-là que sous leur dépendance nominale, se soumettent effectivement à eux. Tels sont les barons de Termes, les vicomtes de Minerve, les seigneurs de Saissac et d'autres dont les noms sont mêlés aux aventures qui vont nous occuper. Dans le Carcassès même, les seigneurs de Cabaret — dont le rôle au début du xiii⁰ siècle fut si important grâce à la situation de leurs châteaux, — les seigneurs de Montréal, de Fanjeaux ; dans l'Albigeois, les seigneurs de Lombers sont autant de vassaux des vicomtes de Béziers, dont la suzeraineté s'affirme sur eux incontestée à la fin du xii⁰ siècle. Ce fut principalement à la cour de Rogier II (vicomte de 1167 à 1194), surtout à partir de son mariage avec la fille de Raimon V (en 1171), que les poètes purent être accueillis avec faveur. A partir de 1199, le jeune Raimon-Rogier gouverna par lui-même les possessions que son père lui avait léguées. Il est vrai qu'il ne fut pas donné à ce prince d'exercer longtemps le pouvoir et l'on connaît sa mort tragique et prématurée (1209). Mais la première campagne des croisés, celle-là même qui aboutit à la prise de Carcassonne, avait été si foudroyante que jusqu'au dernier moment, rien n'était venu interrompre cette vie de plaisirs et de menues intrigues où la société du temps trouvait tant de charme. Aussi peut-on dire que, si le règne de Raimon-Rogier fut bien court, ce ne fut du moins qu'à ses derniers jours que la prospérité et l'éclat en furent troublés. Nous mettrons donc ce prince, comme son père, au nombre de ceux qui furent en état de grouper autour d'eux une élite de poètes et de seigneurs. On sait notamment qu'à l'époque de Rogier II, Arnaut de Mareuil fréquenta la cour de Béziers ; et le souvenir de son roman avec la célèbre Azalaïs de Toulouse est un des plus gracieux que la tradition Languedocienne nous ait légués. Quant à Raimon de Miraval, il connut certainement

Rogier II et son fils, qui furent ses suzerains immédiats.

Mentionnons ici, comme étant voisines de la cour de Béziers, celles de Narbonne et de Montpellier, que de nombreux poètes fréquentèrent aussi au xii⁰ siècle. Guilhem VIII, seigneur de Montpellier (1172-1204) vit tour à tour auprès de lui Peire Raimon, Arnaut de Mareuil, Folquet de Marseille, Guiraut de Calanson, Aimeric de Sarlat, Bernart de Ventadour, Peire Rogier, Peire d'Auvergne sont au nombre de ceux que protégea la vicomtesse de Narbonne, Ermengarda (1143-1192), dont le nom ne fut pas moins cher aux Troubadours que celui d'Azalaïs de Toulouse ; et bien qu'aucun témoignage précis ne permette d'affirmer que les successeurs d'Ermengarda, Peire de Lara (1192-1194) et Aimeric III (1194-1239), aient favorisé eux aussi les poètes, du moins est-il vraisemblable qu'ils n'ont pas rompu avec la tradition établie.

Nous ne citerons que pour mémoire les comtes de Provence et les vicomtes de Marseille, qui devraient figurer sans doute dans une liste complète des protecteurs de la poésie méridionale, mais dont nous n'aurons pas à nous occuper dans cette étude.

Si nous eussions rangé les seigneurs du Midi d'après l'importance de leur rôle politique, et non d'après l'intérêt qu'ils semblent avoir témoigné à la poésie, nous aurions dû réserver une place à part aux comtes de Foix. Assurément les noms de Raimon-Rogier (comte de 1188-1223) et de Rogier-Bernart II (1223-1241), dont les relations avec les cours de Toulouse et de Carcassonne furent si fréquentes, sont mêlés aux événements dont nous aurons à parler.

Mais les textes ne font que de vagues allusions à leurs rapports avec les troubadours. On ne peut négliger sans doute le témoignage porté sur l'un d'entre eux — soit Raimon-Rogier, soit son père, Rogier-Bernart Iᵉʳ — par Raimon Vidal de Bezaudun [1].

1.
E silh que venion per Foys
Aqui trobaron un senhor
Adreg e plazen donador
Si co disian totz lo mons.(Abril issi'e mays intrara.
v. 787 et su. d'après Bartsch, *Dkm.* p. 166).

Mais, à dire vrai, ces princes ont surtout réalisé le type belliqueux et galant du seigneur méridional. Leur principal souci, particulièrement dans les premières années du xiii° siècle, fut d'étendre leur influence en Catalogne[1], et l'on sait que, pendant la guerre des Albigeois, ils furent parmi les adversaires les plus décidés de Montfort.

On en peut dire autant du comte de Comminges[2], qui prit lui aussi une part active à la résistance du Midi, mais à qui il ne paraît pas nécessaire de réserver une place dans l'histoire littéraire de son époque.

Les seigneurs que nous venons de passer en revue sont tous, à quelque degré, sous la dépendance des comtes de Toulouse, et c'est la cour de ces derniers que l'on doit considérer en définitive comme le vrai centre mondain et poétique du Midi.

II

Pour trouver un prince dont le prestige soit alors comparable à celui du comte de Toulouse, c'est à la cour d'Aragon qu'il faut le chercher : on peut dire que pendant la seconde partie du xii° siècle, les maisons de Barcelone-Aragon et de Toulouse éclipsent toutes les autres par leur éclat, surtout si l'on a en vue, en comparant leur influence respective, la part qui revient à chacune d'elles dans le mouvement littéraire de cette époque. Voilà les deux cours principales entre lesquelles hésitent les troubadours, ou plutôt entre lesquelles ils eussent hésité, si des relations étroites, des affinités de mœurs, de langage, et, à un moment donné, une certaine communauté d'intérêts politiques, n'avaient fait des races peuplant les deux versants Pyrénéens comme une seule et grande famille.

Ce sont les règnes d'Alfonso II (roi de 1162 à 1196) et de

1. V. Baudon de Mony : *Relations politiques des Comtes de Foix avec la Catalogne*.

2. C'est de Bernart IV (1181-1226) que nous voulons parler, le seul prince de la maison de Comminges qui se rattache à la période dont nous nous occupons.

Pedro II (1196-1213) qui coïncident, en Aragon, avec ceux des comtes de Toulouse Raimon V et Raimon VI. C'est surtout à ces deux monarques que revient l'honneur d'avoir servi en Espagne, par une protection efficace, la popularité des troubadours. Les rois d'Aragon de la maison de Barcelone pouvaient prétendre à jouer un rôle prépondérant, non seulement au nord de l'Espagne, mais aussi dans le Languedoc et la Provence. Depuis 1125, le comté de Provence est un apanage de leur famille ; les vicomtes de Béziers tiennent d'eux Carcassonne et le Razès, et les comtes de Foix et de Comminges leur rendent hommage pour leurs possessions d'Espagne ; enfin, en 1174, les comtés de Roussillon et de Cerdagne passent en leur pouvoir.

Alliés du reste à la plupart des familles princières de ces contrées, ils ne pouvaient qu'intervenir avec autorité, comme ils le firent sans cesse, dans les affaires de Languedoc ; et d'ailleurs, ce faisant, ils n'agissaient pas, semble-t-il, dans un but absolument désintéressé. Si le souci de la lutte contre les Maures et aussi l'habileté politique d'Alfonse-Jordan et de Raimon V empêchèrent les projets de la maison d'Aragon de se faire jour et continrent son ambition dans certaines limites, l'épreuve même par où dut passer le comté de Toulouse au début du xiiiᵉ siècle fut peut-être considérée par Pedro II comme une occasion de raffermir l'influence Aragonaise dans le Midi de la France [1]. Quoiqu'il en soit, le faste de la cour d'un Alfonso II ou d'un Pedro II ne le cédait en rien à l'éclat de la cour de Toulouse. Le règne d'Alfonso II notamment fut heureux entre tous pour les poètes, à en juger par les éloges que ceux-ci lui ont décernés ; nombreux sont les troubadours dont nous savons, par leurs biographies ou par leurs vers, qu'ils ont été en relations avec ce monarque. Ce sont : Ugo Brunenc, Ugo de Saint-Circ, Peire Rogier, Arnaut de Mareuil, Pons de Chapteuil, Pistoleta, Aimeric de Sarlat, Giraut de Borneil, Folquet de Marseille, Peire Vidal, Raimon Vidal, Giraut de Cabreira, Cadenet, Peire Raimon, Elias de Barjols, le moine de Montaudon. Quant à Pedro II, il semble avoir réalisé par sa bravoure, sa galanterie,

---

1. V. là dessus la préface du t. vi de l'*Hist. de Lang.*

sa générosité, l'idéal du prince rêvé par les troubadours. La plupart des poètes que nous venons de citer à l'instant furent aussi de ses protégés ; mais il faudrait ajouter plus d'un nom à cette liste pour donner une idée exacte des rapports que Pedro II entretint avec les représentants de l'art.

Citons : Ademar le Noir, Gui d'Ussel, Raimon de Miraval, Guilhem Magret, Aimeric de Péguilhan, Guiraut de Calanson, Guilhem de Tudèle.

Les traditions brillantes de Pedro II ne disparurent pas avec lui, et l'on sait que son successeur Jaime réunit aussi à sa cour l'élite des poètes de son temps : mais son règne nous fait sensiblement sortir de la période qui nous intéresse. Au reste, les modifications qui se produisent alors, soit en Languedoc, soit en Espagne, nous transportent pour ainsi dire dans un monde différent.

Les rois de Castille ne furent pas non plus étrangers au mouvement littéraire du xiiᵉ siècle. Le règne d'Alfonso VIII (1158-1214) coïncide à peu près exactement avec ceux d'Alfonso II d'Aragon et de Pedro II. Ce prince eut aussi ses protégés dans le monde des poètes, et plus d'un, entre autres Marcabru, Peire Vidal, Aimeric de Péguilhan, eut à se louer de sa générosité. Ugo de Saint-Circ, Peire Rogier, Bertran de Born, Folquet de Marseille, Guiraut de Calanson, Raimon de Miraval entretinrent aussi des rapports avec lui[1].

Au nord de l'Espagne, tout comme dans midi de la France, les vassaux témoignaient à la poésie la même faveur que leurs suzerains. Tels furent, entre autres, D. Diego Lopez de Haro, seigneur de Biscaye, dont Raimon Vidal et Aimeric de Péguilhan ont fait l'éloge et qui donna asile à Rigaud de Barbezieux ; le comte Sanche de Roussillon (mort vers 1222) et son fils Nuño Sanche, dont la mort (1251) devait inspirer à Aimeric de Belenoi un *planh* émouvant[2] : dans la Cerdagne, Ugo de Mataplana,

---

1. Raimon Vidal de Bezaudun, dans son « *Castia Gilos* », nous a dit l'accueil que recevaient à la cour d'Alfonso VIII les poètes provençaux (v. le passage d. Mila *ouvr. cit.* p. 132).

2. C'est la pièce : *Ailas per que viu lonjamen ni dura* (v. Mila, *Troc. en Esp.* p. 193).

protecteur somptueux des troubadours, troubadour lui-même,
dont Raimon Vidal a tant exalté les mérites dans une de ses
nouvelles[1], et que nous retrouverons mêlé de près aux aventures de Miraval.

III

Dans toutes ces cours, chez tous ces seigneurs, au sud et au
nord des Pyrénées, se retrouve à quelque degré comprise,
aimée, fêtée, la poésie provençale : l'union littéraire, sinon
politique, est faite dès le milieu du XIIe siècle entre le nord-est
de l'Espagne et le sud de la France. Il se produit alors comme
un échange d'influences entre ces deux régions : aux progrès
que la maison de Catalogne réalise dans notre Midi sur le
terrain politique, répond la conquête de l'Espagne septentrio-
nale par la lyrique des poètes languedociens ; si bien que,
malgré des rivalités qui furent par instant assez vives, des
rapports sans cesse plus étroits s'établissent par dessus les
monts, entre les habitants de ces contrées[2]. Ce fut surtout par
la Catalogne que cette pénétration mutuelle s'opéra. La Catalogne,
en effet, sorte de transition entre la France et l'Espagne, n'est,
linguistiquement, qu'une province du territoire occitanien, et
jusqu'au delà du XIIIe siècle, l'histoire de sa poésie se confond
avec celle de la poésie provençale. De nombreux troubadours
de naissance catalane, renonçant à leur dialecte particulier
encore trop rude pour se plier aux exigences d'un art com-
pliqué, adoptèrent le provençal classique, qu'ils pouvaient
apprendre si facilement. Le nord de l'Espagne était donc conquis
d'avance à la littérature des troubadours, et ceux-ci purent
immédiatement entrer en relations avec leurs voisins. Sans
parler des rapports directs que la vie de cour dut établir entre
eux, ne les voit-on pas, comme Bertran de Born et Guilhem de

1. « *So fo el temps c'om era jays* » (v. l'éd. Cornicelius-Berlin, 1888).

2. Le régime mixte qui mettait telle partie du Languedoc à la fois sous la
domination des comtes de Toulouse et des rois d'Aragon contribua peut-être
à donner à ces peuples un sentiment plus net des affinités naturelles qui les
rapprochaient.

Berguedan échanger des saluts courtois ¹, ou, comme Mataplana et Miraval, de mordants sirventés² ?

Ainsi les troubadours et leurs jongleurs forment réellement alors un trait d'union entre les divers centres de cette région. Non qu'ils aient pesé beaucoup sur la politique des princes ; mais leurs œuvres, s'inspirant des mœurs du temps, contribuaient par leur diffusion à rappeler aux populations du midi de la France et du nord de l'Espagne que leurs civilisations étaient sœurs, et les rapprochaient plus encore. Quelle distinction pouvaient-ils faire entre des pays que tant de liens intimes unissaient fortement ? De Barcelone à Toulouse, de Montpellier à Saragosse, troubadours catalans ou languedociens ne trouvaient sur leur route que des cours pénétrées du même esprit, où régnaient les mêmes goûts ; des bords de l'Ebre aux bords du Rhône, de la Méditerranée au Limousin, ils pouvaient aller, venir, au gré de leur caprice, sans sortir de leur patrie intellectuelle, quel que fût leur pays d'origine. Les nouvelles de Raimon Vidal de Bezaudun ne symbolisent-elles pas en quelque sorte cette union de tous les pays soumis à l'influence des troubadours, grâce aux tableaux de la vie courtoise que le poète y a tracés et à cette évocation quelquefois émue de tous ceux qui, en deçà et au-delà des Pyrénées, furent les amis de l'art au temps de sa splendeur ?

> *Aquist venian et anavon,*
> *E per aquist eran refait*
> *Joglar e corayer desfait*
> *E mantengut li dreiturier*³.

L'exemple de Raimon de Miraval nous montrera de plus près ce qu'était, à la fin du xiiᵉ siècle, le poète vivant d'une telle vie, fréquentant ainsi les milieux les plus divers, et quelle influence de telles conditions d'existence pouvaient exercer sur la poésie d'alors.

1. Bartsch. *Gr.* **80**, 34.
2. 1ʳᵉ Partie. iii. 4.
3. *Abril issi' e mays intrava* (v. 887 et su.) d'après Bartsch, *Dkm.* p. 168).

PREMIÈRE PARTIE

VIE DE RAIMON DE MIRAVAL

CHAPITRE PREMIER

CONDITION ET CARRIÈRE DE RAIMON DE MIRAVAL

1. Le pays d'origine de Raimon de Miraval : *Le Cabardès*. —
Le village de Miraval. — 2. La famille et la condition de
Raimon. — 3. Sa carrière : *Date de sa naissance*. — *Époque
probable de ses débuts dans la poésie*. — *Miraval pendant
la guerre des Albigeois*. — *Date et circonstances de sa mort*.

S'astreindre à un ordre chronologique rigoureux, quand il
s'agit de reconstituer la vie d'un assez petit personnage du
xiiᵉ siècle, serait à la fois imprudent et fastidieux, et l'on
entend bien que tel n'est pas notre dessein. Nous nous tien-
drons très heureux, vu l'éloignement des faits, de pouvoir
retracer à grands traits, en nous contentant d'en marquer les
principales étapes, la carrière de Raimon de Miraval. Mais,
convaincu que le présent travail se justifie surtout parce
qu'il peut éclairer d'un jour curieux l'état de la société méridionale au moyen âge, nous nous attacherons à commenter
avec soin, en les groupant d'après leur caractère, les incidents
auxquels fut mêlé notre troubadour.

Nous débuterons donc par quelques détails indispensables
sur la région du Cabardès, où se passèrent bon nombre des
aventures que nous avons à étudier, sur la famille et sur la
condition de Miraval. Cela fait, nous rappellerons, en les
datant, quand il sera possible, les épisodes essentiels de sa
vie. Distinguant ensuite, dans ces épisodes, ceux qui ont trait
à ses relations avec les grands seigneurs dont il fut l'ami ou
le protégé, et ceux qui se rattachent à ses intrigues amoureuses, — ce sont d'ailleurs là les deux sources de son inspiration, — nous nous rendrons compte en premier lieu de la

place que Miraval a tenue dans la société de son temps, et nous pourrons nous demander s'il a joué, auprès de ses protecteurs, un rôle autre que celui de poète, puisqu'aussi bien il a vécu à une époque où l'Histoire du Midi est si remplie et si troublée : quant à l'autre partie de notre étude, elle nous fera pénétrer plus avant encore dans l'intimité du monde courtois, dont les mœurs, connues dans leur ensemble, peuvent être examinées de plus près grâce à des œuvres comme celle de Miraval : et l'intérêt de cette recherche s'accroît, ce nous semble, par ce fait qu'elle nous conduit à la veille même de la guerre des Albigeois et nous permet peut-être, indirectement, de mieux nous en expliquer l'issue.

Au reste, à qui voudrait résumer le rôle de maint troubadour, ne suffirait-il pas de dire : « Il aima et chanta telles grandes dames, il connut tels grands seigneurs et fut protégé d'eux » ? Et n'est-ce pas précisément à cela que se réduit l'ancienne biographie qui nous est restée de Miraval ? Ne nous invite-t-elle pas d'elle-même à étudier suivant un procédé synthétique ce que la tradition nous a légué sur ce troubadour ?... Au surplus, les faits qui nous occupent s'entremêlent sans cesse et ceux que nous connaissons le mieux paraissent se renfermer dans un assez court espace de temps : il y avait donc intérêt, pour la netteté du récit, à les classer ainsi que nous l'avons fait, sans en négliger d'ailleurs le pittoresque.

1. Le pays d'origine de Raimon de Miraval : *Le Cabardès*. — *Le village de Miraval.*

C'est dans la partie de l'ancienne vicomté de Carcassonne qui portait autrefois le nom de Cabardès et qui correspondait à peu près aux cantons actuels de Conques, de Mas-Cabardès et d'Alzonne [1], qu'est situé le village de Miraval.

La physionomie de cette région, une des plus curieuses du Languedoc, vaut d'être précisée, non seulement à cause des

1. Arrondissement de Carcassonne.

souvenirs qui s'y rattachent pour l'historien de la poésie méridionale, mais encore pour son aspect vraiment propre à frapper l'imagination. On ne saurait rêver décor plus étrange pour les aventures, quelquefois singulières, dont nous aurons à nous entretenir.

Le nom de Cabardès dérive de celui de Cabaret[1]; Cabaret, le principal des quatre châteaux dont les ruines imposantes dominent encore la vallée de l'Orbiel[2] et dont le nom revient si souvent dans les récits et les actes relatifs à la contrée de Carcassonne, Cabaret, dont la légende fit le séjour de la célèbre Louve de Pennautier, site sauvage et grandiose au sein d'une nature dont la vigoureuse âpreté saisit.

On trouve dans le *Cartulaire de Carcassonne* de Mahul[3] la reproduction d'une perspective des châteaux de Cabaret et de leurs environs que l'auteur a découverte à Salsigne[4] et qu'il fait remonter à l'an 1632 environ. Le centre représente, naïvement ébauchée, la montagne de Cabaret sur laquelle se dressent quatre groupes de fortifications. La légende qui accompagne la carte, et qui est de la même main, leur attribue les noms suivants[5] :

A. « Chêau appelé *Cabaret* duquel Monsieur Henri de Côme en est capp[ne] dans lequel est la chappelle autel et imaige de saincte Catherine. »

B. « Tour inhabitée nommée vulgairement *Tour Régine*. »

C. « Chêau du milieu appelé *Fleur-Espine* duquel Monsr Bouchardus est capp[ne] . »

D. « Chêau plus bas visant entre le Midi et le Levant appellé

1. V. sur l'étymologie du mot Cabaret *(caput arietis) Romania* xx, 463 et *Annales du Midi*, iii, 120.

2. Cours d'eau qui sort de la Montagne Noire, à l'extrême limite nord du département de l'Aude et qui se jette dans l'Aude à Trèbes.

3. *Cartulaire du diocèse et de l'arrondissement de Carcassonne* (Paris, 1859-1871), iii, 40.

4. Village situé à côté de Lastours; Lastours, commune du canton de Mas-Cabardès, sur le territoire de laquelle se trouvent les ruines de ces châteaux, à qui elle doit du reste son nom.

5. Nous la reproduisons parce qu'elle constitue la plus ancienne description qui nous reste de ces châteaux.

Quierquieux duquel Mons* Aimond de Bardichon, sieur de la Caunette est le capp**ne**. »

Dans le *Mémoire militaire et historique sur le Languedoc* de Mareschal, qui date de 1768, les noms des quatre châteaux sont les mêmes, sauf pour le dernier : ils y sont dénommés : *Château Cabaret, Torre Regina, Fleur d'Espine et Castelnau*[1].

Les ruines des anciens châteaux de Cabaret forment encore quatre masses considérables, dont trois sont placées sur l'arête d'une montagne très allongée, d'un accès difficile : la quatrième (la Tour de Quierquieux) est séparée des autres par un vallon abrupt. Chacune d'elles comprend, avec quelques pans de murailles, une tour très élevée[2]. Ces forts, les trois premiers tout au moins, étaient peut-être autrefois, reliés entre eux par des courtines. L'aspect sauvage de la contrée, la hauteur de ces vieilles tours, leur situation qui permet de les apercevoir de très loin, tout, jusqu'à l'ocre vif des blocs de pierre, jusqu'aux bizarres dentelures des rochers, accuse encore l'étrangeté du paysage.

En tout cas, la simple inspection de ces ruines prouve que les châteaux primitifs, dominant une immense étendue de pays, formaient dans leur ensemble un système de défense redoutable. On comprend qu'à diverses époques de notre histoire, ils aient pu jouer un rôle dans les guerres du Midi. Le mémoire de Mareschal, déjà cité plus haut, constate implicitement le fait : « La vallée qu'ils occupent et dont ils défendent le passage est importante ; c'est le grand chemin de la Brugnière, de Castres et de Mazamet, pour aller à Carcassonne, ville autant catholique que les environs des autres le sont peu[3]. » Ce qui était vrai au xviii* siècle, l'était déjà au commencement du xiii*, ou peu s'en faut. La vallée de l'Orbiel, étant le chemin de communication le plus direct entre l'Albigeois et le Carcassès, l'on s'explique les mille faits d'armes dont elle fut le théâtre pendant la guerre des Albigeois, et

1. Mémoire cité par Mahul (*ouv. cité* I, 106).

2. Les murailles du fort que la légende citée plus haut appelle Fleur Espine sont les moins endommagées.

3. D'après Mahul (*ouv. cité*, III, 45).

l'importance que les divers partis attachèrent toujours à la possession des forts de Cabaret : le Cabardès était fatalement destiné à subir plus tôt et plus longtemps que toute autre contrée les horreurs de la guerre.

C'est précisément le village de Miraval[1] qui ferme la vallée dont le château de Cabaret commande l'entrée. La partie supérieure de cette vallée est d'un aspect moins sévère : elle devient même assez gracieuse de Mas-Cabardès à Miraval : les flancs de la montagne sont entièrement boisés, l'eau vive court dans les prairies, et de beaux châtaigniers forment une voûte épaisse au dessus du torrent[2]. Mais brusquement, au point même où le village est situé, la vallée fait un dernier coude et le paysage s'assombrit de nouveau : qu'on en juge.

Nous empruntons aux *Notes* du Sacristain de Miraval, Pradel, la curieuse description qu'il faisait de ce village en 1759[3].

« *Miravallis*, *Mireval* ou *Miraval-Cabardès*, singulier dans sa laideur, le lieu le plus triste et le plus affreux qui soit dans le diocèse de Carcassonne *et peut-être en France*. Le soleil n'y luit qu'à regret : il s'y montre à dix heures du matin en hyver, et en sort à deux heures du soir. Les maisons y sont bâties sur des rochers escarpés qui tiennent à des montagnes extraordinairement élevées[4], toutefois couvertes de bois. La tradition du pays est que Mirevaux ou Miraval était autrefois une espèce de ville. Cette tradition est très suspecte, à moins que la ville ne fût bâtie ailleurs. Dans le lieu de Miraval il y a trente

1. Miraval-Cabardès, en style administratif ; il fait partie du canton de Mas-Cabardès.

2. Les « Miraval » ou « Mireval » ne manquent pas en Languedoc. Le nôtre doit-il son nom à l'aspect que présente la partie de la vallée qui l'avoisine ? Cette appellation ne serait guère justifiée par la situation même du village. Notons qu'à une faible distance de Miraval se trouvent les restes assez importants d'une église appelée Saint-Pierre-de-*Vals*.

3. Extrait des *Archives de la Préfecture de l'Aude* cité par Mahul (*Cart.* iii, 108).

4. L'altitude moyenne de la Montagne Noire, même dans cette région, ne justifie pas assez cette expression : peut-être le sacristain de Miraval n'avait il que rarement « franchi les monts qui bornaient *ses* Etats. »

feux..... Les maisons y sont çà et là dans une gorge très étroite. Il n'y a de rue qu'environ six cannes[1]. Une fois qu'on y est dedans, on ne sçait ni par où l'on y est entré, ni comment on peut en sortir[2]..... » Ce tableau peu séduisant nous ferait croire que le sacristain de Miraval, lui, eût été bien aise « *d'en sortir* ». Malgré tout, et bien que le personnage pratiquât visiblement l'hyperbole, l'ensemble de sa description reste exact. Quant à la tradition à laquelle il fait allusion et qui concerne l'ancienne étendue de Miraval, Pradel l'éloigne avec raison comme invraisemblable. On peut se convaincre, par l'examen des lieux, que sur les pentes raides et boisées dont le village est entouré de tous côtés, il n'y eut sans doute jamais place pour une agglomération de quelque importance.

Suivent, dans les mêmes *Notes*, quelques détails sur le château de Miraval : « Il y a dans Miraval même, au dessus d'une petite place, un ancien château presque tout détruit : Il y avait plus de cent marches de pierre de taille pour y monter : elles étaient larges et longues; on en voit encore les vestiges[3]. L'église actuelle de Miraval est l'ancienne chapelle du château[4]. » De ce château il ne reste plus aujourd'hui qu'un pan de mur[5] et les soubassements. Il était bâti sur un rocher d'une élévation médiocre, mais taillé à pic, et qu'une boucle du torrent enferme presque en entier : cette défense naturelle faisait sans doute la force du château. Mais il devait être de proportions modestes, à en juger par les dimensions de la plate-forme où il était bâti : elle est en effet très étroite[6], constatation qui a son intérêt puisqu'elle tend, nous le verrons,

---

1. Ancienne mesure de longueur, valant 2ᵐ 23, encore très en usage dans les campagnes du Languedoc.

2. Les gens du pays disent encore, paraît-il, « aller au bout du monde » pour « aller à Miraval ».

3. On ne les voit guère aujourd'hui, ou, plus exactement, il n'en reste rien : nous avons peine à croire, après examen des lieux, que cet escalier « monumental » ait jamais existé.

4. D'après Mahul (même tome, même page).

5. Encore ce mur date-t-il peut-être d'une époque plus récente.

6. La disposition des lieux n'a pu changer, puisqu'il s'agit d'un rocher entouré d'eau presque de tous côtés.

à confirmer l'exactitude d'un détail fourni par le biographe provençal. Quoi qu'il en soit, ainsi placé à l'autre extrémité de la vallée, le château de Miraval, était peut-être un poste stratégique avec lequel il fallait compter : ce fut sans doute à cette situation qu'il dut d'être pris de bonne heure par les croisés, sur le chemin desquels il se trouvait.

Nous en aurons fini avec le village de Miraval quand nous aurons dit qu'en 1248 il fut cédé, avec ses dépendances, par Louis IX au chapitre cathédral de Carcassonne, en compensation du dommage que la destruction du bourg de Carcassonne avait causé à ce chapitre[1] : il en conserva la seigneurie jusqu'en 1789.

2. La famille et la condition de Raimon de Miraval.

Assez de monuments authentiques nous sont restés, où figure le nom de Miraval, pour qu'il nous soit possible de reconstituer avec quelque précision l'histoire de la famille à laquelle appartenait notre poète. Nous pourrons de la sorte le replacer plus sûrement dans le milieu qui fut le sien, et cette étude en nous éclairant sur sa vraie condition, nous aidera à mieux comprendre son rôle et son œuvre. Les documents sur lesquels nous nous appuyons pour établir cette partie de notre travail soulevant par leur variété et leur origine des questions assez complexes, nous donnerons seulement dans ce chapitre les conclusions qui nous ont paru s'en dégager, nous réservant de faire, dans notre second appendice, la critique détaillée de ces témoignages.

Des textes auxquels nous faisons allusion[2] il ressort que la famille de Miraval était dès le début du xiie siècle sous la suzeraineté des vicomtes de la maison de Carcassonne. Ses possessions, dues en parties à la générosité ou à la reconnaissance de ces vicomtes, étaient situées dans l'est de l'Albigeois, près de Castres, au sud du Rouergue et dans l'ouest du

1. V. l'acte dans Mahul (*our. cité*, iii, 81).
2. V. Append., ii.

Carcassès. Il semble que les Miraval aient été dépouillés en 1174 des biens qu'ils possédaient aux environs de Castres[1] et qu'ils aient cédé au cours du XIIIᵉ siècle ceux qu'ils avaient au sud du Rouergue.

La génération à laquelle appartenait Raimon de Miraval était représentée par quatre frères et deux sœurs : Raimon, Raimon Ugo, Bernart, Guilhem, Vediana et Alfanza[2].

Comment les possessions des Miraval étaient-elles réparties entre les divers représentants de la famille? C'est ce qu'on ne saurait retrouver. Mais, comme le biographe provençal parle avec assez de netteté de la pauvreté de Raimon de Miraval, il est bon de remarquer que les documents dont il s'agit concorderaient facilement avec les premiers mots de la biographie. Celle-ci nous apprend que Raimon était un pauvre chevalier du Carcassès qui possédait seulement le quart du château de Miraval, et, que dans ce château, il n'y avait pas quarante hommes[3]. Nous avons dit plus haut comment l'examen des lieux indiquait tout au moins que le château de Miraval ne pouvait occuper un emplacement considérable. Ce château et ses dépendances devaient être la copropriété de Raimon et de ses frères, puisque, dans le Languedoc, le droit d'aînesse n'était la règle que pour les grands fiefs, au lieu que, pour les petits fiefs, — comme celui de Miraval — les biens étaient partagés également entre tous les enfants[4]. Il est donc bien possible que Raimon ne fût en effet, au moins vers la fin du XIIᵉ siècle, possesseur du château de Miraval que pour un quart, ainsi que le dit le biographe[5]. Au reste ce dernier n'est pas seul à faire allusion à la pauvreté de Miraval : On connaît le sirventés malicieux où le Moine de Montaudon,

1. V. *Hist. Lang.*, VIII, 309.

2. Raimon était sans doute l'aîné, car il est toujours nommé le premier.

3. Les mss. A et B disent *soixante ;* ce qui ne diminuerait pas sensiblement la portée de ce témoignage.

4. V. sur ce point *Hist. Lang.* T. VII, p. 150 et suiv.

5. Des deux sœurs de Raimon, l'une, Vediana, entra au monastère du Loc-Dieu. Un de ses frères, Bernart, ne paraît plus dans les documents après 1191.

ce bohème étrange, plus spirituel que scrupuleux, s'est amusé à décocher quelques épigrammes aux principaux troubadours de son temps : Miraval n'y est point oublié ; voici le couplet qui le concerne :

> « *E lo tertz es de Carcasses*
> *Miravals ques fai mout cortes*
> *E dona son castel soven ;*
> *E noi estai ges l'an un mes*
> *Ni anc mais calendas noi pres,*
> *Per que noil ten dan qu'il se pren*[1]. »

« Et le troisième est Miraval du Carcassès, ce modèle de courtoisie, ,qui donne si souvent son château : or il n'y reste pas un mois par an et jamais on ne l'y vit aux calendes : aussi ne perd-il guère à qu'on le lui prenne. »

L'allusion porte sur la rédaction des envois de Miraval. où ce dernier manque rarement d'offrir à sa dame la suzeraineté sur son château, de la reconnaître, ou de la lui retirer, selon qu'il aspire à ses faveurs, qu'il les obtient ou qu'il les perd. Il y avait effectivement quelque ridicule à donner et à reprendre ainsi son château — même au figuré —, et, comme Miraval abuse vraiment du procédé[2], cette plaisante attitude fut relevée non sans à-propos par le satirique. Les trois derniers vers raillent assez cruellement la pauvreté du troubadour : il faut croire que Miraval, dans sa détresse, en était réduit à fuir son château au commencement de chaque mois, pour éviter d'y donner les fêtes que les usages du temps imposaient au châtelain et aux frais desquelles il n'aurait pu subvenir[3]. On

---

1. *Pois Peire d'Alvergn'a chantat.* Couplet IV (éd. Philippson, p. 31).

2. Pour bien montrer que la critique du Moine de Montaudon est fondée, nous indiquerons les passages où Miraval a usé de cet artifice de style : *Aissi com es gensser pascors* str. VIII. — *Amors mi fai chantar et esbaudir*, str. VII. — *Apenas sai don m'aprenh*, str. VII. — *Belh m'es qu'ieu chant em conhdey*, str. VIII. — *Ben aial messatgiers*, str. VII. — *Chans quan non es qui l'entenda*, str. VII. — *Contr'amor vau durs et embroncs*, str. VII. — *D'amor mou totz mos cossiriers*, str. IX. — *Dels quatre mestiers calens*, str. VIII. — *Enquer non a guaire*, str. IV. — *Pus ogan nom calc estius*, str. IX. — *S'ieu en chantar soven*, str. VIII. — *Tal chansoneta farai*, str. VI. — *Tals vai mon chan enqueren*, str. VIII. — *Un sonet m'es belh qu'espanda*, str. VII.

3. Cette interprétation est de Diez : *Leben u. Werke der Troub.*, p. 320.

le voit, les exigences mondaines ne datent pas d'hier : noblesse obligeait déjà, si modeste fût-elle, et l'on entrevoit que l'existence du petit seigneur poète eut peut-être ses amertumes et ses tristesses.

Ce passage du Moine de Montaudon appelle une autre réflexion. Il évoque en effet une des particularités essentielles de la vie des troubadours, lorsqu'il nous apprend que Raimon ne passait pas un mois par an dans son château. On le croit sans peine. Outre que la pauvreté de Miraval pouvait, comme on l'a dit, lui imposer ce genre de vie, cette humeur voyageuse du poète n'est pas pour surprendre quiconque est familiarisé avec les usages de ce temps : nous ne nous attarderons pas à cette idée, ayant dû y toucher dès le début[2]. Disons seulement qu'à cet égard la vie de Miraval fut analogue à celle de tous les troubadours. Nous verrons dans le chapitre suivant auprès de qui il se rendait quand il quittait son château et quelles contrées il visitait de préférence.

Miraval représente donc, parmi les troubadours de Languedoc, la classe intermédiaire entre la bourgeoisie et la haute noblesse : recherché pour son talent de poète, obligé d'ailleurs par sa pauvreté à vivre de la faveur des grands, il est de cœur avec ces derniers, et sa poésie ne nous offre aucun sentiment qui ne soit en conformité avec les goûts et les mœurs des cours du Midi. Quand nous aurons dit que Miraval était marié avec une femme qui cultivait elle-même la poésie, nous aurons indiqué tout ce qu'il nous importe de noter dès maintenant sur la condition de notre troubadour.

3. La carrière de Raimon de Miraval : *Date de sa naissance. — Epoque probable de ses débuts dans la poésie. — Miraval pendant la guerre des Albigeois. — Date et circonstances de sa mort.*

L'auteur de la notice contenue dans l'*Histoire Littéraire* est seul à avoir proposé une date pour la naissance de Miraval —

2. V. Introduction, *passim.*

(le troubadour serait né, d'après lui, entre 1160 et 1165)[1], — mais il ne donne aucune preuve à l'appui de son dire. Raimon de Miraval figurant parmi les contractants dans un acte de 1157[2], il ne nous est pas possible de placer l'époque de sa naissance après 1135. Nous n'ignorons pas que l'adoption de cette date peut soulever des objections : nous nous réservons d'y répondre à la fin de ce chapitre.

Il va de soi, que nous sommes, du même coup, tenu de reculer la date probable des débuts de Miraval dans la poésie. M. Suchier a montré[3] que Diez avait eu tort de placer ces débuts vers 1190. S'appuyant sur la chanson d'Elias de Barjols « *Bels gazaings, s'a ros plazia*[4] », composée avant 1189, et où il est question de Miraval comme d'un poète parvenu déjà à la célébrité, il propose de substituer la date de 1180 à celle de 1190. A vrai dire, celles des pièces de Miraval qu'il nous est possible de dater appartiennent soit aux dernières années du xiie siècle, soit aux premières années du xiiie. Mais, si l'on songe que nous n'avons probablement pas conservé toutes ses poésies et que, d'ailleurs, parmi celles qui subsistent, il s'en trouve qu'on ne saurait dater même approximativement, et qui peuvent remonter plus haut, rien ne s'oppose à ce que l'on adopte pour les débuts de Miraval une date encore plus reculée : si le troubadour est né vers 1135, il est assez naturel de penser qu'il aborda la poésie au moins vers 1170[5].

1. V. *Hist. Litt.*, xvii, 456.

2. V. l'acte à l'appendice ii, acte n° 7.

3. Dans le *Jahrbuch für romanische und englische Literatur*, xiv, 121 et suiv.

4. V. la pièce dans *P. O.*, 98.

5. Rien ne nous prouve que les premières œuvres d'un troubadour fussent accueillies avec assez de faveur pour être assurées de se conserver. N'est-on pas fondé à croire que la mémoire des contemporains avait surtout retenu et que les manuscrits nous ont surtout transmis ce que chaque poète avait produit dans la pleine maturité de son talent ? Nous ne voulons pas abuser de cet argument, par cela seul qu'il pourrait s'appliquer à trop de cas : nous estimons seulement que, les chansonniers étant après tout autant d'anthologies, il se peut que les premières œuvres de plus d'un troubadour nous soient inconnues.

Mais — peut-être Diez l'entendait-il ainsi[1] — c'est bien de 1190 environ à 1209 que s'est produit manifestement son principal effort poétique, à en juger par les pièces qui nous sont restées.

Ainsi Miraval était déjà un vieillard quand l'invasion des états du vicomte de Béziers par Montfort en 1209, vint brusquement bouleverser la région du Cabardès, et cette épreuve n'en fut sans doute que plus douloureuse pour le troubadour. Nous savons d'ailleurs pertinemment par un passage de la chanson *Belh m'es qu'ieu chant em conhdey*[2], qu'il perdit son château dans la tourmente : et cet événement — le seul qu'il nous importe de noter ici — ne put se produire qu'en 1209 ou en 1211.

En 1209, après la prise de Carcassonne, Simon de Montfort reçut la soumission de Castres et de divers châteaux de l'Albigeois, notamment du château de Lombers[3]. Peut-être celui de Miraval, qui se trouvait sur le chemin direct de Carcassonne à Castres, tomba-t-il dès lors au pouvoir des croisés[4]. En tout cas il dut être pris au plus tard en 1211. Au commencement de l'année 1211, en effet, Peire Rogier de Cabaret ayant transigé avec Montfort et lui ayant livré son château, plusieurs autres seigneurs du voisinage suivirent cet exemple[5] : peut-être est-ce à ce moment qu'il convient de placer la reddition du château de Miraval.

Alors sans doute une nouvelle existence commença pour le troubadour. Les relations qui existaient depuis longtemps déjà entre Raimon VI et Miraval permettent de croire que ce dernier s'attacha dès ce moment plus étroitement encore à la personne du comte : ce n'est pas là une simple conjecture ; car un passage de la chanson *Belh m'es qu'ieu chant em conhdey*[6],

---

1. Diez (*Leben u. Werke der Troub.*, p. 308) donne simplement, et comme approximatives, les dates de 1190 et de 1220 ; elles correspondent, sans doute, dans sa pensée, aux débuts poétiques de Miraval et à l'époque de sa mort.

2. V. 68, v. *P. O.*, 229.

3. *Hist. Lang.*, t. VI, pp. 301, 309.

4. C'est l'opinion à laquelle Diez semble s'arrêter (v. *Leben u. Werke der Troub.* p. 317).

5. V. *Hist. Lang.*, VI, 351.

6. Vers 70-74.

composée au début de l'année 1213, semble prouver que Miraval se trouvait alors à la cour de Toulouse. Il est peu probable qu'il ait pris part à la campagne qui aboutit au désastre de Muret, bien qu'il fût directement intéressé à l'issue de la lutte, son grand âge le tenant sans doute éloigné des opérations militaires.

C'est alors que s'ouvre pour le protecteur attitré de Miraval, Raimon VI, une ère de déboires et d'humiliations. Nous passerons rapidement sur ces faits qui ne sont qu'indirectement de notre sujet et qui, d'ailleurs, sont bien connus. Dépouillé de son comté par le concile de Latran[1] en 1215, Raimon VI s'enfuit en Espagne : il y vécut de 1215 à 1217, tandis que son fils, le jeune comte, prenait la direction effective des affaires et tâchait de relever par son énergie et son activité la fortune de son parti. Quant à Miraval, il avait sans doute suivi Raimon VI en Espagne et nous admettrions volontiers que la mort l'y ait surpris avant qu'il ait pu rentrer en Languedoc[2], c'est-à-dire vers l'an 1216. La biographie provençale nous dit d'ailleurs que Miraval mourut en Catalogne : « *E definet a Lerida, a santa Clara de las donas de Sistel.* »

Faut-il admettre que Miraval soit mort en effet au monastère Cistercien des dames de Lerida ? En lui-même le fait n'a rien d'improbable. Que de troubadours illustres finirent leur vie dans un cloître ! Bertran de Born, Bernart de Ventadour, Perdigon, Peire Rogier, Elias de Barjols, Ugo Brunenc et d'autres encore ! « Usés de bonne heure par les émotions et les agitations d'une vie factice et pour ainsi dire exagérée, inévitablement

---

1. V. *Hist. Lang.*, VI, 473.

2. Diez (*Leben u. Werke der Troub.* p. 318-19), s'appuyant sur la tenson « *Bertran si fossetz tan gignos* » (v. le texte dans *M. G.* 1086), où deux poètes discutent les titres respectifs des nations Provençale et Lombarde, exprime une autre hypothèse : selon lui, Miraval serait resté en France, ou bien y serait rentré après être allé en Espagne. De ce que le quatrième couplet de la tenson fait allusion au siège de Beaucaire par Simon de Montfort (1216) et non à la mort de ce dernier (1218), Diez conclut que Miraval vivait encore entre 1216 et 1218. Il faudrait, pour qu'on pût admettre cette conclusion, que Miraval fût réellement l'un des deux auteurs de cette tenson. Or nous verrons que de bonnes raisons permettent d'en douter (v. 2ᵉ Partie. ch. I. 4.

pris de scrupules religieux, ils ne manquaient guère, au déclin
de l'âge, de se jeter dans quelque monastère de rigide obser-
vance et donnaient à Dieu les restes d'une existence dont le
monde et l'amour ne voulaient plus[1]. » Et c'est bien là vraiment
un trait de race : ces brusques écarts dans la vie morale,
cette ivresse à jouir, puis ces retours soudains à des pensées plus graves, tout cela ne tient-il pas à la mobilité
d'humeur du caractère méridional ? Après le mysticisme
courtois, le mysticisme religieux ne saurait surprendre.
Ajoutons que, chez un homme qui, comme Miraval, avait
assisté à l'effondrement du monde joyeux pour lequel il avait
vécu, il ne faudrait pas s'étonner de trouver un sentiment
de lassitude plus amer. A vrai dire, en l'espèce, il ne s'agit pas
précisément d'un renoncement tardif au monde, d'une retraite
volontaire : le grand âge de Miraval, et aussi la détresse
qu'avait probablement entraînée pour lui comme pour tant
d'autres la catastrophe où venait de sombrer la fortune du
Midi, semblent indiquer qu'il fut plutôt recueilli par charité
au couvent de Lerida[2].

Ainsi finit peut-être, assez tristement, le troubadour du
Cabardès. Parvenu au terme de sa carrière, près de mourir
dans cet asile où le malheur l'avait amené, s'il fit un retour
sur lui-même, s'il se prit à songer à toutes les intrigues où il
avait été mêlé, aux belles dames de Languedoc dont il avait
été si longtemps le prôneur attitré, à tous les grands seigneurs
dont il avait chanté les plaisirs, en revoyant en rêve ce passé,
frivole sans doute, mais que la poésie avait malgré tout embelli,
peut-être le vieux poète connut-il alors une mélancolie plus
sincère.

Nous ne pouvons cependant admettre sans réserves le dernier
détail donné par la biographie provençale.

Tout d'abord, aucun document provenant de Lerida, parmi
ceux qui sont conservés aux archives de Barcelone, ne fait

1. Fauriel : *Histoire de la Poésie provençale*, II, 39.
2. N'oublions pas que c'est d'un monastère de femmes qu'il s'agit : ce
détail confirmerait peut-être indirectement ce que nous avons avancé sur
l'âge auquel parvint Miraval.

mention de la mort de Miraval[1]. Il est vrai que cette raison ne suffirait pas à infirmer le dire du biographe, l'événement étant peu important par lui-même et remontant d'ailleurs à une époque où les documents diplomatiques sont encore rares. Mais voici un argument d'un autre poids.

Un seul manuscrit (E, *Bibl. Nat.* fr. 1749), sur neuf qui donnent la vie de Miraval, contient la phrase — la dernière de la biographie, notons-le, — où il est dit que le poète mourut à Lerida ; et ce manuscrit est un de ceux que l'on considère comme ayant le moins d'autorité, à cause de l'abondance même et du caractère romanesque des détails qu'il fournit[2]. Dès lors, il se peut que le scribe du xiv° siècle, époque à laquelle appartient le manuscrit, ait pris sur lui, en s'inspirant d'autres biographies, de compléter à sa façon celle de Miraval.

Toutefois, l'indication expresse d'un lieu déterminé donne par sa précision, reconnaissons-le, plus de valeur à ce témoignage. Pourquoi le biographe a-t-il parlé du monastère de Lerida et non de tel autre ? Peut-être, — la tradition d'après laquelle Miraval était mort en Espagne étant depuis longtemps fixée, — parce que Lerida se trouvait dans une région familière au troubadour, ainsi que nous le verrons[3], et où il avait pu fort bien s'arrêter à la fin de sa vie.

On peut admettre en somme que Raimon de Miraval mourut vers 1216, dans une des provinces du nord de l'Espagne, où il avait suivi Raimon VI, *probablement* en Catalogne, à Lerida.

Nous avons réservé pour la fin — ne voulant pas en dissimuler l'importance, — l'examen des objections que peut sou-

---

1. Nous devons ce renseignement à l'obligeance de M. Pasquier, archiviste de la Haute-Garonne, qui a bien voulu s'adresser pour nous à son collègue de Barcelone.

2. C'est l'opinion de M. Chabaneau. V. *Biogr. des Troub.* p. 2.

3. V. les couplets ii et v de la pièce « *Bayona, per sirventes* » au chap. ii.

5. On ne saurait, selon nous, s'appuyer sur la leçon donnée par le ms. M pour un vers du couplet que le Moine de Montaudon a consacré à Miraval : *E fo mes a lerida pres. (Pois Peire d'Alvergn' a chantat,* v. 23, éd. Klein, p. 23) ; cette variante ne se trouve que dans M (sur 9 mss. qui renferment la pièce) et doit être considérée comme fautive parcequ'elle interrompt le sens de la phrase ; enfin M est de la même époque que E (xiv° siècle) et n'a pas plus d'autorité.

lever la date proposée plus haut pour la naissance de Miraval. Si l'on admet nos conclusions. Miraval aurait vécu plus de 80 ans[1]. Là n'est pas la difficulté. Il est bien certain que c'est le même Raimon de Miraval que nous trouvons dans des actes allant de 1157 à 1213[2].

Nous verrons que Miraval ne fait dans ses poésies pour ainsi dire aucune allusion[3] aux faits historiques compris entre les années 1209 et 1213 et dont il fut cependant le témoin intéressé. N'est-ce pas une preuve indirecte qu'à cette époque Miraval était déjà d'un âge trop avancé pour prendre une part active aux événements et même pour les juger comme il l'eût peut-être fait s'il eût été plus jeune ?

Mais — et c'est là la principale objection — comment admettre qu'un vieillard ait écrit tant de chansons d'amour et ait été mêlé à tant d'intrigues galantes ? Car — nous le verrons — force nous est d'attribuer une bonne partie des pièces du troubadour — et les plus intéressantes — aux dernières années du XIIe siècle et aux premières du XIIIe.

L'objection est forte : nous ne pensons pas qu'elle soit décisive. Si l'on s'étonne de voir Miraval s'intéresser encore dans sa vieillesse à plus d'une intrigue d'amour, nous invoquerons son propre témoignage et nous renverrons aux couplets qu'il échange dans une tenson avec un certain Ademar[4].

Nous citons intégralement cette pièce parce qu'elle est fort

---

1. Nostre-Dame et son traducteur Crescimbeni disent que le troubadour vécut jusqu'à un âge très avancé : mais nous n'avons pas à nous appuyer sur un tel témoignage.

2. Quelques personnages, dont nous retrouverons le nom mêlé aux aventures de Miraval, apparaissent, eux aussi, peu après le milieu du XIIe siècle, dans les documents : ainsi Bertran de Saissac figure dans un acte de 1166, ainsi que Esquius de Menerba (v. *Hist. Lang.* VIII. 267) ; Bernart de Boissezon est témoin dans un acte de 1156 (*Hist. Lang.*, v. 1197).

3. La seule allusion est à la fin de la pièce *Belh m'es qu'ieu chant em conhdey*. Encore le ton de Miraval lui ôte-t-il de son importance : nous y reviendrons.

4. O, f° 83 ; la tenson est imprimée d° *Arch.* 34, 379 et d° Lollis : *Il cansoniere provenzale*, O. 91.

courte et que l'unique manuscrit qui nous l'a conservée n'en
offre qu'un texte défectueux :

I.
 Miraval, tenzon [grazida]
 Voil que fassam, [sius] sap bon,
 Et digatz mi ses faillida
 S'om deu laissar per razon
 Si donz, pos es veillezida, 5
 Ses negun' autr' uchaizon.
 Respondetz d'oc o de non.

II.
 N'Ae [s] mar, tost hai chauzida
 La part del preç et del pron.
 Drutz qu'a domna conqezida 10
 Non deu moure partizon :
 Q'ades val mais la gauzida
 Qan dura longa sazon :
 Per q'aiqi non veig tenzon.

III.
 Miraval, molt m'es estragna 15
 Dompna, pos hal pel ferran ;
 Per qu'eu lau q'ab vos remaigna,
 Q'ambdui seretz d'un semblan.
 Veils [ab] veilla s'accompagna,
 E joves ab joves van : 20
 Per q'eu veill domnei desman.

IV.
 N'Aesmar, pos en mesclagna
 Voletz tornar vostre chan,
 Ben voill sapchon [en] Espagna
 Que vostra dompna val tan 25
 Que per [nien] se gazagna,
 El partir no vos ten dan,
 Per q'es bona viandan.

I. « Miraval, je veux que nous fassions une tenson agréable,
« s'il vous plaît, et dites-moi franchement si l'on est en droit
« d'abandonner sa dame parce qu'elle est vieillie, quand on n'a
« pas d'autre prétexte à invoquer : repondez-moi par oui ou
« par non. »

II. « Sire Ademar, j'ai vite fait de me mettre du côté du
« mérite et du profit : un amant qui a conquis sa dame ne doit
« pas provoquer de séparation, car toujours la jouissance vaut
« davantage quand elle dure longtemps : aussi ne vois-je pas
« là matière à tenson. »

III. « Miraval, je me soucie fort peu d'une dame dès qu'elle

« a les cheveux gris : qu'elle reste avec vous, j'y consens : car
« tous deux vous aurez le même air : le vieux marche avec
« la vieille, les jeunes vont avec les jeunes : c'est pourquoi je
« n'admets pas qu'un vieillard fasse le galant. »

IV. « Sire Ademar, puisqu'il vous plaît de faire dégénérer
« votre chant en dispute, je veux que l'on sache bien en Espagne
« que votre dame est d'un tel prix qu'on l'obtient pour rien ;
« et vous ne perdez guère à vous en séparer, puisqu'elle a
« l'humeur si voyageuse. »

On le voit, la pièce est d'une importance exceptionnelle
pour trancher la question posée[1]. Il ressort évidemment du
contenu de ces couplets que Miraval était déjà d'un âge avancé
quand il collaborait à cette tenson. De plus, nous sommes en
droit d'en conclure que le poète, bien que vieilli, n'en avait
pas moins la prétention de sacrifier à la beauté, tout comme
au temps de sa jeunesse.

Qui donc pourrait s'en étonner ? Est-il nécessaire de rappeler
le caractère fictif de la passion chez les troubadours ? Or, à cet
égard, Miraval ne se distingue pas toujours des autres. La
tenson même que nous venons de citer n'en est-elle pas une
preuve ? En réalité, c'est presque partout en raisonneur qu'il
a parlé de l'amour, et, si ce fut bien dans la dernière partie de
sa vie qu'il écrivit telles de ses chansons, nous ne sommes pas
surpris qu'il s'y montre si rarement ému.

Mais, même en admettant que Miraval ait pris, malgré son
âge, son rôle d'amant au sérieux, nous ne saurions oublier
que, dans toutes les aventures où il fut mêlé, il fut invariable-
ment dupé et ridiculisé : « *E totas l'enganeren* », dit le biographe.
N'était-ce pas le sort réservé d'avance à un vieillard assez
simple pour garder une attitude qui avait depuis longtemps
cessé de lui convenir ?

D'ailleurs, le troubadour, pauvre et vivant de son art, était
peut-être dans la nécessité, sous peine de n'avoir plus de thèmes
à chansons, de prendre part aux intrigues mondaines de son
temps. Sans doute il n'avait nul besoin, pour écrire ses vers,

1. V. notamment les vers 4 et 5 ; 12 et 13 ; 15 à 18.

d'éprouver quelque passion sincère : mais encore fallait-il que quelque circonstance particulière, quelque *semblant d'amour* parût les avoir inspirés.

Ces raisons nous décident à maintenir les dates que nous avons proposées pour la carrière de Miraval et à la renfermer approximativement entre les années 1135 et 1216.

CHAPITRE II

1. Intérêt que présente l'étude des rapports des troubadours avec leurs protecteurs. — 2. *Audiart* (Raimon VI, comte de Toulouse) et Miraval. — 3. *Pastoret* (Raimon-Rogier, vicomte de Béziers ?) et Miraval. — 4. Relations de Miraval avec les autres seigneurs du Languedoc. — 5. Relations de Miraval avec les princes du Nord de l'Espagne. — 6. Conclusion.

1. Intérêt que présente l'étude des rapports des troubadours avec leurs protecteurs.

L'étude des rapports que les troubadours ont entretenus avec les principaux seigneurs de leur temps, offre un double intérêt. Non seulement elle permet de déterminer plus exactement la condition des poètes dans le monde méridional, et de mesurer leur influence et leur renommée, mais, par le contingent d'anecdotes qu'elle met à notre disposition, elle nous aide à marquer de traits plus précis la physionomie des grands, à une époque où les goûts, les mœurs, les nécessités même de la vie groupent autour d'eux tous ceux qui jouent quelque rôle dans la société. On sait du reste que la poésie provençale se développa parallèlement à la puissance de la noblesse du Midi et déclina avec elle. Selon le mot de Diez [1] « la poésie, fille de cour, dépendait du bon plaisir des nobles ; grandie aux rayons de ce soleil, elle ne pouvait vivre hors de son élément. » Les plaintes incessantes

---

1. *La Poésie des Troubadours*, trad. de Roisin, p. 67.

que, dès la fin du xiie siècle, la parcimonie des grands arrache aux troubadours, et la vivacité même de leurs regrets prouvent à quel point leur art fut réellement sous la dépendance des seigneurs et confirment du même coup tout le bien dont la poésie leur avait été redevable au temps de sa splendeur.

Quel troubadour ne s'est vanté d'être le protégé ou l'ami de quelque haut personnage? Il n'est pour ainsi dire pas de chanson ou de sirventés dont l'envoi ne renferme quelque flatterie à l'adresse d'un protecteur : éloges convenus, nécessaires, véritable rançon des faveurs accordées, unique moyen, en somme, pour le troubadour de retirer de son art gloire et profit. Nombreux donc furent ces Mécènes de la poésie provençale[1] et beaucoup parmi eux portent d'illustres noms. Mais ce qui nous intéresse par-dessus tout, c'est de rechercher à quels mobiles ces grands obéissaient en se faisant ainsi les patrons de la poésie et pour quelle part le sens artistique entrait dans la faveur qu'ils lui témoignaient.

A cet égard, l'étude des relations que Raimon de Miraval entretint avec les princes du Midi peut être fort instructive. Beaucoup de personnages sont, à plusieurs reprises, cités dans ses vers, et nous verrons aisément, du moins pour la plupart d'entre eux, ce qu'ils aimaient dans un troubadour de cette condition.

En revanche, il est plus difficile d'établir avec certitude l'identité de ces protecteurs. La manie de l'allusion, dont la lyrique provençale a tant souffert, ce besoin d'affecter le mystère, pour exprimer ce qui pouvait être dit clairement, vient ici gêner nos investigations et nous oblige à nous contenter parfois de conjectures là où il eût pu être intéressant d'arriver à la certitude[2].

---

1. V. la table dressée à la fin des *Leben u. Werke der Troub.*, de Diez, et celle que Restori a donnée, d'après M. P. Meyer, dans sa *Letteratura provenzale*, p. 77.

2. Nous n'admettrions qu'avec réserve l'opinion exprimée par M. Kolsen (*Guiraut von Bornelh*, p. 45), qui explique l'emploi des pseudonymes de ce genre par le désir qu'avaient les troubadours de faire croire à une plus grande intimité entre eux et leurs protecteurs : cela est vrai pour certains, mais ne peut s'appliquer à tous. Nous verrions plutôt dans cet usage une conséquence

Miraval s'est plu, en effet, comme les autres, à masquer sous des noms de convention quelques-uns de ses protecteurs, et le texte de ses poésies ne nous donne pas toujours la clé de ces allusions. Nous passerons en revue ces divers personnages, désignés, les uns par leur vrai nom, les autres par un surnom, d'après la place qu'ils semblent avoir tenue dans la vie du poète, c'est-à-dire selon le nombre ou la valeur des mentions que Miraval en a faites. Pour mettre plus de clarté dans cette étude, nécessairement morcelée, nous distinguerons les personnages qui appartiennent au midi de la France, en détachant d'abord ceux qui paraissent avoir entretenu les rapports les plus étroits avec Miraval, et les protecteurs que le troubadour eut au nord de l'Espagne.

2. *Audiart* (Raimon VI, comte de Toulouse) et Miraval.

En ce qui concerne le plus considérable et, semble-t-il, le plus aimé des protecteurs de Raimon de Miraval, aucun doute n'est possible. Le personnage qui figure si souvent dans les pièces de notre troubadour sous le nom d'*Audiart* est bien Raimon VI, comte de Toulouse, ainsi que la biographie provençale l'affirme.

« Miraval, dit le biographe, pour son beau talent de poète et pour l'agrément de son langage, pour sa connaissance profonde de l'amour et de la galanterie, ainsi que de tous les traits aimables et de tous les propos gracieux qu'échangent amants et amantes, fut aimé et apprécié du comte Raimon de Toulouse, qui l'appelait son *Audiart*, nom sous lequel Miraval désignait lui aussi le comte. Celui-ci lui donnait des chevaux et des armes, les vêtements dont il avait besoin et tout ce qui lui était nécessaire. Il était seigneur du comte et de sa maison » [1].

de ce caractère artificiel, qui est le trait dominant de la poésie provençale. N'était-ce pas encore là une sorte de jeu d'esprit propre à séduire des poètes à qui tout moyen d'expression détourné, toute recherche de style, quelle qu'elle fût, plaisait si fort ?... Toutes les littératures précieuses ont abusé de l'*allusion* sous toutes ses formes.

1. V. le texte à l'Append. i, 1.

Il ne suffit pas de s'appuyer sur les mots qui, dans la biographie, suivent le passage que nous venons de citer *(Era senher de lui e de son alberc, e*

Ainsi Raimon de Miraval aurait été attaché à la personne de Raimon VI, comme les mots « *era senher de son albere* » semblent l'indiquer, et aurait même vécu avec lui dans une sorte d'intimité affectueuse : dans quelle mesure les œuvres du troubadour confirment-elles le dire du biographe provençal ?

Que des relations suivies aient existé entre le comte de Toulouse et Miraval, c'est ce dont on ne peut douter. Aucun nom ne revient aussi souvent que celui d'*Audiart* dans les pièces du troubadour[1], et il n'est aucun personnage à qui

senher del rei Peire d'Arago), et de dire que, le règne de Pedro II ayant coïncidé avec celui de Raimon VI, c'est sûrement de ce dernier qu'il s'agit. (Raimon VI fut comte en 1194, Pedro II monta sur le trône en 1196). Car Miraval put connaître le prédécesseur de Pedro II et, par suite, celui de Raimon VI. Si l'on songe que Raimon V fut pour les poètes de son temps un protecteur peut-être plus éclairé, certainement plus puissant que Raimon VI, la question se pose : mais le rapprochement des envois des deux pièces de Miraval, *Ar ab la forsa dels freys* (P. O., 227), et *Bell m'es qu'ieu chant em conhdey* (P. O., 229), ne laisse subsister aucun doute. Le premier est ainsi conçu : « Pour mon *Audiart* je me réjouis, car tout le monde avec élan prise plus le comte Raimon que nul autre comte du monde » ; ainsi c'est un comte Raimon que Miraval appelle *Audiart* ; or, l'autre envoi, faisant allusion à des faits historiques bien connus, désigne cet *Audiart* comme ayant perdu Beaucaire et parle de l'intervention du roi d'Aragon en faveur du comte de Toulouse, c'est-à-dire de Raimon VI : « Mais le roi m'a promis que je rentrerais sous peu en sa possession (de Miraval) et que mon *Audiart* recouvrerait Beaucaire. » — Le critique de l'*Histoire Littéraire* (xvii, 459) voit encore Raimon VI dans le personnage que Miraval appelle son « *Plus-Leyal* » à la fin de la pièce « *chansoneta farai rencutz* » (M. G., 1103). Mais ce pseudonyme, qui ne se trouve pas ailleurs dans Miraval, ne saurait désigner Raimon VI, puisque, dans la strophe v de la même pièce, figure le nom d'*Audiart*, que le troubadour applique sûrement au comte de Toulouse. Il est impossible, à l'aide de cette mention isolée de « *Plus-Leyal* » de deviner à qui Miraval fait allusion. Notons seulement que le même pseudonyme se trouve dans Folquet de Marseille, dans le dernier envoi de la pièce : *Sitot me sui a tart aperceubutz* (V. Bartsch. *Chrest.*, p. 124).

1. *Audiart* est nommé 16 fois dans les pièces qui nous restent de Miraval : *Aissi cum es gensers pascors* (67, dans U). — *Ar ab la forsa dels freys* (v. 53). — *Bell m'es qu'ieu chant em conhdey* (v. 71). — *Be m'agradal bels temps d'estiu* (v. 57 dans R). — *Ben aial messatgiers* (v. 51). — *Chansoneta farai rencutz* (v. 36). — *Dels quatre mestiers valens* (v. 61). — *S'a dreg fos chantars grazitz* (v. 59). — *Selh cui ioys tanh ni chantar sap* (v. 54). — *Selh que de chantar s'entremet* (v. 45). — *Selh que no col auzir chansos* (v. 49). — *Sitot s'es ma domn' esquira* (v. 49). — *Tals vai mon chan enqueren* (v. 53). — *Tot quan fatz de be ni dic* (v. 49). — *Tug silh quem van demandan* (v. 59). — *Un sonet m'es belh qu'espanda* (v. 60).

Miraval ait adressé plus d'expressions élogieuses ou reconnaissantes. Si Raimon VI tenait à son poète, celui-ci oubliait rarement son protecteur. L'ensemble des allusions faites par Miraval à Raimon VI permet d'admettre qu'une liaison étroite, une « *paria* », caractérisée précisément par l'adoption d'un surnom commun aux deux amis, existait entre eux. Ce n'était pas d'ailleurs la première fois qu'un comte de Toulouse donnait à un poète un tel gage d'affection.

Une « *paria* » du même genre avait déjà rapproché l'un de l'autre Raimon V et le troubadour Bernart de Durfort, qui eux aussi avaient adopté pour leurs relations intimes, un nom commun, celui d'*Albert*[1]. Mais il ne nous reste de Bernart de Durfort aucune pièce authentique propre à nous renseigner sur les rapports qu'il entretint en réalité avec Raimon V, au lieu que la mention fréquente du nom d'*Audiart* dans les poésies de Miraval nous permet de nous faire une idée plus nette de l'amitié qui unissait ce dernier à Raimon VI.

Ce surnom même d'*Audiart* mérite de nous arrêter un instant : non qu'il soit de nature à nous faire mieux comprendre le caractère de cette liaison ; mais il est singulier que Miraval ait employé un nom de femme pour désigner le comte de Toulouse. Nous ne pouvons rien déduire de cette particularité ; souvent la bizarrerie des pseudonymes imaginés par les troubadours déroute : il est prudent de ne pas chercher à en percer le mystère, car, ou bien ils n'ont par eux-mêmes aucune signification, — et c'est sans doute le cas pour beaucoup, — ou bien ils proviennent d'une allusion à des circonstances trop particulières pour qu'on puisse songer raisonnablement à les expliquer.

Relevons du moins l'erreur commise par Crescimbeni[2], Barbieri[3] et Emeric David[4], qui donnent au mot *Audiart* le

---

1. « *N'Amels de Tofalhas diss per testimoni, sobre sagrament, que auzid dire a so payre que mosenh lo coms que jay a Nemze* (c'est-à-dire Raimon V) *lo comandet an Bernad Durfort loquals s'apelava ab lui Albert.* » (Chabaneau : *Biogr.*, p. 34).

2. V. à l'appendice I, 2. Giudice, qui traduit *Audiart* par « *galante* » donne de ce surnom une interprétation encore plus fantaisiste.

3. Ibid.

4. *Hist. Litt.*, XVII, 457.

sens d'*auditeur* ou de *disciple* : *Audiart* est tout simplement
une forme provençale du mot Hildegarde[1].

Miraval est le seul troubadour qui ait appliqué à un personnage masculin ce nom que les autres troubadours ont toujours
employé conformément à sa signification vraie[2].

Les nombreux passages où Miraval a fait mention de
Raimon VI nous donnent une idée assez précise des sentiments
qu'il avait pour son protecteur, mais ne nous permettent pas
d'affirmer qu'il remplît auprès de lui une fonction officielle. Nous pensons toutefois que Miraval ne figura à la cour
du comte de Toulouse qu'à titre de poète favori : son rôle se
bornait sans doute à distraire l'entourage de Raimon VI, en
composant des poésies où les seigneurs retrouvaient, avec
l'expression de sentiments qui leur étaient familiers, des
allusions aux incidents de la vie mondaine, aux intrigues
galantes, aux « faits divers », en un mot, tout ce qui était
propre à piquer la curiosité de ce public frivole[3].

C'était à l'habileté qu'il déployait dans ce rôle, autant qu'à
l'amitié particulière dont l'honorait Raimon VI, que Miraval

1. *Aud-i-art* provient de la forme *Hildegardem*. On lit dans le ms. f de la
B. Nat. (12472, f° 38 r°) une forme intermédiaire à la fin de la chanson *Belh
m'es q'ieu chant em conhdey* : « *E mon Audegart belquaire.* » Les noms
féminins d'origine germanique, selon qu'ils sont latinisés sur la première
déclinaison en *a* ou sur la troisième en *is*, conservent ou perdent, en passant
en français ou en provençal, la finale muette : Hildegardis donne **Audi-artz** ;
Hildegarda donne Hildegarde en français, et aurait pu donner en provençal
Audiarda, tout comme l'on trouve *Ermengart* et *Ermengarda* : pour ce
dernier mot, formé du même suffixe, le provençal n'a que la forme tirée de la
première déclinaison latine ; v. la forme *Hildeardis* dans une charte de
Cluny (d° *Textes relatifs aux institutions privées aux époques méroving.
et carloving.* par Thévenin, p. 171) et dans deux autres textes latins *(même
recueil*, p. 163 et 208) les formes *Ermengart* et *Ermengarda*.

2. Notamment Pons de Chapteuil (v. Springer : *Der altproc. Klagelied,*
p. 55 et 56), où sont relevés les divers exemples du mot *Audiart* appliqué à
des femmes.

3. Nous voyons le type de ces pièces de circonstance, manifestement
écrites pour la galerie, et qui, plus nombreuses, formeraient la chronique
mondaine, voire même scandaleuse du temps, dans le sirventès malheureusement mutilé, où Miraval fait allusion à une aventure galante dont le
dénoûment paraît avoir été sanglant. C'est le sirventès « *Aras no m'en
puose plus tardar* » dont nous parlerons ailleurs. (V. 2ᵉ Partie, chap, i, 6.)

devait d'être bien vu de tous dans ce milieu seigneurial et de vivre plus facilemenl que sa condition ne lui eût permis de le faire. Il nous dit lui-même que la faveur du comte de Toulouse entraînait pour lui celle des autres seigneurs[1]. Quant aux largesses que lui valait son talent, s'il n'en parle pas expressément, du moins sa situation assez précaire, le faste de Raimon VI, enfin les usages du temps, tout donne à penser que, sur ce point, le biographe a dit vrai[2]. On a d'ailleurs d'autres témoignages qui prouvent que la poésie des troubadours était payée par des présents[3], et, si nous rappelons cet usage bien connu, c'est que l'on peut juger par là de la dépendance étroite où le poète d'alors se trouve à l'égard des grands.

Malgré tout, et quelle que fût l'intimité établie entre Raimon VI et le petit châtelain de Miraval, l'amitié de ce puissant seigneur, on s'en doute, entraînait peut-être une sorte de servitude pour celui qui en était l'objet.

« S'il plaisait à mon Audiart, dit le poète à la fin d'une chanson. je voudrais revenir dans mon pays[4]... »

1.   *Lials, sim falh amors e domneyars,*
         Ieu ai chauzit de senhors part mos pars
         Mon Audiart, que m'es tant bos
         Qu'ieun sui [cars] als autres baros. (*Dels quatre mestiers calens*, 59-62 C., f° 79, r°). Le ms. a *fis* au dernier vers au lieu de *cars*. *Fis* ne donne pas un sens satisfaisant. *Cars* est donné par le ms. V (f° 40 b.).

2. Il se peut que le biographe, en parlant des dons que Miraval recevait de Raimon VI, s'inspire d'un des sirventés à Bayona (Withœft. *Sirc. Jogl.*, 49), où le troubadour énumère au jongleur les largesses auxquelles il peut s'attendre. Mais rien ne prouve que le poète lui-même n'eût pas sa part de ces largesses : ces présents étaient ce qu'ils pouvaient être alors et ne variaient guère. Rien d'étonnant à ce que les nomenclatures qu'on nous en donne se répètent.

3. On lit dans la biographie de Peirol : « *E fo cortes hom et acinens de la persona, tan quel Dalfis lo tenia ab se, el restia el daca cacal et armas, e so que mestier l'acia.* » (Chab., *Biogr.*, 58) ; et dans celle d'Aimeric de Péguilhan : « *Et anet se en Cataluenha ; en Guillems de Berguedan si l'aculhit ; et el enanset lui e son trobar, en la premiera chanso qu'el avia faita, tan quel li donet son palafre e son vestir ; e presentet lo al rei n'Anfos de Castella, quel crec d'acer e d'armas e d'onor.* (id. p. 75.)

4.   *S'a mon Audiari playues.*
         Tornar volgr' e mon paes. (*Sitot s'es ma domm' esquiva*, 49-50, v. Bartsch *Chrest.* 152).

A quelque circonstance que se rattachent ces mots, ne révèlent-ils pas que jouir de la protection du comte de Toulouse, c'était perdre un peu de sa liberté ?

> ...« Vous ne courez donc pas
>   où vous voulez ? »

disait au chien le loup de La Fontaine.

Au reste il ne faut pas conclure de ce passage que Miraval ait été attaché sans interruption à la personne de Raimon VI. Il pouvait résider auprès de lui à certaines époques de l'année, il l'accompagna peut-être au cours de quelques voyages[1]; mais la condition même des troubadours leur imposait de vivre un peu partout, et d'ailleurs il est telle pièce de Miraval dont le contenu prouve qu'elle ne fut pas écrite auprès de Raimon VI[2].

Le nom d'*Audiart* ne figure guère dans les chansons de Miraval sans être accompagné des expressions les plus affectueuses ou les plus enthousiastes. Le poète exalte ses mérites en termes chaleureux.

« Que Dieu sauve mon *Audiart* et son honneur : car tout le monde vaut davantage grâce à sa valeur[3]. »

Il oppose sa loyauté à la déloyauté des autres :

« Que Dieu sauve mon *Audiart* et sa joyeuse cour, car il maintient l'honneur en dépit de tous ceux qui l'abaissent[4]. »

Voici des protestations de dévoûment d'une énergie bien marquée :

« J'aime, j'estime et je désire mon *Audiart* ; et je lui resterai

---

1. Les événements qui coïncidèrent avec le règne de Raimon VI obligèrent ce comte à de fréquents déplacements.

2. V. les envois des chansons : « *Enquer non a guaire* » (*M. G.* 1108) et « *Tals rai mon chan enqueren* » (*M. G.* 1088).

3. *Ben aial messatgiers* (v. 51-52., *P. O.*, 232). Même formule dans : *Tot quan faz de be ni dic* (v. 49) : « Que Dieu sauve mon Audiart et ceux qui l'entourent ! » *Mon Audiart sal Dieus e sa companha* (C. f° 75 v°).

4. *Mon Audiart sal Dieus e sa cort guaya,*
     Qu'elh manten pretz totz iorns qui qel dechaya. (M. G. 1093).
Selh que de chantar s'entremet (v. 45-6). Cette formule n'est pas rare chez les troubadours. On la retrouve à peu près exactement par exemple chez Arnaut de Mareuil, dans l'envoi de : *Aissi cum selh qu'am e non es amatz.* (V. Rayn. *Choix.* III, 214).

toujours fidèle malgré les haines auxquelles je pourrai m'exposer par là [1]. »

Et ailleurs :

« Mon *Audiart* m'attire plus que l'aimant, par le mérite qui se trouve dans tout ce qu'il dit ou fait [2]. »

Si les circonstances l'éloignent de son protecteur, il lui garde la même fidélité :

« A mon seigneur *Audiart*, en quelque lieu que je sois, je rends toujours même hommage : car je suis en compagnie de ses amis et je fuis ses ennemis [3]. »

En voilà plus qu'il n'en faut pour montrer à quel point Miraval aimait *son* Audiart [4]. Au reste, à en croire le troubadour, le comte de Toulouse répondait à cette affection, et, fort de sa protection, son vassal l'invoquait au besoin contre des envieux ou des rivaux :

« Si quelque baron est mal disposé à mon égard, je déclare à mon *Audiart* que, quel que soit le lieu où il se trouve, je ne m'éloignerai jamais ds sa seigneurie ni de sa tente [5]. »

Il est donc hors de doute que parmi les troubadours de son temps, Miraval occupa auprès de Raimon VI une situation

1.   *Mon Audiart (z) am e pre[t]z e dezir,*
            E tenrai lo tostemps, qui quem n'aïr. (Be m'agradal bels temps d'estiu, v. 57-8. R. f° 85 a).

2.   *Quem tira plus qu'aisimans*
            Ab digs et ab faigs presans. (Aissi cum es gensers pascors, v. 67-68 d'après U. Arch., 35, 426). Cet envoi est mutilé, mais c'est bien d'*Audiart* qu'il s'agit dans le passage.

3.   *Ves n'Audiart, on [qu'ieu] sia,*
            Port aitan de senhoria,
            Qu'ab sos amics m'acompanh
            E los ennemics estranh. (Tals rai mon chan enqueren, v. 53-56. *M. G.,* 1088). Au premiers vers nous corrigeons *quem,* que donne C, en *quieu* avec ADEHQ.

4. Notons que Miraval appelle presque toujours ainsi (*son* Audiart) le comte de Toulouse.

5.   *Sim col mal neguns dels baros,*
            Mon Audiart (z), on que sia,
            Di que de sa seignoria
            Nom partirai nuilh temps ni de son trap. (Selh cui joys tanh ni chantar sap, v. 53-56. *M. G.,* 1119).

privilégiée et que, sans vivre avec lui sur le pied d'une égalité absolue, il dut beaucoup à cette liaison.

Et pourtant cette amitié ne fut pas sans nuage : dans une circonstance tout au moins le troubadour encourut le mécontentement du comte. C'est ce qui ressort clairement de ce passage :

« Si mon *Audiart* était pour moi ce qu'il fut jadis, je l'aimerais « plus que personne sous les cieux[1]. »

Quelle était la cause de ce refroidissement? Quelle en fut la durée? Nous n'en pouvons rien dire : en tout cas, le ton même du poète, humble et affectueux à la fois, atteste qu'il était dans les mêmes dispositions à l'égard de Raimon VI.

Si maintenant l'on se demande ce qui avait pu rapprocher à ce point l'un de l'autre l'humble vassal et son puissant suzerain, peut-être quelques allusions contenues dans le texte de Miraval nous permettront-elles de l'entrevoir.

Est-ce dans le goût de Raimon VI pour la poésie qu'il faut chercher la raison de son intimité avec le troubadour? C'est une raison sans doute, mais toute générale et qui ne suffirait pas à expliquer pourquoi Miraval, plutôt que tel autre troubadour célèbre, jouit d'une faveur marquée auprès du comte. Au reste, sans dénier à Raimon VI un sens éclairé, il est peut-être prudent de ne pas s'exagérer ses mérites : de ce que nous possédons de lui quelques vers en réponse à un couplet de Gui de Cavaillon[2], il ne faut pas conclure que l'amour de la poésie le possédât tout entier.

En réalité, les vers de Miraval tendent à prouver que le goût de la galanterie, trait commun au poète et à son protecteur, fut le lien le plus fort de leur amitié. C'est du moins le seul point sur lequel, en l'état actuel des textes, il nous soit possible de nous faire une opinion. Ainsi Miraval n'a garde de méconnaître chez Raimon VI la vertu essentielle que tout grand

---

1. *Mon Audiart (z), sim fos aitals cum fo,*
Ameri'eu mais qu'ome de sotz lo tro.
   (*Tug silh quem can demandan*, v. 59-60.— C. f° 77 v°).

2. V. le texte de ces *coblas* dans *Arch.*, 34, 407.

seigneur doit posséder : il le proclame « bon en galanterie[1]. »
L'éloge n'a rien que de banal, il est vrai, et de conforme aux
usages du temps. Mais voici qui est plus explicite :

« Seigneur *Audiart*, c'est de vous que j'ai appris ce qui me
« rend courtois avec toutes les dames : mais il en est une
« surtout qui m'inspire mes chants, une de qui j'ai souci : et
« c'est de celle-là que je tiens Miraval. »

« Vous trouverez difficilement quelqu'un pour vous apprendre
« l'art d'aimer, puisque je l'apprends moi-même de vous[2]. »

Cette déclaration est à retenir. C'est bien l'art de la galanterie que tous deux *étudient* en commun, et, fait significatif,
c'est le troubadour qui se dit l'élève du grand seigneur. On
sent le prix que Miraval attache à cet éloge, et comme il prétend
le rehausser encore en rappelant que le disciple est lui-même
loin d'être un novice dans l'art dont il s'agit.

Mais, dira-t-on, il n'est question dans ce passage que de
la courtoisie selon les troubadours, au sens factice et imma-
tériel du mot. Si nous nous reportons à la chanson même
dont ces vers sont la conclusion, il est tel détail qui semble
pourtant indiquer que Miraval comprenait au besoin d'autre
façon cet art d'aimer[3]. Si le poète dit vrai, si l'on admet que

1.
    Reyals senher guays
    mos Audiartz, cars e bos
    e domney, fe que dei vos,
    la genser qu'el mon se randa.
      (Un sonet m'es belh qu'espanda), v. 59-62 (*M. G.*, 1125).

2.
    N'Audiartz, de vos ai apres
    so don a totas soi cortes :
    [Mas] d'una chan e d'unam fenh,
    e d'aquela Miraval tenh.
    Atrobares greu quius ensenh
    d'amar, pos ieu de vos aprenh.
(*Selh que no vol auzir chansos*, 49-54), d'après E. f° 32 a. — Au commen-
cement du troisième vers E donne *que* : nous corrigeons *mas* avec A D I M.
Que ne lierait pas convenablement les deux phrases.

3. Voici le début du quatrième couplet :
    De la belha cui sui cochos
    dezir lo jazer el baizar
    el tener el plus conquistar
      (V. 25-27, d'après C. f° 75. r°).

le maître et l'élève se valaient — comme Miraval nous invite à le croire — ne résulte-t-il pas de cette chanson que ni l'un ni l'autre ne s'en tenait à la pure théorie ?

La nature de ces relations se précise encore par une nouvelle allusion de Miraval : ici les rôles sont renversés : c'est le troubadour qui donne un conseil au prince, et l'on peut voir par cet exemple, dans quel cas celui-ci recevait les encouragements du premier :

« Seigneur *Audiart*, il n'est pas de mérite que ne dorent la « galanterie et l'amour, et vous n'hésiterez plus désormais en « rien, puisqu'il vous plaît qu'on les exalte [1]. »

Après cela, comment nous étonner que le nom de Raimon VI soit mêlé aux aventures galantes qui tinrent tant de place dans la vie de Miraval, et que, dans telle circonstance dont nous parlerons [2], le troubadour, s'effaçant devant son suzerain, fasse des vœux pour ses succès en amour ?

En somme, il est acquis qu'une amitié, aussi étroite que le permettait la différence de leurs conditions, exista entre Raimon VI et Miraval et que le troubadour éprouva pour le comte de Toulouse une affection d'autant plus vive qu'il en retirait peut-être plus de profit. Les témoignages recueillis nous autorisent à admettre, conformément à la tradition, que Miraval, efficacement protégé par Raimon VI jusqu'à l'époque de la croisade des Albigeois, partagea, pendant les dernières années de sa vie, la mauvaise fortune de son bienfaiteur [3].

Mais, malgré cette intimité relative, il ne paraît pas que Miraval ait jamais joué auprès du comte un autre rôle que celui auquel sa qualité de poète courtois le rendait propre. Pas un mot, dans ce qui nous reste de lui, ne fait allusion à l'histoire politique de son temps, du moins en ce qui touche

1.
> N'*Audiartz, totas calors*
> *daura domneys et amors,*
> *e nous segra mais balans,*
> *pus a vos platz que s'enans.*
>
> (*S'a dreg fos chantars grazitz*, v. 59-62, *M. G.*, 8).

2. V. chap. III. 3.

3. V. plus haut. p. 25.

Raimon VI[1]. C'est à une sorte de camaraderie nouée surtout
en vue du plaisir que les chansons du troubadour font songer.
Et c'est peut-être à cela que se réduit, après tout, l'influence
exercée par Miraval sur Raimon VI. Le biographe avait raison :
s'il fut cher à son *Audiart*, ce fut sans doute pour son talent
poétique : ce fut aussi et surtout pour son expérience des choses
de l'amour, pour les ressources qu'un grand seigneur, à qui
la vie galante était loin de déplaire, pouvait trouver dans le
commerce d'un tel compagnon.

3. *Pastoret* (Raimon-Rogier, vicomte de Béziers ?)

La condition de certains troubadours les mettait dans la
nécessité de briguer la faveur de plus d'un grand personnage.
Ils pouvaient avoir un protecteur attitré, dont le nom revenait
plus volontiers que les autres dans les envois de leurs pièces :
tel *Audiart* — Raimon VI — pour Miraval. Mais les relations qui
existaient entre les cours voisines et la multiplicité des devoirs
féodaux pouvaient amener les poètes à visiter souvent d'autres
seigneurs et à leur faire, en partie du moins, hommage de
leurs chansons : ce fut le cas pour Raimon de Miraval.

Parmi les pseudonymes qui désignent sûrement des personnages masculins et qui figurent dans ses vers, c'est celui de
Pastoret, qui, après le nom d'*Audiart*, revient le plus fréquemment[2].

Il est hors de doute que ce nom de convention cache un
personnage important. *Pastoret* est, sinon l'égal, du moins le
conseiller intime, peut-être un parent ou un allié de Raimon VI.

---

1. L'allusion à la perte de Beaucaire qui se trouve dans la chanson *Belh
m'es qu'ieu chant em conhdey* ne saurait contredire cette conclusion. V., sur
les réflexions que comporte la pièce, le chap. III, 5.

2. On l'y trouve 6 fois ; (nous ne reviendrons plus sur l'observation déjà
faite, qu'il faut compter avec les pièces qui ont pu se perdre et où pouvait se
retrouver le nom du personnage). Voici les passages des chansons où *Pastoret*
est nommé : *Ara m'agr' ops que m'aizis* (v.57). — *Ben sai que per aventura*
(v. 55). — *Selh que de chantar s'entremet* (v. 45). — *D'amor mou totz mos
cossiriers* (v. 57). — *Pus oguan nom vale estius* (v. 49). — *Tug silh quem
van demandan* (v. 57).

C'est ce que le passage suivant semble indiquer :

« *Pastoret*, vous qui êtes admis à ses conseils intimes, dites
« à mon *Audiart* que là où se trouvent courtoisie et sens, doi-
« vent se développer courage et jeunesse »[1].

Ailleurs Miraval met *Pastoret* au-dessus de tous les barons
« pour la galanterie, l'amour, la générosité[2]. »

Ce mérite exceptionnel excite même, au dire du troubadour,
l'envie des autres seigneurs :

« *Pastoret*, maints puissants barons vous en veulent beau-
« coup : car vous les rabaissez, tandis que grandit votre
« vaillance »[3].

Miraval, lui, prend fait et cause pour son protecteur, il le
déclare hautement à la fin d'une autre chanson :

« *Pastoret*, je veux faire savoir à tous ceux qui vous sont
« hostiles, où qu'ils soient, que vous haïr, c'est me déplaire[4] ».

Nous avons dit quelle sorte de camaraderie semblait avoir
existé entre Raimon VI et Miraval, et dans quel sens le troubadour avait été le conseiller du comte de Toulouse : il faut
peut-être en dire autant en ce qui concerne les rapports de
Miraval avec *Pastoret*.

L'envoi de la chanson « *Tug silh quem van demandan* », que
nous venons de citer, n'est-il pas comme un témoignage de
satisfaction accordé à *Pastoret* par le poète courtois, heureux

1.   *Pastoret, vos qu'etz dels cosselhs privatz,*
                 A mon Audiart diguatz
            Que lai ont es cortezia e sens
            Deu melhurar gallardi' e jovens.
                      (*Pus oguan nom vale estius*, v. 49-52. *M. G.*, 1110).

2.   *Mon Pastoret rey sobre tot (z) baro*
            De domneyar e d'amar e de do.
                      (*Tug silh quem van demandan*, v. 57-58. *M. G.*, 1096).

3.   *Pastoretz, gran malvolensa*
            Avetz de mains ricx baros,
            Quar vos faitz els estar ios,
            E poiatz vostra valensa.
                      (*Ara m'agr' ops que m'aizis*, v. 57-60. *M. G.*, 335).

4.   *Pastoret, vostres malvolens,*
            On que sion, vuelh far sabens
            Qu'ieu nom am re que vos azir.
                      (*Ben sai que per aventura*, v. 55-57. *M. G.*, 1101).

de trouver chez son seigneur les deux vertus essentielles que
tout bon prince méridional doit posséder : savoir aimer, savoir
donner ?

Le passage suivant est à la fois un encouragement du même
genre et un appel à l'intervention de *Pastoret* entre Miraval
et la femme courtisée par le poète : on en pourrait conclure
que, si le troubadour mettait parfois son talent au service
du grand seigneur pour lui gagner les bonnes grâces d'une
dame, il cherchait à retirer le même profit de l'influence de
son protecteur.

« *Pastoret*, ne cessez pas — et qu'à ce prix Dieu vous donne
« d'être heureux en amour — de montrer à ma dame comme
« il lui sied bien de savoir occuper ouvertement Miraval » [1].

Dans une autre chanson, c'est encore au cours d'une aventure d'amour (probablemement la même)[2] que Miraval invoque
le témoignage de *Pastoret*[3].

Ces textes suffisent à prouver que Miraval entretint des
relations assez étroites avec ce personnage et que, moins vive
assurément que celle qui l'unissait à Raimon VI, son amitié
pour *Pastoret* avait peut-être le même fondement. Cette fois
encore, les incidents de la vie galante avaient contribué sans
doute pour une large part à rapprocher le seigneur du troubadour.

Tâchons maintenant d'établir l'identité de *Pastoret*. Son nom
n'est mentionné nulle part, ni dans la biographie provençale,
ni dans les *razos*, ni dans aucun des historiens des trouba-

---

1.   *Pastoret, nous laissetz mia,*
        Si Dieus vos don ioy d'amia,
    Qu'a ma dona no mostretz cum l'es gen
    Si Miravalh sap tener franchamen.
        (D'amor mou totz mos cossiriers, v. 57-60 d'après C,
f° 79 r°. C donne *lauzi* au 1er vers pour *laissetz* que donne A (*Studj.*, III, 132).

2. V. chap. III, 2.

3.   *Quar, fe que dey mon Pastoret,*
      Nom seri' estiers veyaire
      Qu'ieu pogues o soffrir guaire.
     (Selh que de chantar s'entremet, v. 36-38. *M. G.*, 1093).
Miraval se plaint dans ce passage d'avoir été victime des manœuvres d'un
rival.

dours, pas plus dans Diez que dans Nostre-Dame. Bien que personne n'ait tenté d'identifier ce pseudonyme avec un nom historique, il n'est peut-être pas impossible d'y parvenir : selon nous il y a de grandes probabilités pour que *Pastoret* ne soit autre que Raimon-Rogier, le jeune vicomte de Béziers. En voici les raisons :

Nous avons déjà dit que les circonstances qui amenaient un troubadour à désigner un ami ou un protecteur à l'aide de tel ou tel surnom restaient la plupart du temps mystérieuses, et que, par suite, la critique ne pouvait guère s'appuyer sur le sens même des noms employés, pour retrouver l'identité des personnages. Il est des cas cependant où ces noms fictifs peuvent nous fournir de légers indices. Ainsi celui de *Pastoret* autorise au moins une conjecture. Nous pensons que ce diminutif familier conviendrait assez bien à un prince jeune encore[1], que le troubadour aurait connu enfant, et à qui son âge permettait, sans manquer aux égards dûs à son rang, d'appliquer un surnom de ce genre[2].

D'autre part, nous l'avons dit, il ressort des passages cités plus haut qu'il faut voir dans *Pastoret* un des plus considérables parmi les seigneurs du Midi. Or, entre les jeunes princes d'un rang assez élevé pour prétendre à l'intimité de Raimon VI, il n'en n'est guère que deux à qui l'on puisse songer : le futur Raimon VII, le fils même du comte, et Raimon-Rogier, vicomte de Béziers, fils de Rogier II et neveu de Raimon VI.

En ce qui concerne Raimon VII, les mots « *vos qu'etz dels cosselhs privatz* », relevés plus haut, s'appliqueraient sans doute mieux à lui qu'à tout autre, si l'âge qu'avait le jeune

---

1. V. la *Chanson de la Croisade*, éd. P. Meyer, t. II, p. 206, note 6. Au sujet d'un certain Guiraut Adémar et de son fils Guiraudet (nommé au vers 3859 ; un peu plus loin (v. 3875) le fils de Raimon VI est appelé Raimondet), M. P. Meyer dit : « C'était l'usage au Midi, principalement en Provence, de donner à l'aîné des enfants le nom du père avec la terminaison diminutive. » On peut voir comme une extension de cet usage dans les pseudonymes du genre de *Pastoret*.

2. Aller plus loin serait verser dans la fantaisie pure, et nous nous garderons bien d'établir un rapport entre le sens même du mot *pastre* et la condition du personnage désigné sous le pseudonyme de *Pastoret*.

comte à l'époque où, semble-t-il, furent écrites les chansons qui mentionnent *Pastoret*, ne s'opposait à cette interprétation. Né en 1197, Raimon VII n'avait donc que sept ans en 1204 : or c'est la date extrême à laquelle ces pièces puissent être rapportées[1]. Quelle que fût la précocité du jeune comte, et bien que les circonstances aient forcé Raimon VII à jouer de bonne heure un rôle important, il est manifeste que les allusions contenues dans les envois adressés à *Pastoret*, ne peuvent s'appliquer à lui.

Que de présomptions, au contraire, en faveur du vicomte de Béziers! Tout d'abord, il est le suzerain immédiat de Miraval[2]. Ne serait-il pas surprenant que son vassal ne lui eût jamais fait hommage de ses vers? Rappelons-nous d'ailleurs la popularité dont le jeune vicomte jouit auprès de ses sujets, et qui nous est attestée par tel passage de la *Chanson de la Croisade*[3]. N'oublions pas non plus que la cour de Béziers fut, du temps même de la mère de Raimon-Rogier, Azalaïs de Toulouse, un des principaux centres de la poésie provençale, et, qu'en dehors des devoirs féodaux qui pouvaient y amener Miraval, c'était là pour le troubadour un motif de plus de la fréquenter. Ne savons nous pas, par ailleurs, que Raimon de Miraval fut lié avec le tuteur du jeune vicomte, Bertran de Saissac? Il l'a mentionné dans une de ses pièces[4], en des termes qui font allusion à des relations assez suivies;

---

1. V. chap. III, 2 (fin).

2. Ce lien féodal rend bien compte (si l'on admet notre hypothèse), de la formule employée par Miraval dans la chanson « *Selh que chantar s'entremet* » : « *Fe que dey mon Pastoret* » (v. 45).

3.
> *Lo vescoms de Bezers no fina noit ni jorn*
> *De sa terra establir, car mot avoit gran cor.*
> *En tant cant lo mons dura n'a cavalier milhor,*
> *Ni plus pros ni plus larg, plus cortes ni gensor.*
> ....
> *Mas, car ero trop joves, avia ab totz amor,*
> *E sels de son païs de cui era senhor,*
> *No avian de lui ni regart ni temor,*
> *Enans jogan am lui co si fos companhor.*
> (V. 342-345 et 349-353, éd. P. Meyer).

4. V. *A Dieu me coman, Bayona*, v. 41.

n'est-ce pas un indice que Miraval, pour être plus particulièrement attaché au comte de Toulouse, n'en resta pas moins en
rapports avec la maison de Béziers[1]? Dès l'an 1199, Raimon-
Rogier, émancipé, fut en état de jouer un rôle de premier
plan, malgré sa jeunesse : l'étendue de ses domaines et
l'influence acquise au cours du XIIᵉ siècle par la maison des
Trencavel permettent de lui appliquer les passages où Miraval
fait allusion au prestige de son *Pastoret*. L'âge de Raimon-
Rogier ne peut soulever aucune objection sérieuse. En 1200
(date qui marque à peu près le centre des aventures auxquelles
nous le trouverons mêlé) il avait quinze ans : rien d'étonnant
à ce qu'il s'intéressât dès lors aux galanteries de son entourage.
Aucune pièce de Miraval pouvant dater d'après 1208 ne
mentionne *Pastoret* : or on sait que Raimon-Rogier mourut
tragiquement au mois de novembre de l'année 1209, au lendemain même des brusques revers qui marquèrent, pour le Midi,
et pour la maison de Béziers-Carcassonne en particulier, la
première période de la Croisade. Il peut se faire que Miraval,
entraîné dans la tourmente, avec tant d'autres, n'ait pas eu le
loisir de déplorer la fin de l'infortuné vicomte qu'il avait peut-
être chanté sous le nom de *Pastoret*[2]. Du moins les poésies qui

---

1. La biographie dit du reste : *(Era senher) del rescomte de Bezers*.

2. Voici, nous semble-t il, la seule objection sérieuse que l'on puisse faire
à notre interprétation du pseudonyme de *Pastoret*.

L'antagonisme qui existait depuis longtemps entre la maison de Toulouse
et celle de Béziers n'avait pas disparu à la mort de Rogier II (1194). Il
durait encore au moins en 1201, puisque Raimon Rogier et le comte de Foix
concluent à cette époque une alliance dirigée contre Raimon VI (v. *Hist.
Lang.* vi. 193). Dès lors, pourquoi Miraval (dans l'envoi de la pièce *Pus
oguan non cale estius*, cité plus haut), parle-t il de *Pastoret* et d'*Audiart*
en des termes qui semblent indiquer que les deux personnages sont en
relations? Toutefois, si l'on veut bien considérer que cet envoi est par lui-
même assez banal et, surtout, que la chanson n'a nullement trait aux
affaires politiques, peut-être ne s'arrêtera t on pas à cette objection. Il est
difficile d'admettre, en dépit de leurs différends, que tout rapport ait cessé
entre le jeune vicomte de Béziers et son oncle Raimon VI. D'ailleurs, à
supposer que la rupture fût complète, il est fort possible que Miraval, qui
paraît n'avoir joué aucun rôle politique — c'est la conclusion fort nette, ce
nous semble, à laquelle aboutit le présent chapitre — ne sût pas à quoi s'en
tenir sur la nature exacte des relations existant à un moment donné entre
Toulouse et Béziers.

nous restent de lui ne contiennent-elles aucune allusion à cet événement.

En somme, nous ne donnons pas comme certaine, mais seulement comme probable l'identité de *Pastoret* et de Raimon-Rogier de Béziers. Mais Miraval dut compter parmi ses protecteurs celui des seigneurs du Midi dont il dépendait immédiatement : toutefois il ne paraît pas avoir existé entre Miraval et *Pastoret* l'intimité que nous avons constatée entre le troubadour et Raimon VI. Si *Pastoret* est réellement le vicomte de Béziers, à la différence de condition s'ajoute ici une différence d'âge notable : Raimon-Rogier était presque un enfant que Miraval était déjà un vieillard.

Et cependant l'on retrouve un trait commun à *Audiart* et à *Pastoret* dans leurs relations avec le troubadour : c'est que, presque étrangères à la politique, ces relations s'établirent surtout au nom du plaisir et de la galanterie. Nous l'avons vu pour *Audiart*, nous l'entrevoyons pour *Pastoret* : ainsi se dégage peu à peu, avec son caractère essentiel, le type du grand seigneur ami de la poésie courtoise, du Mécène des troubadours.

4. Relations de Miraval avec les autres seigneurs du Languedoc.

Audiart et *Pastoret*, Raimon VI de Toulouse et, peut-être, Raimon-Rogier de Béziers, furent manifestement ceux des seigneurs du Midi que Miraval connut le mieux : mais d'autres personnages de la même région figurent dans les poésies du troubadour, qui furent, eux aussi, au nombre de ses protecteurs ou de ses amis. La plupart d'entre eux ne sont nommés qu'une fois par lui[1] : mais les termes dans lesquels il en parle permettent d'entrevoir quels rapports il entretint avec eux.

---

1. C'est à dessein que nous ne disons rien d'un personnage que le troubadour désigne sous le nom de « *Leyal* » : car rien ne permet de retrouver son identité, ni de dire en quel termes Miraval vécut avec lui. Il est nommé quatre fois, mais le contenu des envois où il figure (sans qu'aucune épithète

Parmi les pièces qui nous restent de Miraval, il en est une qui offre le plus grand intérêt pour la question qui nous occupe. C'est le sirventés souvent traduit et commenté : « *A Dieu me coman, Bayona*[1]. » On peut dire que, sans les indications qu'il contient, on en serait réduit à de simples conjectures sur l'influence dont notre troubadour disposait dans la région même à laquelle il appartenait.

Nous avons de lui deux sirventés composés pour le jongleur Bayona. Il ressort du texte même de l'un d'eux[2] qu'il en avait écrit au moins un troisième pour le même jongleur, et, par le début de celui que nous allons traduire, on voit que celui des trois qui est perdu avait été composé avant les deux autres. Il faut croire que ce premier sirventés n'avait pas rapporté un gros bénéfice au jongleur qui était allé le débiter de château en château et qu'il s'en était plaint au poète. Miraval, piqué sans doute, écrivit alors pour Bayona un nouveau sirventés, capable, assure-t-il, de lui rapporter davantage.

Nous en donnons immédiatement la traduction complète, puisque la pièce est pour Miraval un moyen de passer lui-même en revue les seigneurs de qui il est avantageusement connu dans une partie du Languedoc.

accompagne jamais son nom) ne peut nous fournir aucun renseignement. Voici les passages :

> *Deus benedigat Leyal :*
> *Eu en cort volgra vezer*
> *Cilh cui port amor coral. (A penas sai don m'aprenh,*

v. 61-3. Rayn. *Choix* III. 359).

> *Lejal, bem platz de mon Estiu l'enans,*
> *Mas de mi dons es sa ralors tan grans*
> *Que en e tuy li deren obezir,*
> *Per qu'eu nolh rolh ges Miraval mentir.*

(*Be m'agradal bels temps d'estiu,* 53-6. Bartsch. *Chrest.,* p. 154

On trouve encore le nom de *Leyal* dans la pièce : *Dels quatre mestiers ralens* (v. 59) et dans : *Enquer non a guaire* (v. 55).

1. V. le texte dans Withœft : *Sirventes joglaresc* p. 49. On trouvera à la p. 48 la liste des textes et des traductions données de cette pièce. Nous renvoyons, dans la suite, au texte de Withœft, sauf indication contraire.

2.   *Et ab aquest seran tres*
> *Qu'ieu con aria fatz dos. (Bayona, per sirventes,* v. 3

et 4. Withœft *ouv. cité.* p. 50).

I. « Dieu me garde, Bayona ! Quel diable t'a possédé ! Si
« ce sirventés ne t'agrée pas, tu dois bien t'écrier que c'en est
« fait de toi. Je t'aurais donné un cheval ventru, avec une
« selle de Carcassonne, une enseigne et un écu de la cour de
« Narbonne. »

II. « Dieu me garde, Bayona ! Dans quel état lamentable te
« vois-je, mal accoutré avec ta méchante tunique ! Mais je vais
« t'arracher à la misère à l'aide de ce sirventés que je te donne,
« et qui en vaut cent autres dont tout le monde parle[1]. »

III. « Arrête-toi dans le Carcassès : je ne veux pas main-
« tenant te nommer les barons qui s'y trouvent, car il faudrait
« quarante sirventés pour citer tous ceux qui sont preux,
« et il serait difficile d'en distinguer un ou deux parmi cette
« foule de seigneurs si courtois : quant à toi prends les pré-
« sents, puis, va-t-en ailleurs. »

IV. « Tu passeras à Carcassonne, tu iras trouver le seigneur
« Peire Rogier, et s'il ne te fait pas un cadeau bel et bon, moi
« je te doublerai ton salaire. Tu t'adresseras ensuite au sei-
« gneur Olivier qui te donnera une robe d'étoffe changeante
« et légère, ou en drap de Narbonne[2]. »

V. « Bayona, ne t'attarde pas auprès de lui, et va-t-en de
« là chez le seigneur Gent Esquieu : celui-là ne te fera pas
« triste chère, car il n'est pas de mortel plus gai. Bien mieux,
« il te donnera un cheval fringant, capable de bien courir et
« fait pour les joutes, et aussi des vêtements d'été, de bonne
« façon et de bon goût. »

VI. « Au seigneur Bertran de Saissac chante des sirventés et,
« de préférence, des chansons, et dis-lui de ne pas considérer
« comme une injure que je ne me sois pas adressé à lui tout
« d'abord : tu ne le quitteras pas les mains vides ; il te
« donnera pour l'amour de moi un cheval qui aura un cou de
« cigogne, — bien qu'il n'aime pas à donner. »

---

1. Nous lisons, au v. 15, *tal que cent don hom sermona*, avec C.

2. Nous ne traduisons pas l'adjectif *gordona* dont le sens n'est pas connu,
et nous rendons le mot *sann* qui désigne une espèce d'étoffe également
inconnue par le terme général *étoffe* uniquement pour que la phrase ait un
sens.

VII « Va-t-en vite trouver le seigneur Aimeric, pour qu'il
« porte remède à la détresse en te donnant un bon cheval, un
« licou et une housse. »

Laissons de côté les conclusions que comporte ce sirventés en ce qui concerne la condition des jongleurs[1]. Dans
un autre sens, ce que nous offre cette pièce c'est une sorte de
tableau où nous trouverons, commodément groupés, les représentants des familles avec lesquelles Miraval entretenait des
relations amicales ou intéressées.

Mais, tout d'abord, l'attitude même du troubadour ne mérite-
t-elle pas de nous arrêter? Le ton qu'il prend peut en effet
nous éclairer sur son caractère : il ne s'agit plus ici d'un
puissant suzerain, qu'il faut ménager et flatter à tout prix :
le troubadour est plus libre, il affecte de parler avec assurance,
il se fait fort d'obtenir des seigneurs du Carcassès d'abondantes
largesses pour le pauvre diable qui a fait appel à son talent.
Bien mieux, ne semble-t-il pas, par ce qu'il y a d'ironique et
de suffisant à la fois dans sa commisération, se venger sur la
personne du jongleur, son inférieur dans la hiérarchie sociale,
de l'espèce de servitude où sa condition modeste l'astreint
lui-même envers ses supérieurs? Ce trait n'est-il pas **bien
humain**? Miraval fait le généreux à son tour : si Bayona est
mal accueilli, c'est lui qui le payera et sans compter : il
doublera son salaire. Ce ton protecteur n'est-il pas plaisant de
la part du petit châtelain du Cabardès dont la vanité se dédom-
mage comme elle peut ?

Toutefois, malgré le ton assez libre que prend ici le
troubadour, et qu'admet le genre du sirventés, il est aisé de
s'apercevoir que Miraval, pour parler de ces seigneurs en ami,
ne se donne pas comme leur égal : le troisième couplet et le
sixième sont d'un flatteur et font passer la familiarité des
autres. C'est donc bien à ses propres protecteurs, que le troubadour adresse son jongleur : c'est encore le poète courtisan
que nous voyons à l'œuvre. Une étude détaillée de ce sirventès
rentre donc dans l'objet du présent chapitre et nous considérons

----

1. V. sur ce point Wilhœlt : *our. cité, passim.*

comme indispensable de nous renseigner de plus près sur l'identité, sur la condition, sur les goûts même, s'il est possible, des personnages qui y sont nommés.

Parmi ces noms nous détacherons tout d'abord, comme étant le plus important, celui des seigneurs de Saissac. On ne le trouve pas mentionné ailleurs dans les pièces qui nous restent de Miraval. Mais nous ne pouvons pas hésiter à admettre que les relations aient été fréquentes et comme forcées entre notre troubadour et les seigneurs de ce nom. La situation même de Saissac[1], dans le voisinage immédiat de Miraval, suffirait à rendre le fait vraisemblable. Pour aller de Saissac à Carcassonne ou à Béziers, la vallée de l'Orbiel était le chemin le plus direct. Nul doute que Raimon de Miraval ne fréquentât régulièrement, quand il se trouvait dans son pays, la petite cour des seigneurs de Saissac, dont le prestige était grand. Le Bertran de Saissac dont parle Miraval joua un rôle très important vers la fin du XIIe siècle. Il figure dans de nombreux actes de cette époque concernant les vicomtes de Béziers[2]. Contemporain de Rogier II (vicomte de 1167 à 1194) il fut, semble-t-il, son conseiller le plus autorisé[3]. Il n'est pas étonnant qu'on le trouve (en mai 1194) parmi les chevaliers

1. Saissac est actuellement le chef-lieu d'un canton de l'arrondissement de Carcassonne. Le canton de Saissac et celui de Mas-Cabardès (où se trouve Miraval) sont limitrophes. On voit encore à Saissac de vieux remparts et des ruines assez importantes de l'ancien château. Le château de Saissac était, dès le Xe siècle, sous la suzeraineté des comtes de Carcassonne ; il resta toujours sous cette suzeraineté. « Il fut inféodé par eux à un de leurs fidèles, dont les descendants le possédèrent jusqu'à la guerre des Albigeois. » (*Hist. Lang.*, XII, 145).

2. Il figure à titre de témoin dans le codicille par lequel Raimon-Trencavel institue son fils Rogier pour son héritier universel (vers 1166. V. *Hist. Lang.* VIII, 267) ; il est encore témoin des accords intervenus en novembre 1179 entre Alfonse II d'Aragon et le vicomte Rogier II, à Carcassonne. (V. Teulet : *Layettes* n° 297). En 1189, Rogier II lui engage les domaines de l'abbaye de Caunes (v. *Hist. Lang.*, VIII, 396). Ces dates permettent d'affirmer que Bertran de Saissac était né au moins vers 1140, c'est-à-dire qu'il était à peu près de la même génération que Miraval, peut-être un peu plus jeune cependant.

3. Une charte de novembre 1191 suffirait à prouver, si on ne le savait par ailleurs, quelle était alors son influence, puisqu'il est pris pour arbitre d'un différend entre Rogier II et les seigneurs de Termes. (V. *Hist. Lang.*, VIII, 412).

des vicomtés de Béziers et de Carcassonne qui prêtent serment
en faveur du fils de Rogier II [1]. La décision prise par ce dernier
en 1194 fait de Bertran de Saissac un des personnages les plus
considérables du Midi. Ce fut alors, en effet, que Rogier II,
en instituant pour son héritier universel son fils Raimon-
Rogier, établit Bertran de Saissac « à la foi, à la protection
et au conseil duquel il avait déjà remis la personne et les biens
de ce fils, pour son tuteur et *baile* pendant cinq ans, à compter
depuis la prochaine fête de Pâques [2]. » Les termes mêmes de
l'acte montrent clairement que Bertran de Saissac est investi
de toute la confiance de Rogier II à l'exclusion de certains
personnages qui eussent pu légitimement la lui disputer. Le
20 mars de la même année, le vicomte mourut, laissant le
seigneur de Saissac libre d'exercer les pouvoirs qu'il venait de
lui conférer. En effet, dès le mois d'août suivant, on voit
Bertran agir officiellement en qualité de tuteur du jeune
Raimon-Rogier [3]. Ce fut en 1199, à Pâques, que ce dernier fut
émancipé conformément aux clauses du testament de son
père. Bertran de Saissac survécut-il à son avènement? Pour
notre part, nous placerions volontiers la date de sa mort
entre les années 1199 et 1202 [4].

Tel est le personnage qui figure dans le sirventés que nous

1. V. *Hist. Lang.* (VIII, 411).

2. V. *Hist. Lang.* (VI, 154).

3. Il signe en cette qualité l'accord conclu alors entre le vicomte et l'évêque de Béziers. (*Hist. Lang.*, VIII, 429).

4. Si nous connaissions cette date, nous pourrions retrouver plus commodément l'époque à laquelle le sirventés à Bayona fut composé. M. Withœft
admet que Bertran de Saissac vivait encore en 1243 (*sirventes Joglaresc*,
p. 33); ce qui n'est guère acceptable. Voici les raisons qui nous détermi-
neraient à adopter la date que nous proposons. Il n'est fait aucune mention
de ce personnage postérieurement à l'année 1195. A cette date, Bertran prend,
au nom du jeune vicomte, l'engagement de chasser les Vaudois de Béziers
(v. *Hist. Lang.*, VI, 220). Remarquons que dans la nouvelle de Raimon Vidal
de Bezaudun « *abrils iss'e mays intraca* » que M. Cornicelius (*so fo el temps
c'om era jais*, p. IV) date avec raison de 1212 à 1213, il est question de Bertran
de Saissac comme d'un personnage disparu, au vers 885 ; sa femme était
peut-être cette Ave, *veuve*, dès 1209, d'un seigneur de Saissac dont le nom
ne nous est pas connu (v. *Hist. Lang.*, VII, 87). D'autre part, dans l'acte de
mars 1202 (*Hist. Lang.*, VIII, 473), où Raimon-Rogier, vicomte de Béziers,

avons traduit plus haut et dont on comprend bien qu'il ait pu être loué par les troubadours de la région de Béziers et de Carcassonne. Nous savons du reste par Raimon Vidal de Bezaudun qu'il fut de son temps au nombre des protecteurs de la poésie : c'est à ce titre qu'il est nommé dans la nouvelle où ce poète énumère les seigneurs qui, au cours du XIIe siècle, aimèrent et soutinrent les troubadours[1]. Mais l'allusion que renferme le sirventés de Miraval est plus précise. Elle nous renseigne, sinon sur la générosité de Bertran de Saissac, du moins sur la nature de ses relations avec le troubadour. Le ton du poète est sans doute celui d'un inférieur, mais aussi d'un protégé assez libre avec son protecteur pour dire de lui : « Il sera généreux pour l'amour de moi[2] ». Revenons enfin sur ce détail significatif, qu'on aura déjà remarqué sans doute au passage : « Chante à Bertran des sirventés, et *de préférence des chansons* », et qui nous fournit indirectement un témoignage précieux sur les goûts de ce personnage en poésie. On admettra sans peine que le ton de Miraval prouve qu'il qu'il n'en était pas au début de ses relations avec Bertran de

fait à Raimon-Rogier, comte de Foix, donation de tous ses domaines, le nom d'Olivier de Saissac figure bien parmi les garants du vicomte de Béziers, mais celui de Bertran ne s'y trouve pas. Or, il est vraisemblable que s'il eût été encore vivant, son nom se trouverait dans un acte de cette importance à côté de celui des autres seigneurs, puisqu'il avait, durant la minorité de Raimon-Rogier, joué un rôle aussi considérable. Nous en concluons que Bertran était mort sans doute avant l'époque où cette donation fut faite. En revanche, Bertran ne mourut probablement pas avant 1199 : s'il n'eût pas rempli jusqu'à cette date sa charge de tuteur du vicomte, le nom du personnage qui lui aurait succédé dans ces fonctions nous serait probablement connu par quelque acte postérieur. Or, nul n'est désigné, à part Bertran de Saissac, comme ayant été le tuteur de Raimon Rogier. Voilà pourquoi nous placerions sa mort vers l'an 1200 ou 1201.

1. *E sai us cortes cavayers*
    B.[ertran] de Saissac l'apelaron. (Abrils issi'e mays intrara, v. 885 6). Mais il ne faut pas l'identifier avec le Bertran ou le Bernart de Saissac que Peire d'Auvergne cite parmi d'autres troubadours dans la pièce « *Chantarai d'aquest trobadors* », str. 9 (v. Bartsch *Chrest.*. p. 81) ; Peire d'Auvergne parle en effet de ce troubadour comme d'une sorte de bohème qu'on ne saurait assimiler avec le puissant seigneur de Saissac.

2. Le vers : « *si dars non l'atalanta* » ne renferme-t-il même pas une épigramme à l'adresse de Bertran ? Si oui, l'on en conclut que Miraval avait décidément son franc-parler avec lui.

Saissac : ce passage du sirventés, joint à ce que nous avons dit du voisinage de Saissac et de Miraval et du rôle considérable joué par Bertran, permet donc d'accepter le dire du biographe, qui met formellement Bertran de Saissac au nombre des protecteurs de Raimon de Miraval[1].

Quant au personnage qui figure dans le quatrième couplet sous le nom d'Olivier, il faut sans doute voir en lui Olivier de Saissac (frère ou parent à quelque degré du précédent), moins parce qu'il est nommé dans deux des *razos* de Miraval, que parce que nous ne trouvons à cette époque dans le Carcassès aucun autre seigneur du nom d'Olivier qui ait pu être en rapports avec le troubadour. D'ailleurs, Bertran et Olivier de Saissac étant certainement de la même famille, il est impossible que Miraval ait connu l'un des deux sans connaître l'autre.

Olivier de Saissac ne semble pas d'ailleurs avoir tenu, dans l'histoire des vicomtes de Béziers, ses suzerains, une place aussi importante que Bertran[2]. On sait seulement qu'il fut lui aussi attaché à leur fortune. S'il connut et favorisa Raimon de Miraval, comme le passage du sirventés où il est nommé l'indique, rien ne prouve, nous le verrons, qu'il ait joué dans les aventures galantes de Miraval le rôle que les *razos* lui attribuent. Si l'hypothèse de Bartsch relative au personnage que Peire Vidal appelle *Bels Castiatz* était exacte, il faudrait admettre qu'Olivier fut du moins mêlé à ces aventures, puisque l'éditeur de Peire Vidal prétend que ce pseudonyme s'applique à Olivier de Saissac ou à Aimeric de Monréal[3]. Mais Bartsch ne se prononce pas catégoriquement, et il nous semble en effet impossible de démontrer que c'est bien d'Olivier ou d'Aimeric que Peire

---

1. Remarquons que Bertran de Saissac est le seul personnage qui soit désigné nommément dans la biographie proprement dite avec le comte de Toulouse, le roi d'Aragon et le vicomte de Béziers.

2. On trouve son nom dans un acte de septembre 1183 (v. Mahul; *Cartul.* v. 282) ; il figure comme Bertran parmi les chevaliers qui, en mai 1191, prêtent serment en faveur du fils de Rogier II (*Hist. Lang.*, viii, 411) ; il est aussi (nous l'avons dit) garant dans l'acte de donation des biens de Raimon-Rogier au comte de Foix, en 1202 (*Hist. Lang.*, viii, 473).

3. V. *Peire Vidal's Lieder*, p. xx.

Vidal veut parler. Si c'est réellement d'un seigneur de Saissac qu'il s'agit, rien ne prouve que ce soit Olivier plutôt que Bertran.

Dans tous les cas, Miraval les connut à peu près sûrement tous les deux, et, à en juger par le sirventés que nous avons reproduit, tira quelque profit de leur amitié.

Au reste, l'influence des seigneurs de Saissac fut compromise sans retour dès le début de la guerre des Albigeois. En 1209, Simon de Montfort s'empara du château de Saissac et y mit garnison : ses anciens possesseurs ne purent jamais le recouvrer et ils ne conservèrent que ceux de leurs domaines qui étaient situés dans le Toulousain, à Puylaurens[1] et aux environs.

Les personnages qui figurent avec Bertran et Olivier de Saissac dans le sirventés de Miraval, paraissent appartenir à des régions voisines. Nous sommes tenu de l'établir, le troubadour ne les ayant pas désignés d'une manière précise et les commentateurs n'étant pas d'accord sur leur vrai nom. C'est ainsi que le Peire Rogier, cité dans le quatrième couplet, a été identifié par Millot avec Peire Rogier de Cabaret[2], par M. Withœft avec Peire Rogier de Mirepoix[3]. C'est Millot qui nous paraît avoir raison.

Non que Miraval n'ait pu connaître Peire Rogier de Mirepoix[4],

---

1. Arrondissement de Lavaur.

2. *Hist. litt. des Troub.*, ii, p. 149.

3. *Sirventes Joglaresc*, p. 33. Mirepoix est situé dans l'arrondissement de Pamiers : mais il n'est pas sûr que ce fût là le lieu d'origine de ce Peire Rogier.

4. Il est mentionné dans la première *razo* de Miraval, avec les seigneurs de Saissac, comme ayant été au nombre de ceux qui courtisèrent la Louve de Pennautier, celle-là même à qui Miraval offrit longtemps ses hommages. Ajoutons que certains mss. lui attribuent des poésies dont il n'est pas l'auteur. M. Chabaneau (*Biogr.*, p. 166), en conclut avec raison que Peire Rogier en avait sans doute composé lui-même : ce serait un nouveau motif de croire que Miraval fut en effet lié avec lui. Bien donc que Peire Rogier ne soit nullement désigné par Raimon dans les pièces qu'il nous a laissées, il est difficile d'admettre qu'il ne l'ait pas connu. Miraval fut-il réellement son protégé ? C'est ce qu'on ne saurait dire. Le renseignement fourni par la *razo* fait seulement entrevoir que les deux personnages, poètes tous deux, appelés par leur origine et leurs intérêts à se rencontrer dans la région du Cabardès, s'y connurent sans doute au cours des aventures galantes dont la châtelaine de Cabaret fut l'héroïne et où chacun d'eux joua peut-être son rôle.

qui fut, lui aussi, parmi les fidèles du vicomte Rogier II ; mais c'est de Peire Rogier de Cabaret qu'il est question dans le sirventés à Bayona [1].

Peire Rogier, l'un des coseigneurs de Cabaret, viguier de Carcassonne dans les premières années du XIIIe siècle, était certainement en état de protéger Raimon de Miraval : non seulement le prestige dont jouissaient alors les seigneurs de Cabaret, maîtres des plus importantes forteresses de la région [2], pouvait, en les rendant redoutables, attirer par intérêt plus d'un poète auprès d'eux [3], mais Miraval, lui, était leur plus proche voisin. Cette situation explique que la tradition fasse, dans les aventures du troubadour, une large place à la famille de Cabaret et donne à cette tradition beaucoup d'autorité. Nous aurons à examiner, dans le chapitre suivant, si les renseignements fournis par les *razos* sur la Louve de Pennautier, femme de Jordan de Cabaret et belle-sœur de Peire Rogier, sont exacts, et si, conformément au récit contenu dans la quatrième *razo*, la femme de Peire Rogier lui-même, Brunessen, tenta vraiment de consoler Miraval de la plus fâcheuse de ses mésaventures. A vrai dire, le texte du troubadour nous permet de nous faire une idée de ses relations avec les femmes des châtelains de Cabaret plutôt que de ses rapports avec ces derniers. Miraval ne mentionne qu'une fois un seigneur de Cabaret [4], et comme il ne le désigne pas clairement, on ne peut dire s'il s'agit de Peire Rogier ou de Jordan. Encore ce

1. Les mots « *passaras a Carcassona* » (v. 25) peuvent s'appliquer fort bien à lui, puisque nous savons (v. *Gallia Christ.*, VI, *instr.* col. 148) qu'il était viguier de Carcassonne en 1201, c'est-à-dire peu après l'époque où nous placerions volontiers le sirventés de Miraval. M. Withoeft (*our. cité*, p. 32), dit à tort que c'était Peire Rogier de Mirepoix qui remplissait ces fonctions à cette date.

2. V. sur Cabaret, Chap. I, 1.

3. Les aventures de Peire Vidal à Cabaret sont bien connues : v. là-dessus l'Intr. de l'édition de Bartsch.

4.
    Cabaretz, Dieus me contranha
    si non aretz dous estatge
    e trop pus ric senhoratge
    que l'Emperi d'Alamanha. (*Qui bona chanso cossira.*

11-44. d'après C f° 85), cf. chap. III, 4.

passage fait-il allusion à la femme de ce seigneur, si bien que
rien, en dehors du sirventés à Bayona, ne peut nous renseigner
sur la faveur dont Miraval jouit auprès de ses puissants voisins
du Cabardès. Peire Rogier de Cabaret fut, lui aussi, de ceux
qui soutinrent, pendant la première partie de la croisade, leur
suzerain, le vicomte de Béziers [1]. Mais après la mort de Raimon-
Rogier, son attitude fut moins énergique. Le château de Cabaret,
sur lequel les croisés avaient vainement tenté un coup de main
en 1209, leur fut livré, moyennant compensation, par Peire
Rogier lui-même, quand Simon de Montfort en eut commencé
le siège régulier, en 1211 [2]. La reddition de Cabaret entraîna
la capitulation des châteaux qui, dans cette région, résistaient
encore aux croisés. En tout cas, dès cette époque (1211), les
rapports que Miraval entretenait avec les seigneurs de Cabaret
durent être ou rompus, ou modifiés.

C'est encore un des nombreux adorateurs de la dame de
Cabaret, à en croire du moins les *razos,* qu'il faut voir dans
le personnage que Miraval désigne sous le nom d'Aimeric à la
fin de son sirventés. Millot [3] et M. Withœft [4] reconnaissent en
lui le vicomte Aimeric III de Narbonne (vicomte de 1194 à 1239),
mais sans justifier leur opinion. Nous sommes plutôt tenté de
l'identifier avec Aimeric, seigneur de Montréal [5] et de Laurac
le Grand [6].

Sans doute Miraval put fréquenter la cour de Narbonne [7],
qui, vers la fin du xiie siècle, ne le cédait guère en éclat à celle
de Béziers et où l'art des troubadours fut certainement en faveur.
Toutefois, comme cette pièce, ainsi que le troisième couplet

1. On le trouve, ainsi que son frère Jordan, parmi les signataires du testament de Rogier II, en 1194 (V. *Hist. Lang.* vi. 155).

2. V. les curieux détails de cette reddition dans la *Chanson de la Croisade*
(v. 1440-1521).

3. *Hist. litt. des Troub.* ii. 419.

4. *Ouv. cité,* p. 33.

5. Montréal, aujourd'hui chef-lieu de canton de l'arrondissement de
Carcassonne.

6. Laurac, canton de Fanjeaux, arrondissement de Castelnaudary.

7. Le dernier vers du premier couplet peut même faire supposer qu'il y
était connu et qu'il y fut aussi bien traité que d'autres.

l'indique, est destinée à passer en revue ceux des seigneurs de la région de Carcassonne proprement dite avec qui Miraval était assez lié pour pouvoir leur adresser son jongleur, l'envoi de la pièce s'appliquerait mieux à Aimeric de Montréal qu'à Aimeric de Narbonne.

Le personnage était assez considérable pour que Miraval pût lui réserver l'honneur de figurer en bonne place dans ses vers [1]. Montréal était, à l'époque de la guerre des Albigeois, une forteresse redoutable, et des ruines importantes attestent encore son ancienne étendue. En 1210, alors que Simon de Montfort était déjà maître de Carcassonne et de la plus grande partie des contrées voisines, Aimeric de Montréal, d'accord avec plusieurs chevaliers de la région, notamment avec Peire Rogier de Cabaret, s'efforça de décider le roi d'Aragon, qui se trouvait dans le pays, à prendre ouvertement leur défense, en lui offrant de lui faire hommage de son château. Pedro II, ne trouvant pas l'offre assez tentante, peut-être pour d'autres motifs, refusa et quitta le Carcassès [2]. Au mois de juillet de la même année, la capitulation de Minerve, que l'on tenait pour une place inexpugnable, produisit un effet moral si considérable qu'Aimeric de Montréal proposa à Montfort de lui céder son château contre quelque compensation. Simon accepta et prit possession de Montréal [3]. Mais Aimeric ne tarda pas à rentrer dans les rangs des défenseurs du Midi. Dès l'année suivante (mai 1211), il tomba au pouvoir de Montfort, avec sa sœur Guirauda qui, de concert avec lui, avait longtemps opposé dans Lavaur une résistance héroïque aux attaques des croisés : Aimeric fut pendu et un supplice particulièrement cruel fut réservé à sa sœur [4].

Tel fut le rôle joué par le personnage qui figure, selon nous, dans l'envoi du sirventés de Miraval et qu'il faut ranger parmi

---

1. Au reste, dans le sirventés à Bayona, tous les personnages cités (sauf peut-être Bertran de Saissac) sont en quelque sorte présentés sur le même plan : les formules qui les mentionnent ne varient guère.

2. V. *Hist. Lang.* vi. 326.

3. V. *Hist. Lang.* vi. 333.

4. V. sur la prise de Lavaur et les atrocités qui la marquèrent la *Chanson de la Croisade*. v. 1538 et suiv.

les protecteurs de ce dernier. Il ne nous est guère connu avant l'époque où se placent les événements que nous venons de rappeler ; comme, d'autre part, Miraval ne le mentionne pas ailleurs, nous ne pouvons dire dans quelle mesure il s'intéressa au sort du troubadour. Du moins rien ne s'oppose à ce que Miraval et Aimeric, conformément au dire de la *razo* se soient rencontrés à Cabaret aux côtés de la même femme, et que la vie galante qu'on y devait mener les ait rapprochés davantage[1]. Il n'est pas sans intérêt de relever en quels termes l'auteur de la première partie de la *Chanson de la Croisade* a résumé son opinion sur Aimeric de Montréal :

> *N'ot plus ric cavaler en Tolza ni el comtat*
> *ni plus larc despesaire ni de major barnat*[2].

Ce portrait n'a rien que d'assez banal ; mais la question qui nous occupe nous invite à en retenir au moins un détail : s'il est vrai qu'Aimeric de Montréal donnât sans compter, on s'explique mieux que Miraval en ait parlé comme d'un protecteur de la poésie.

C'est sans doute un seigneur de Minerve que Miraval désigne sous le nom de Gent-Esquieu[3]. Depuis 1165 les vicomtes de

---

1. Notons que la *razo* ne mentionne pas Aimeric de Narbonne parmi les amants de la Louve, et, si peu que vaille le témoignage, du moins, à défaut d'autre indice, devons-nous en tenir quelque compte.

2. Vers 1548-49.

3. Vers 34 du sirventés à Bayona. — Minerve (arrondissement de Saint-Pons) était une place très forte, une de celles dont la prise coûta le plus d'efforts aux croisés. — Au lieu de *Gent-Esquieu* le ms. C donne *Montesquieu*. Quelques personnages de cette époque, portant le nom de Montesquieu sont connus, notamment : un Arnaut Raimon de Montesquieu (témoin dans un acte de 1188, v. Teulet, *Layettes* n° 353), un Arnaut de Montesquieu (témoin dans un acte de 1207, v. Teulet, *id.* n° 835) et un Bernat de Montesquieu (témoin dans un acte de 1224, v. Teulet, *id.* n° 1677). Mais Miraval ayant fait mention d'une dame de Minerve dans la pièce « *S'ieu en chantar soven* » (str. 6) et la *razo* de cette pièce désignant un certain Esquieu de Minerve comme le mari de cette dame, le texte de R (Gent-Esquieu) paraît préférable. — On retrouve bien le nom d'un château de Montesquieu dans une chanson attribuée à Miraval (*Trop an chauzit mey huelh en luec honriu*, v. 12. *M. G.* 1122) : mais il n'est pas sûr que cette pièce soit de lui : E (fol. 36) la donne seul comme de Miraval, C (f° 384 v°) la donne comme anonyme. V. 2° Partie, chap. i. 1.

Minerve étaient définitivement vassaux des vicomtes de Carcassonne pour toutes leurs possessions[1]. Simon de Montfort s'empara en 1210 du château que défendait Guilhem de Minerve, dont le nom paraît à plusieurs reprises dans l'histoire du Languedoc[2]. Le Gent-Esquieu nommé par Miraval appartenait sans doute à la même famille, et il est assez naturel de voir en lui, avec Diez[3], le mari de la dame de Minerve que la *razo* de la pièce « *S'ieu en chantar soren* » appelle Gent Esquia et dit avoir été aimée du troubadour[4]. En sa qualité de vassal du vicomte de Béziers, ce personnage est parmi les garants de l'acte que nous avons mentionné déjà plusieurs fois et par lequel le jeune Raimon-Rogier fait donation de ses biens au comte de Foix (1202)[5].

Si la dame de Minerve dont Miraval a célébré les charmes dans la chanson « *S'ieu en chantar soren* » était réellement la femme de Gent Esquieu, on s'explique que le troubadour ait pu connaître ce seigneur et, par suite, en être protégé. Au reste le passage du sirventés à Bayona qui concerne Gent Esquieu nous fournit du moins une indication sur le caractère de ce personnage : le poète nous parle de Gent Esquieu comme d'un bon vivant, connu pour bien traiter ses amis. Dès lors pouvait-il manquer de partisans parmi la gent famélique des troubadours d'humble condition et des jongleurs? Miraval, peu fortuné lui aussi, avait peut-être profité comme d'autres, des bonnes dispositions de ce joyeux protecteur.

Nous voilà, semble-t-il, assez exactement renseignés sur le

1. V. sur l'étendue de ses possessions *Hist. Lang.* XII. c. 247.

2. En 1175 et en 1191 notamment (v. *Hist. Lang.* VI 58 et VIII. 412). V. sur la prise de Minerve la *Chanson de la Croisade* v. 1071 et suiv.

3. *Leben-u-Werke der Troub.* p. 384. M. Chabaneau (*Biogr.* p. 68) estime qu'il était plutôt son père ou son frère : l'hypothèse de Diez n'est pourtant pas invraisemblable.

4. V. sur cette intrigue assez mal connue chap. III. 2.

5. *Hist. Lang.* VIII. 473. Il y est dénommé *Esquieus de Minerba*. M. Chabaneau estime avec raison que le mot *Gent* (qui précède les noms d'Esquieu et d'Esquia) est une épithète (*Biogr.* p. 68. n. 1). Peut-être le Jean Esquius de Minerba qui figure vers 1166 parmi les témoins du codicille de Raimon Trencavel (*Hist. Lang.* VIII. 267) est-il le même que Gent Esquiu.

crédit dont jouissait Miraval auprès des principaux seigneurs dépendant de la cour de Béziers. Mais le troubadour eut certainement d'autres relations parmi les grands du Languedoc. Si plusieurs de ses pièces ne nous étaient parvenues mutilées, si tous les envois de ses chansons nous étaient restés, peut-être pourrions-nous préciser davantage et donner une liste plus complète de ses protecteurs. Du moins sommes-nous en état d'ajouter aux noms qui précèdent celui d'un autre grand seigneur du Midi.

Dans un sirventés écrit pour un certain Fornier, ancien sergent qui se propose d'embrasser la profession de jongleur et à qui Miraval donne des conseils sur l'art de se faire agréer dans la société des grands, le troubadour mentionne un personnage qu'il désigne sous le nom de *Raimon Drut* et dans des termes qui rappellent de près les formules élogieuses employées dans le sirventés à Bayona. La pièce, d'ailleurs écrite d'un style assez vif, constitue un curieux document. Nous en donnons la traduction complète, puisqu'aussi bien deux couplets sur cinq (non compris les envois) se rapportent à l'objet de ce chapitre[1].

I. « Fornier, c'est pour mes leçons, à ce que j'entends dire,
« que vous êtes venu me trouver ici : puisque, par la faveur
« miraculeuse de Dieu, vous voilà décidé à rompre avec les
« gens de guerre, il vous faut, de toute nécessité, apprendre
« le moyen de vous former parmi les gens honorables et
« de devenir bon chanteur. »

II. « Et d'abord, vous voilà tenu d'oublier lances et dards
« aigus ; aux hospitaliers, aux moines tondus, à tous les
« serviteurs de Dieu, promettez de ne plus les détrousser
« désormais ; adieu les nuits passées dans les meules de blé,
« adieu les méfaits de voleur ! »

III. « Aux vilains jurons malhonnêtes que vous lâchiez
« quand vous restiez dépouillé devant le damier, aux mots
« grossiers et bas renoncez, ami ; cessez de vous conduire

---

1. C'est le sirventés : *Forniers, per mos enseignamens.* V. le texte dans Withœft, *ouc. cité* p. 51.

« et de parler ainsi : car, sachez-le, c'est là un péché grave
« à reprocher. »

IV. « Je ne sais encore, tant que vous n'êtes pas parti, de
« quel vent vous suivrez la direction : mais vous me feriez
« plaisir en allant saluer de ma part le seigneur *Raimon Drut*,
« qui est si vaillant : si vous allez le voir, soyez sûr que vous
« ne quitterez pas sa demeure sans monture. »

V. « Et s'il vous demande votre sentiment, ami, dites-lui
« sans vous troubler que vous êtes allé à Lombers auprès
« de madame Azalaïs et qu'elle est si avenante que sa beauté
« rend sensés les fous et les simples, et arrogants les plus
« avisés. »

VI. « Soyez jongleur et mêlez à dose égale la raison et la
« folie : car un homme trop sensé n'est guère apprécié des
« gens de marque. »

VII. « Louez les vaillants : quant aux lâches, n'entretenez
« pas leur amitié, de crainte qu'il ne vous arrive pis qu'à
« un trompeur. »

M. Wilhœft[1] voit dans ce *Raimon Drut* le comte Raimon-
Rogier de Foix (comte de 1188 à 1222). Il ne donne aucune
preuve à l'appui de son opinion, mais celle-ci nous paraît
au moins acceptable. Parmi les seigneurs que Miraval pouvait
connaître à l'époque où se place ce sirventés[2], le comte de
Foix était le seul qui portât le nom de Raimon : nous ne
parlons pas de Raimon VI, comte de Toulouse, que Miraval
n'a jamais manqué de désigner par le surnom d'*Audiart*, ni
de son fils Raimon VII, encore trop jeune alors pour que les
vers du troubadour puissent s'appliquer à lui. Bien qu'on ne
trouve dans les poésies de Miraval, aucun autre personnage
en qui l'on puisse reconnaître sûrement un comte de Foix,
les rapports étroits entretenus par Raimon-Rogier avec le
comte de Toulouse et le vicomte de Béziers fournissaient sans
doute à Miraval mainte occasion de voir ce prince et lui
donnaient le droit de le faire figurer dans ses vers. Nous savons

1. *Ouvr. cité* p. 33.

2. Nous dirons plus loin les raisons pour lesquelles il peut être approximativement daté de 1205 (v. chap. III. 3).

d'ailleurs quelle part le comte de Foix prit aux intrigues galantes dont la région du Cabardès fut le théâtre et quel rôle il joua notamment auprès de la Louve de Pennautier[1]. Il faut croire que Miraval ne gardait pas rancune au comte d'avoir été plus heureux que lui[2] auprès de la châtelaine de Cabaret : d'ailleurs la prudence ne commandait-elle pas au troubadour de ménager un si puissant personnage ? S'il y avait eu froissement, ce qui n'est pas prouvé, tout était oublié sans doute. N'est-ce pas une invitation à partager ses plaisirs que Miraval adresse au grand seigneur ? N'est-ce pas à venir admirer et courtiser une nouvelle beauté qu'il le convie indirectement ? On ne trouve pas seulement dans le cinquième couplet du sirventés un hommage officiellement rendu aux charmes d'Azalaïs ; on peut y voir, sans être trop malveillant, comme une tentative faite par le troubadour pour piquer la curiosité galante d'un prince qu'il savait connaisseur et qu'un renseignement de ce genre ne pouvait laisser indifférent. Et à qui donc ce surnom de *drut* pouvait-il mieux s'appliquer qu'à un tel seigneur, à un homme qui trouva le moyen, en un temps et dans une région où l'on ne comptait guère d'inhabiles dans l'art de la galanterie, de laisser la réputation d'un des plus grands parmi les maîtres[3] ?

C'est ainsi que le nom de Raimon et le surnom de *Drut*, qui l'accompagne, nous semblent établir presque avec évidence l'identité du personnage. Bien mieux, rapproché des circons-

1. V. le détail de cette intrigue au chap. III. 2.

2. On verra du reste qu'en la circonstance d'autres furent moins heureux que Miraval lui-même.

3. On trouve sur les mœurs de ce comte un témoignage, un peu tardif sans doute, mais d'une curieuse naïveté dans Paradin : (*Alliances généalogiques* p. 841). Voici ce qu'on y lit, au dessous du blason de la femme de Raimon-Rogier, Philippe : « Philippe, femme légitime de ce comte Raimon-Roger, endura beaucoup de lui et d'une sienne concubine, laquelle adhérant au comte, fut cause que ceste misérable comtesse vesquit la plus part du temps en très grande fascherie, regret et déplaisir, combien qu'elle eust de beaux enfants. » Et, en face, au dessous d'un écu en forme de losange — c'est une des deux formes d'écu réservées aux femmes non mariées — et qui ne porte aucune figure : « Concubine de ce Comte Raimon-Roger trop plus dangereuse en sa compagnie et maison que nécessaire ny honorable. »

tances où ce sirventés fut écrit et qui nous sont assez bien
connues, ce surnom même, plus expressif que tel autre,
nous fait entrevoir ce qu'étaient les relations de Miraval
avec le comte de Foix : nous pouvons dire de Raimon-Rogier,
peut-être avec plus d'assurance, bien que moins exactement
renseigné, ce que nous avons dit de Raimon VI : s'il fut, à
quelque degré, le protecteur de Miraval, c'est que rien de ce
qui touchait à l'amour ne lui était étranger.

Tels sont, en nous en tenant au contenu même des œuvres de
Miraval, les seigneurs du Midi avec qui ce troubadour fut
lié par amitié ou par intérêt. Nécessairement incomplète, la
liste en est cependant assez longue pour nous donner une
idée de l'estime où Miraval fut tenu de son temps. Plus particulièrement attaché à la personne du comte de Toulouse,
d'ailleurs en relations suivies, de par son origine, avec la
cour de Béziers et la plupart des seigneurs qui en dépendaient,
il fut très connu dans le Languedoc, surtout dans le Toulousain et le Carcassès, et dans les centres voisins de ces deux
régions. Mais sa renommée franchit certainement ces limites.

5. Relations de Miraval avec les princes du Nord de l'Espagne.

Nous avons dit, dans notre Introduction, en rappelant les
liens qui unissaient, vers la fin du XIIe siècle, le Languedoc et
l'Espagne, que la poésie des troubadours, dont l'influence était
également répandue sur les deux versants des Pyrénées, avait
pour une large part, contribué à établir des relations de plus
en plus étroites entre ces deux contrées : c'est ce qu'atteste en
particulier l'œuvre de Miraval.

Le biographe provençal met le roi d'Aragon, Pedro II, au
nombre des princes de qui Miraval fut officiellement protégé :
« *(Era) senher del rei Peire d'Arago.* » Mais cette expression
très vague ne nous apprend pas grand chose sur la protection
que Raimon put trouver auprès du roi. Heureusement, les pièces
du troubadour, grâce aux allusions qu'elles renferment, nous

aideront à préciser les rapports qu'il entretint avec les princes du Nord de l'Espagne.

C'est encore un sirventés de Miraval au jongleur Bayona[1] (le troisième de ceux qu'il composa pour lui, et le second en date des deux qui nous restent), qui offre, à cet égard, le plus d'intérêt : le troubadour y parle complaisamment de la popularité dont il jouissait au-delà des Pyrénées, tout comme, dans le premier sirventés, il faisait naïvement étalage de ses hautes relations avec les seigneurs du Carcassès. Nous donnons aussi la traduction complète de cette pièce, car tous les détails qu'elle contient ont ici leur valeur :

I. « Bayona, je sais bien que vous êtes venu me trouver « pour avoir un sirventés ; et celui-ci sera le troisième : car « je vous en ai fait déjà deux qui vous ont rapporté pas mal « d'or et d'argent, Bayona, maint équipement usé et des vête- « ments bons et mauvais. »

II. « Quand vous êtes passé dans le pays de Barcelone, parmi « les Catalans joyeux, en Cerdagne et dans le pays de Girone, « vous y êtes venu à la dérobée, j'en suis sûr : car si vous y « étiez allé sans vous cacher, vous en auriez bien ramené un « roussin, Bayona. Mais non, vous vîntes comme un sergent, « comme un voleur. Pensez à y retourner, car vous ne pouvez « vous cacher ici. »

III. « Je veux que *notre* roi Aragonais[2], qui vaut plus que « tous les vaillants, renouvelle votre équipement ; faites-moi « le plaisir de dire à ses compagnons que je voudrais le voir « ici avec ses manières pleines d'entrain : car la jeunesse nous « quitte, et aucun grand ne veut sortir de sa réserve : pour « ma part, j'aime mieux courtiser les dames que faire violence « à mon méchant seigneur. »

IV. « Si jamais vous vous montrez assez courtois pour être « admis à voir le roi D. Alfonso, suppliez-le cinq cents fois de « vous donner quelque charge dans une de ses résidences ; et « si l'on faisait de vous un portier, Bayona, vous pourriez alors

---

1. *Bayona, per sirventes.* — Le texte est dans Milà (*Trov. en Esp.* 115) et dans Withœft (*our. cité.* p. 50) ; c'est à ce dernier que nous renvoyons.

2. On remarquera ce détail : Miraval parle comme un sujet du roi d'Aragon.

« vous venger de tous les coups que votre personne a reçus
« quand vous entriez dans les maisons, et qui vous furent
« tellement prodigués que vous en boitez encore. »

V. « Dites bien aux Catalans d'être sans inquiétude, Bayona :
« car en fait de courtoisie, ils peuvent trouver à Lombers, dans
« la personne de Madame Azalaïs, ce qu'il y a de plus aimable
« et de plus précieux dans le monde entier. »

Disons-le tout de suite, quelle que fût l'immoralité des jongleurs et malgré l'abjection où il semble qu'ils fussent tombés
depuis longtemps, le rôle de souffre-douleur que nous leur
voyons jouer jette un jour assez déplaisant sur la société d'alors :
il est telle allusion dont le sans-gêne brutal, sinon féroce, donne,
il faut en convenir, une idée bien peu favorable, et du troubadour qui écrivait ces vers, et du public qui les goûtait. Or, c'est
aux princes Espagnols et à leur entourage qu'est adressé ce
sirventés : sur quoi Milä fait la réflexion que voici : « Si, comme
il est probable, le principal but de Miraval est de plaire au roi,
nous avons là, dans les quatre premières strophes de la pièce,
une preuve de la simplicité du ton, pour ne pas dire plus, qui
régnait à la cour d'Aragon [1] ». Rien de plus juste.

Mais ce n'est pas seulement de la cour d'Aragon qu'il s'agit :
Le sirventés parle du roi de Castille et des seigneurs de la
Catalogne.

Bien que Miraval ne désigne aucun noble Catalan, le début
et la fin de sa pièce prouvent que le poète était connu dans la
région de Barcelone et qu'il pouvait y compter des protecteurs [2].
Quant au roi de Castille, c'est bien à lui que nous paraît s'appliquer le début du quatrième couplet. Miraval veut parler
d'Alfonso VIII de Castille (1158-1214) et non, comme le prétend
Milä [3], d'Alfonso II d'Aragon (1162-1196). Ce dernier put voir à
sa cour le troubadour qui fut son contemporain. Mais le roi
Aragonais dont il est question ne pouvant être, nous le verrons,

1. *Trov. en Esp.* p. 115.

2. L'intervention de Ugo de Mataplana dans les démêlés de Miraval avec
sa femme Gaudairenca le prouve indirectement. (V. chap. III, 4).

3. *Ouv. cité.* p. 113.

que Pedro II [1], c'est un des rois de Castille ayant porté le nom
d'Alfonso qui est nécessairement nommé dans l'autre passage.
Rien ne s'oppose d'ailleurs à ce que, dans la même pièce,
Miraval ait fait allusion à la fois au roi de Castille et au roi
d'Aragon. Au reste, Alfonso VIII fut parmi les protecteurs les
plus généreux de la poésie provençale [2] et c'est bien à ce titre
qu'il est nommé ici. A défaut d'autre témoignage, ce passage du
sirventés nous prouve que Miraval était assez connu de ce
monarque pour pouvoir placer son nom dans une pièce d'un
caractère burlesque et faire appel, d'un ton demi-plaisant,
demi-sérieux, à sa libéralité.

Il est néanmoins certain que la personne du roi d'Aragon,
Pedro II, tient la plus grande place dans ce sirventés. Le troisième couplet contient, à son adresse, un éloge, dans le sens
mondain et courtois, qui peut nous éclairer sur les relations
ayant existé entre le roi et le troubadour. Sans doute c'est
encore une requête au protecteur généreux, mais c'est aussi et
surtout un appel pressant au prince joyeux et galant : et c'est
probablement pour le roi plus que pour ses sujets, malgré les
termes de l'envoi, que Miraval exalte la beauté d'Azalaïs de
Lombers. La présence de Pedro II est nécessaire là-bas, au
pays des aventures d'amour, des réunions courtoises, des joyeux
devis : il est tout puissant, riche, il peut donner à qui le sollicite, en particulier au jongleur dont les vers lui parleront des
belles femmes de Languedoc : mais ce qu'on attend aussi de
lui, c'est l'entrain que son ardeur bien connue mettra dans
cette société pour qui le plaisir est tout.

Les autres mentions que fait Miraval du roi d'Aragon, sauf
une [3], ont encore trait à des intrigues d'amour. C'est toujours
au roi galant que le poète galant s'adresse, ici [4], pour l'inviter à
venir offrir ses hommages à Azalaïs de Boissezon, là [5], pour se

1. V. sur l'époque à laquelle appartient ce sirventés le chap. III. 3.
2. V. Milà : *Trov. en Esp.* p. 115 et suiv.
3. *Belh m'es qu'ieu chant em conhdey*, v. 69 et suiv. (*P. O.* 229).
4. *Ar ab la forsa dels freys.* V. 41 et suiv. (*P. O.* 227).
5. *Aissi cum es gensser pascors* (v. 60-65. *Studj.* III. 120). V. sur cette
chanson chap. III. 3. Le premier envoi de la chanson « *Selh cui ioys tanh ni
chantar sap* » (*M. G.* 1117), fait allusion à une rivalité vraie ou imaginaire
de Miraval et du roi d'Aragon (cf. chap. III. 3).

vanter lui-même d'être sans rival dans l'art d'aimer. Rien, en un mot, ne permet de dire que le troubadour ait connu le roi d'Aragon à un autre titre.

Il est probable que Miraval, grâce à la situation qu'il occupait auprès de Raimon VI, put voir de plus près Pedro II à partir de l'époque où un double mariage vint resserrer les liens qui unissaient les maisons d'Aragon et de Toulouse, quand les deux sœurs du roi furent données l'une, Leonor, à Raimon VI, l'autre, Sancha, à Raimon VII[1]. Ce fut en 1211 que Sancha fut mariée à Raimon VII, alors âgé de quatorze ans. C'est à l'intervention de Pedro II, agissant, en apparence du moins, comme parent de Raimon VI et de son fils, que se rapporte la dernière mention faite du roi par le poëte dans la pièce « *Belh m'es qu'ieu chant em conhdey.* » Rappelons brièvement les faits dont il s'agit.

Simon de Montfort s'était établi assez fortement dans les États du vicomte de Béziers pour pouvoir attaquer ouvertement le comte de Toulouse. Sur ces entrefaites, le concile de 1211, en excommuniant Raimon VI, mit ce dernier dans une situation des plus critiques. Les années 1211 et 1212 furent remplies par les expéditions de Simon. Ses succès décidèrent Pedro II à intervenir, et en janvier 1213 celui-ci fit parvenir à Innocent III ses plaintes en faveur du comte de Toulouse[2]. Le concile de Lavaur (18 janvier) ayant refusé d'admettre Raimon VI à se justifier, Pedro II en appela au pape, sans se faire d'ailleurs illusion sur le succès réservé à sa démarche. Puis il se déclara ouvertement le protecteur du comte de Toulouse et de ses alliés, les comtes de Foix et de Comminges, et le vicomte de Béarn (27 janvier)[3]. A cette date, à Toulouse même, Pedro II reçut le serment de fidélité de tous ceux qu'il prenait désormais sous sa protection. C'est à cet événement qu'il faut rattacher

---

1. V. sur l'époque approximative à laquelle ces deux mariages furent arrêtés (l'âge des deux princesses n'en permettant pas la célébration immédiate) ce qui est dit dans la note x du tome VII de l'*Hist. Lang.*, p. 24 et suiv. C'est vers 1200 que ces projets purent être adoptés.

2. V. *Hist. Lang.* VI. 399.

3. V. sur les raisons que Pedro II avait d'intervenir, la note des derniers éditeurs de l'*Hist. Lang.* VI. p. 406. n. 5.

ce que dit le biographe de Miraval. On lit dans la *razo* de la chanson « *Belh m'es qu'ieu chant em conhdey* » que le roi d'Aragon vint à Toulouse pour s'entendre avec le comte et pour voir ses sœurs, dona Leonor et dona Sancha. « Il réconforta ses sœurs, le comte, son fils et tous les bons Toulousains, promettant qu'il lui rendrait Beaucaire et Carcassonne, que Miraval rentrerait en possession de son château, et qu'il ferait si bien que les bonnes gens retrouveraient la joie perdue » ; expressions calquées visiblement sur les derniers vers de la chanson même de Miraval. Là-dessus, ce dernier, qui s'était secrètement épris de Leonor, tout joyeux des promesses du roi, écrit en l'honneur de la comtesse de Toulouse une chanson, où, à côté de l'éloge de cette princesse, se trouvent des allusions aux desseins de Pedro II. Cette pièce se place évidemment dans la première moitié de l'année 1213, entre le voyage du roi à Toulouse (janvier) et la bataille de Muret (septembre). Voici les trois derniers couplets :

VII. « Chanson, va de ma part dire au bon roi que la joie
« conduit, revêt et fait vivre, qu'il n'y a en lui rien de faux,
« car je le vois tel que je souhaite de le voir : que pourvu
« qu'il recouvre Montaigut[1], Carcassonne et Beaucaire, il sera
« empereur valeureux ; et ici, les Français, là, les Mahométans
« redouteront son écu[2]. »

VIII. « Madame, vous m'avez été si précieuse, que je chante
« pour vous ; et pourtant je ne pensais pas faire de chansons
« avant de vous avoir rendu le fief de Miraval dont je suis
« dépouillé. »

IX. « Mais le roi m'a promis que je rentrerais sous peu en
« possession de Miraval, et mon Audiart, de Beaucaire : alors
« dames et amants pourront recouvrer la joie qu'ils ont
« perdue[3] ».

Ce passage prouve-t-il que Miraval fût assez influent auprès

1. Le château de Montégut (en Albigeois), qui occupait l'emplacement de Lisle-d'Albi (Tarn), tombé au pouvoir de Simon en 1211, lui avait été enlevé la même année et venait d'être repris par lui en 1212.

2. Allusion à la célèbre victoire de Navas de Tolosa (16 juillet 1212).

3. V. 55 et suiv. (le texte est dans *P. O.* 230).

du roi d'Aragon pour peser sur ses décisions ? Évidemment
non. Il est vrai que la *razo* ajoute : « *E cant ac facha la canso
la trames en Arago, per quel reis renc ab mil cavayers a serrizi
del comte, per la promessio qu'el avia facha.* » Non sans naïveté,
l'auteur de cette *razo* établit un rapport étroit entre quelques vers
du troubadour et l'intervention du roi d'Aragon. Il cherche
peut-être à faire valoir son poète et celle de ses chansons qu'il
présente au public en lui attribuant une importance politique
qu'elle n'eut sans doute pas. La vérité est que la cause du comte
de Toulouse se confondait avec celle de tous les autres seigneurs
du Midi, depuis les plus puissants, comme les comtes de Foix,
jusqu'aux humbles chevaliers du Carcassès ou d'ailleurs qui,
comme Miraval, se trouvaient dépossédés depuis la campagne
de Simon contre Béziers et Carcassonne. Dès lors, en promettant
à Raimon VI de lui rendre Beaucaire, Pedro II promettait du
même coup à Miraval de lui rendre son château. Ce que l'on
peut très bien admettre, si l'on s'attache aux expressions « *lo
reis m'a courengut* », c'est que le troubadour, vivant alors auprès
de Raimon VI, avait pu obtenir du roi quelques paroles d'encouragement plus précises.

En résumé, il ressort assez clairement de cette chanson que
Raimon VI et Pedro II, sans doute en reconnaissance de sa
fidélité, n'oubliaient pas Miraval dans les circonstances critiques
qu'ils traversaient alors. Mais on n'a nullement le droit d'en
conclure que le poète jouàt auprès d'eux le rôle d'un conseiller
politique.

Ce n'est pas assez dire. Au moment même où Miraval avait
un intérêt si grand à ce que le comte de Toulouse et ses alliés
reprissent l'offensive, il ne semble pas que ses préoccupations
fussent là tout entières. La politique et la guerre le touchaient
peu ; la galanterie conventionnelle dont s'alimentait sa poésie
lui suffisait. Sans doute, il ne pouvait que gagner à ce que le
Languedoc échappât à l'étreinte des croisés, et, pour si modeste
que fût sa part de patrimoine, il devait y tenir ; spolié d'ailleurs
par les envahisseurs, il ne pouvait pas ne pas haïr le parti de
Montfort. Mais vraiment, après avoir lu du premier vers jusqu'au dernier tout ce qui nous reste de notre troubadour, on se

demande si cette haine l'absorbait[1]. La guerre des Albigeois fut
trop terrible, elle ébranla trop profondément le Languedoc, pour
qu'on ne soit pas tenté de retrouver au moins un écho de tant
de cruautés et de souffrances dans l'œuvre d'un poète dont la
petite patrie fut la première et la plus impitoyablement foulée
par les Croisés. Or, c'est en vain qu'on cherche dans ses vers
une seule allusion à ces événements tragiques. Mais peut-être
le temps, qui a épargné tant de chansons où se déroulent obstinément les mêmes motifs sur le charme du printemps et la
douceur d'aimer, a-t-il détruit les poèmes politiques que la
Croisade avait pu inspirer aux troubadours de cette époque ?
M. Meyer a exprimé cette hypothèse très vraisemblable[2]. En
ce qui concerne Miraval, bien qu'il fût au cœur même de la
région dévastée par la guerre, bien que lié, nous l'avons vu,
avec tout ce que le Midi comptait de défenseurs, nous avons
peine à admettre qu'il eût été capable d'écrire ces quelques vers
où Bernart Sicart de Marvéjols a dit avec une si sombre et si
poignante énergie sa haine des conquérants et sa douleur de
vaincu[3], ou même les strophes du sirventés adressé par un
poète inconnu au roi d'Aragon et au comte de Toulouse avant
la bataille de Muret, et qu'anime un souffle courageux et
patriotique[4].

1. Peut-être faut-il tenir compte de ce que Miraval était déjà d'un âge très
avancé. V. plus haut, p. 25.

2. V. *Hist. Lang.* vii. 446.

3. *Ab greu cossire* (v. le texte dans Mila. *Troc. en Esp.* p. 181).

4. C'est la pièce : *Vai, Hugonet, ses bistensa,* imprimée dans Raynouard
(*Lex. Rom.* i. p. 512), et dans le *Parnasse occitanien* (p. 392), et traduite
au t. vii de l'*Hist. de Lang.* (p. 446) par M. P. Meyer : un passage de ce
sirventés (str. 2) pourrait donner l'idée de l'attribuer à Miraval :

> *E di l que sa gran valensa*
> *se doblara per un tres,*
> *sil rezem en Carcasses*
> *Com bos reis culhir sa sensa.*

« Et dis-lui (au roi d'Aragon) que sa valeur déjà si grande sera triplée, si
nous le voyons en Carcassés recueillir ses rentes comme un bon roi. »

Cette pièce est assurément contemporaine des événements qui précédèrent
la bataille de Muret ; ce passage permet de penser que l'auteur était sans
doute originaire de la région de Carcassonne, ou du moins y séjournait ; mais
rien n'autorise à l'attribuer à Miraval ; outre les réflexions que nous inspirait

Il est donc plus que probable que l'attitude de Miraval en ces circonstances n'eut rien de belliqueux et que sa poésie, incapable d'exciter le Midi à la résistance, resta silencieuse : elle était faite pour des temps moins troublés et plus faciles.

Miraval est donc à l'abri du reproche que Millot[1] lui adresse non sans emphase : « Les muses, dit-il, n'auraient pas dû souffler le feu de la guerre. » C'est à tort que le critique attribue à notre troubadour le sirventés « *del rei d'Aragon conssir* » écrit en effet pour reprocher à Pedro II son entente avec les rois de Castille et de Navarre en 1209. Nous pouvons négliger les réflexions que cette pièce suggère à Millot puisqu'elle est de Raimbaut de Vaqueiras[2] et non de Miraval.

Ce n'est donc pas sur l'histoire politique de son temps, mais bien sur les mœurs de la société, particulièrement sur celles des grands, que Miraval peut nous renseigner.

En nous en tenant à ce que nous connaissons des rapports qu'il entretint avec le roi d'Aragon, puisque nous avons sur ce point des données plus précises, nous arrivons encore, on le voit, à la même conclusion.

---

plus haut le caractère du troubadour, le texte même, d'après certains détails, semble s'opposer à cette attribution : le nom du jongleur Hugonet qui figure au début de la première strophe ne se retrouve pas dans les poésies de Miraval. Un certain Ugo figure bien dans deux couplets isolés attribués à Miraval par N, et qui, dans A, terminent la pièce « *Anc trobars clus ni braus* » (*Studj.* III. p. 125). Mais l'authenticité de ces couplets est plus que douteuse. On pourrait en outre objecter que tel autre nom de jongleur, celui de Fornier, ne figure qu'une fois dans les pièces de Miraval. Mais ce ne sont pas là des raisons positives, tant s'en faut. Ce qui nous empêcherait, à défaut d'autre raison, d'attribuer la pièce à Miraval, c'est que dans l'envoi Raimon VI est appelé « *Pros coms, marques de bon aire* » contrairement à l'usage constant de notre poète qui n'a jamais manqué de désigner le comte de Toulouse par le surnom qu'il avait adopté : *Audiart.*

1. *Hist. litt. des Troub.* II. 413.

2. Ce sirventés est attribué à Miraval par les mss A et D et à R. de Vaqueiras par les mss I et K. Sans parler des autres allusions que renferme le sirventés et qui ne s'expliqueraient pas s'il était de Miraval, la mention d'un personnage nommé « *Johan* » inconnu de Miraval, prouve bien que la pièce est de Raimbaut de Vaqueiras (v. *Del rei d'Aragon conssir.* V. 25. Raynouard. *Choix.* IV. 184). Le même personnage figure dans l'envoi de la pièce : « *Leu pot hom pretz e gauch aver* » qui est sûrement de Raimbaut de Vaqueiras (v. *Studj.* III. n° 464. str. 7).

6. Conclusion.

Il nous est maintenant possible de comprendre quelle fut exactement la place que Miraval occupa dans la société de son temps. Il ressort des divers témoignages recueillis que, pour avoir été protégé de plus d'un grand personnage, pour avoir même vécu dans l'intimité de ceux qui figurent au premier rang dans l'histoire du Midi, à une époque intéressante entre toutes, le troubadour n'exerça cependant aucune influence sur leur politique. S'il connut, comme les autres, les angoisses qui étreignirent le Languedoc au début du XIIIe siècle, son art du moins ne s'en ressentit en rien, et, jusqu'au dernier moment, il s'en tint à son rôle de poète courtois. Il flatta les grands, dont la protection lui était nécessaire, et, comme le meilleur moyen de leur plaire était de les entretenir d'intrigues galantes et d'anecdotes mondaines, il ne leur parla point d'autre chose. Une des pièces qu'il nous a laissées débute ainsi :

« Si l'on ne veut pas entendre de chanson, qu'on s'éloigne
« de notre société : car je chante pour réjouir mon cœur et
« pour l'agrément de mes compagnons[1]. »

Nous voilà prévenus : ne lui demandons pas davantage.

Si nous recherchons enfin quels étaient, à en juger d'après l'exemple de Miraval, les motifs qui poussaient les grands seigneurs à protéger l'art du troubadour, peut-être serons-nous en droit d'admettre des conclusions suivantes.

La vanité, tout d'abord. — puisque les louanges des poètes reconnaissants portaient au loin la renommée de leurs bienfaiteurs — entre sans doute pour une part dans cette protection : mais elle ne suffit pas à en rendre compte. Nous avons remarqué, au sujet de presque tous les noms que nous avons rencontrés,

1.
Selh que no vol auzir chansos
de nostra companhia s gar :
qu'ieu chan per mon cor alegrar
e pe [l] solatz dels companhos (C. f° 75. r^o).

que Miraval n'entretenait guère ses protecteurs que des choses de l'amour. Qu'il s'agît de Raimon VI ou de Pedro II, le langage du troubadour n'était-il pas le même ? N'était-ce pas toujours par un appel au plaisir que se terminaient ses chansons ? Nous n'avons assurément pas le droit d'étendre à tous ce qui s'applique à Miraval. Mais la place que celui-ci occupa dans la société des grands de son temps et l'estime où le tinrent ses compatriotes donnent une importance particulière à ce qu'on peut dire de lui. Or, nous pouvons maintenant affirmer que si Miraval fut cher à ses protecteurs, ce fut surtout parce qu'il prêtait à leurs plaisirs le concours de son talent.

Est-ce à dire que le goût de la poésie fût complètement étranger à cette bienveillance ? Non certes, et nous ne songeons pas à nier l'instinct poétique des races méridionales : l'art déployé par les poètes reste le même quelles que soient les causes qui en favorisent le développement : moins noble en sa source, il n'est pas moins parfait dans ses manifestations ; quant aux protecteurs des troubadours, si leur frivolité ou leurs passions trouvent souvent leur profit aux chants dont il leur est fait hommage, il n'en est pas moins vrai que leur faible évident à l'endroit de la poésie et ce besoin de mêler sans cesse l'art à leur vie révèlent un sens trop affiné pour qu'on puisse en étendre le privilège à beaucoup d'autres.

CHAPITRE III

AVENTURES GALANTES DE RAIMON DE MIRAVAL

1. Importance des aventures galantes dans la vie du troubadour. — 2. *Mais d'amic* (la Louve de Pennautier) ; *Mantel* : la vicomtesse de Minerve. — 3. Azalaïs de Boissezon. — 4. Ermengarda de Castres ; Gaudairenca et Miraval ; Brunessen de Cabaret. — 5. Leonor d'Aragon. — 6. Conclusion.

1. Importance des aventures galantes dans la vie du troubadour.

Nous avons déjà pu voir, en·étudiant les rapports qui avaient existé entre Raimon de Miraval et les principaux seigneurs du Midi, que l'amour du plaisir formait. au moins pour ce cas particulier, le lien le plus solide entre le troubadour et ses protecteurs. Il ne pouvait guère en être autrement. Miraval, entre tant de poètes que le culte de la femme prit tout entiers, est resté célèbre pour sa galanterie. et la tradition nous a légué un grand nombre de détails sur les intrigues qu'il noua avec les dames de son temps. On sait de reste que l'amour, vrai ou fictif, était en quelque sorte la raison d'être de l'art des troubadours, qu'il l'inspirait, sinon toujours. du moins le plus souvent, et l'on ne s'étonne pas que les noms de tant de femmes soient restés, dans la mémoire des commentateurs, associés à ceux des poètes qui les ont aimées et chantées. Mais ce qui donne à Miraval une physionomie très particulière, c'est le caractère commun de toutes les aventures auxquelles il fut mêlé : il y joue un rôle uniforme, qui lui est propre ; et, une fois qu'on s'est renseigné, par une étude attentive de son œuvre, sur les faits qui ont pu provoquer les récits des *razos*, on voit clairement que Miraval avait réalisé aux yeux de ses contemporains, non seulement le type de l'amant infatigable, mais aussi et surtout celui de l'amoureux berné. Aussi n'aurons-nous guère, au cours de ce chapitre, qu'à nous entretenir des *mésaventures* du troubadour.

Voilà son rôle, et, quelque singulière qu'elle soit, son originalité. Ce serait peu, plaisant peut-être, monotone assurément, si ces intrigues d'amour, quelquefois invraisemblables, quelquefois certaines, ne nous éclairaient en somme sur l'état des mœurs à cette époque. Félicitons-nous donc des échecs répétés que subit cet incorrigible adorateur des femmes de son temps, puisque, par là même, ses aventures et les chansons qui les redisent nous conduiront dans des milieux différents et nous laisseront une idée plus précise de l'influence réciproque de la poésie sur les mœurs d'alors et de ces mœurs sur la poésie. C'est ce que Diez a noté en quelques mots au début du chapitre qu'il a consacré à Miraval : « Les aventures galantes de ce chevalier poète, dit-il, qui, bien que maître dans l'art d'aimer, cette parure du troubadour, fut plusieurs fois trompé et trahi par les femmes, nous permettent de jeter un coup d'œil plus large sur l'histoire des mœurs de ce temps. Elle nous sont exposées dans un récit circonstancié, de l'authenticité duquel on pourrait douter s'il n'était confirmé sur les points les plus importants, comme sur d'autres, par des témoignages certains[1]. » Les derniers mots de Diez nous amènent à dire quelle espèce de secours nous pourront offrir les *razos* des pièces de Miraval pour nous rendre compte des faits auxquels il fut réellement mêlé.

Sans doute l'ensemble reste vrai : il n'est pas possible que ces récits n'aient aucun fondement réel. Les biographes y insistent trop et, d'ailleurs, les chansons de Miraval lui-même en disent assez long. Mais prenons garde que l'imagination des commentateurs a pu, surtout ici, se donner libre carrière

---

1. *Leben u. Werke der Troub.* 379.

et qu'il est plus d'un détail fourni par les *razos*, sinon plus d'un fait essentiel, que nous serons obligé de rejeter tantôt comme invraisemblable, tantôt comme manifestement contraire aux données des textes.

La biographie primitive nous apprend que Miraval s'éprit de toutes les grandes dames de sa contrée et que celles-ci recherchaient d'ailleurs son hommage, comme un témoignage capable d'attester avec éclat leur mérite et leur beauté. Miraval les chanta, mais sans obtenir des preuves solides de leur reconnaissance et de leur affection : elles le trompèrent toutes à l'envi : « *E non era neguna gran domna ni valens que no dezires e no se penes que el entendes en ella..... E no se creset mais qu'el de neguna en dreg d'amor agues ben, e totas l'enganeren*[1]. » Ces derniers mots semblent avoir donné naissance à tous les détails qui remplissent les arguments des principales chansons de Miraval et qui ont trait aux mésaventures du troubadour : du moins en sont-ils le résumé exact. Nous aurons, au cours de ce chapitre, à discuter le bien fondé des assertions contenues dans les *razos*. Il nous suffit pour l'instant de faire nos réserves sur des documents inspirés trop souvent par le texte même des chansons qu'ils prétendent expliquer, pour qu'on puisse leur accorder une entière confiance. Il reste acquis que Miraval célébra dans ses chansons et courtisa effectivement un certain nombre de dames, qu'il éprouva réellement beaucoup de déceptions en amour, puisqu'il s'en plaint fréquemment, et non toujours sur le mode banal cher aux troubadours, dans des pièces qui se rattachent manifestement à des aventures diverses. Nous allons donc passer en revue les femmes avec qui Raimon de Miraval fut en relations, essayer de dire ce que furent ces relations, et de retrouver, ici encore, à qui s'appliquent les pseudonymes employés par le poète. Sur ce point la difficulté est plus grande quand il s'agit des femmes chantées par les troubadours que pour retrouver l'identité de leurs protecteurs : la discrétion, ou, comme ils disaient, la dissimulation, l'art de « *celar* » s'imposait à eux

---

1. V. le texte de la biographie à l'appendice. I. 1.

comme un des articles essentiels du code courtois et il leur arrivait rarement de ne pas l'observer. Or, entre ces adorateurs si discrets, Miraval fut un de ceux qui affectèrent le plus volontiers le mystère et il est bien peu de ses chansons où il ne nous mette lui-même en défiance contre son dire[1] : tactique prudente après tout, à la fois bonne pour dépister des rivaux ou des jaloux, et pour masquer à l'occasion la déconvenue d'un amant évincé.

2. *Mais d'amic* (La Louve de Pennautier) ; *Mantel* ; la vicomtesse de Minerve.

Les divers biographes de Raimon de Miraval ont généralement suivi dans le récit de ses aventures l'ordre donné par les *razos*. Diez[2] estime que ces *razos* « groupent les faits dans un ordre satisfaisant. » Cela est vrai, si l'on veut se contenter d'un ordre tout à fait approximatif. Préciser l'époque de chaque fait est bien rarement possible ; mais ce que l'on peut faire, c'est d'établir avec vraisemblance la succession des aventures de Miraval d'après le contenu même de ses chansons. Dans l'ensemble, l'ordre des faits apparaîtra tel, ou à peu près, que les *razos* le donnent : mais nous verrons qu'il n'y a pas toujours concordance, tant s'en faut, entre leur texte et celui du poète.

---

1. V. par ex. : *Ben sai que per aventura*, v. 29 et su. *(M. G. 1101)* ; *Ben aial cortes essiens*, v. 1 et su. *(M. G. 1098)* ; *Enquer non a guaire*, v. 45-48 *(M. G. 1108)* ; *S'a dreg fos chantars grazitz*, v. 37 et su. *(M. G. 1115)* ; *S'ieu en chantar soren*, v. 18-20 *(P. O. 235)* ; *Tal chansoneta farai* v. 31 et su. *(M. G. 636)*. Citons seulement un passage de la chanson *Sim fos de mon chantar parren* :

« Maintenant les médisants vont croire que c'est *par une nouvelle dissimulation* que j'adresse des reproches à ma dame et que j'en suis secrètement épris, car ils me savent ingénieux en amour. »

> *Aras cuiaran maldizen*
> *Qu'en loc d'autra cobertura*
> *Fassa de midons rancura*
> *E qu'ieu ame celadamen,*
> *Quar me sabon ginhos d'amar.* (V. 25-32. C f° 84 v°).

2. *Leben u. Werke der Troub.* 379.

La femme qui paraît avoir tenu dans l'existence de Miraval la plus grande place est celle que le troubadour désigne en maint endroit sous le pseudonyme de *Mais d'amic*. Elle figure neuf fois dans le texte de Miraval [1]. Mais il faut ajouter que, très problablement, d'autres pièces, dont les envois sont perdus, lui étaient aussi adressées. En nous en tenant à celles où il est fait mention de *Mais d'amic*, il nous est possible de reconstituer les rapports que le troubadour eut avec cette femme.

Tout d'abord est-ce bien une femme que le poète a chantée sous ce nom [2] ? Il ne peut y avoir de doute sur ce point : les citations qui vont suivre devant le démontrer d'elles-mêmes, nous ne nous y arrêterons pas ; mais il est bon de repousser immédiatement comme inadmissible l'opinion exprimée dans l'*Histoire Littéraire* et d'après laquelle *Mais d'amic* ne serait autre que la femme même de Miraval. L'auteur de l'article dit : « Miraval ne se donne pas en général beaucoup de peine pour dissimuler l'objet de sa passion vraie ou feinte [3]. Entre les femmes qu'il célèbre, il en est une cependant dont il ne prononce jamais le nom et qu'il désigne seulement par la dénomination de *Mais d'amic*, plus qu'amie...... Miraval cachait le nom de sa maîtresse par la raison qu'elle était sa femme. C'est ce qu'on voit dans l'envoi d'une chanson qui commence par ce vers : « *S'ieu en cantar soren* ». Il dit à sa dame : « Plus qu'amie, quelque part que j'aille, vous êtes la maîtresse de mes chants et le vrai seigneur de mon châtel ; mais n'allez pas perdre l'anel :

> *Mais d'amic, on qu'ieu an*
> *ros es caps de mon can*
> *e de Miraval poestatz ;*
> *mas no rolh que l'anel perdatz [4]. »*

La traduction du second vers est fautive : nous en donnerons le sens tout à l'heure. Mais de quelque façon qu'on le traduise,

---

1. Les passages seront relevés au cours de ce chapitre.

2. La question ne peut paraître naïve qu'à qui ne connaît pas les habitudes des poètes provençaux.

3. C'est ce qu'il paraît impossible d'admettre après la lecture attentive de ses chansons ; v., du reste, la note précédente.

4. *Hist. Litt.*, t. XVII. p. 464.

rien dans ce passage ne prouve que l'opinion du critique soit juste. On verra, par ce qui va suivre, que tout, dans les chansons adressées à *Mais d'amic*, indique qu'il s'agit d'une intrigue d'amour entre le poète et une femme autre que la sienne.

Au reste, voir dans *Mais d'amic* la femme de Miraval serait se méprendre absolument sur la nature de la poésie amoureuse des Provençaux, qui n'avait pas de raison d'être en dehors de ces relations illicites, souvent inoffensives d'ailleurs et d'un caractère factice, et qui seules pouvaient permettre à cette poésie de se développer. S'il n'en était pas ainsi, le cas de Miraval serait tout à fait isolé. Nous verrons d'ailleurs que Raimon, marié en effet, ne paraît guère avoir été plus heureux en ménage qu'en amour.

Quant au nom même de *Mais d'amic*, il constitue une de ces périphrases dont les troubadours usaient volontiers et où ils enfermaient un sens élogieux à l'adresse de la femme à qui ils l'appliquaient[1], mais qui, par leur caractère vague et banal, sont incapables de nous renseigner sur les personnes dont elles masquent le véritable nom[2]. Miraval voulait sans doute faire entendre en employant ce surnom qu'une amitié particulièrement étroite l'unissait à sa dame[3].

Parmi les pièces qui nous restent de Miraval, il en est trois

---

1. Elles affectent volontiers la forme d'un comparatif ou d'un superlatif : on comprend aisément pourquoi : c'était déjà pour les troubadours une façon d'attester la supériorité de leur dame.

2. On trouve par exemple : les surnoms suivants employés pour désigner diverses dames : « *Mon plus leyal* » dans Folquet de Marseille, et peut-être dans Miraval lui-même (v. p. 38 n. 1). « *Mielhs de Domna* », « *Mielhs de valor* », « *Mielhs de beutat* », dans Rigaud de Barbezieux ; « *Mielhs de ben* », dans Arnaut Daniel ; « *Sobre-luenh* », dans Guilhem Raimon de Gironela ; « *Sobre gauyz* », dans le moine de Foissan, etc.,. V. une curieuse strophe de Rigaud de Barbezieux où le troubadour développe complaisamment une appellation de ce genre (*Ges per freg ni per calor*, str. 4). V. le texte dans Appel : *Provenzalische Inedita* (p. 3).

3. Il ne paraît pas que Barbieri (*Orig. della poes. rim.*, p, 99), traduise exactement les expressions de ce genre quand il dit : *Mielhs de Dompna = la miglior Donna ; Mais d'amic = il maggiore amico*. « *Mais de* » signifie « plus que ». Nous conserverons à ce nom sa forme provençale : sa traduction littérale donnerait une expression par trop bizarre. « *Mon* » ou « *ma* » *plus qu'ami* paraîtrait absolument ridicule au milieu d'une phrase.

qui renferment le nom de *Mais d'amic*, trois autres, le nom
d'une femme que le poète appelle « *Mantel* », cinq autres
où figurent à la fois les noms de *Mais d'amic* et de *Mantel*; enfin
une autre chanson est adressée à *Mais d'amic* et mentionne en
même temps une marquise de Minerve. C'est dire que les relations entretenues par Miraval avec ces diverses dames se
rapportent à une même période et que nous sommes obligé
de rechercher dans une même étude ce qui se rapporte à ces
trois héroïnes [1].

Il est assez difficile de décider à quel moment fut écrite la
chanson où Miraval mentionne la marquise de Minerve. Mais
il ressort assez clairement des textes que nous allons passer
en revue que *Mais d'amic* est, de ces trois femmes, celle que
Miraval a chantée la première. Il est naturel de considérer
comme antérieures aux autres celles de ces chansons où *Mais
d'amic* figure sans qu'une autre femme soit nommée à côté
d'elle : Ce sont les suivantes : « *S'a dreg fos chantars grazitz* »
— « *Tot quan fatz de be ni dic* » — « *Ara m'agr'ops que m'aizis* ».

Négligeons, dans ces pièces, les lieux communs sur la tactique des amants, sur la discrétion et la fidélité, dont elles sont
encombrées et qui, reconnaissons-le, reparaissent chez Miraval
avec une fastidieuse monotonie [2], et tenons-nous en aux indications précises qu'elles donnent.

Nous apprenons ainsi tout d'abord, par la chanson « *S'a dreg
fos chantars grazitz* », que le poète est — ou se dit — vivement
épris de *Mais d'amic*, mais qu'il n'en est encore qu'au rôle de
soupirant. Il semble même qu'il ait à compter avec quelque
puissant rival, car l'envoi de la pièce paraît destiné à corriger,
par une touchante protestation de dévoûment, l'impression
défavorable que la situation modeste du troubadour pouvait
produire sur l'esprit de la dame :

« Madame, vous êtes mon guide en tout : car je n'ai folie
« ou sens que par votre ordre. Le désir que j'ai au cœur est si

1. On voudra bien tenir compte de ce que la présence simultanée de ces
divers noms dans les mêmes pièces rend cette recherche plus délicate.

2. Ce n'est d'ailleurs pas au seul Miraval, tant s'en faut, que la remarque
est applicable.

« ardent qu'un an me semble une journée[1] ; aussi une longue
« attente m'effraie-t-elle et mon chant me paraît-il insensé :
« car en amour, franchement, remettre à trois ans, c'est être
« dur. »

« *Mais d'amie*, Miraval vaut pour vous deux fois autant que
« telles autres richesses qui pourraient vous sembler plus
« considérables : car vous le possédez, sans avoir à craindre
« aucune tromperie[2]. »

On le voit, le ton de Miraval est bien celui d'un homme qui
n'est rien moins que sûr d'être écouté : la pièce peut donc
fort bien se rapporter aux débuts de cette intrigue.

La chanson « *Tot quan fatz de be ni dic* » n'est pas non plus
d'un amant satisfait. Mais, outre les plaintes que l'indifférence
de sa dame arrache au troubadour, on y remarque une allusion
à des accusations portées contre elle et que Miraval veut écar-
ter. Il se dit son champion décidé : sur un mot d'elle, « à
toute heure, il se jette dans la mêlée, comme fait le soldat
Espagnol[3]. » Mais il ne paraît guère espérer que son zèle soit

----

1. Le sens donné par le cinquième vers n'est guère satisfaisant.

2.
> *Domna, vos m'etz del tot guitz,*
> *qu'ieu non ai foldat ni sen*
> *mas al vostre mandamen ;*
> *tan m'es lo dezirs corals*
> *q'us ans me sembla jornals :*
> *si m[es] lones atens paors*
> *e sim par mos chans folhors,*
> *qu'en domney, ses totz enguans,*
> *es greus termes de tres ans.*
>
> *[Mais d'amic], d'autres ricors,*
> *queus semblarian maiors,*
> *vos val Miravalh dos tans,*
> *quar l'avetz ses totz engans* (vers 46-59, d'après C.

f° 83 v°. Au 6° vers les mss donnent *fai* que nous corrigeons en *es* pour pouvoir
maintenir *paors* à la rime. — Au 1er vers de l'envoi, C donne *amigua,* et R
Mielhs d'amic : nous sommes fondé à rétablir *Mais d'amic.* Aucun autre ms.
ne contient cette pièce. — Le passage que nous citons permet de supposer
que la dame avait imposé à Miraval un *stage* de trois ans, avant de consentir
à le payer de retour.

3.
> *Per som ten pres cum soudadier d'Espanha,*
> *que quoras vol m'empenh en la meselanha ;*
> *a tot lo sieu voler cossen,*
> *e non am lunh so malcolen.* (V. 13-16, d'après C. f° 75 v°).

reconnu, à en juger par les deux derniers vers de la pièce. Au reste la chanson se termine par un éloge motivé de la dame :

« Va-t-en, chanson, tout droit vers ma belle *Mais d'amic*, « pour qu'elle puisse t'entendre ; et si elle fait tant que de « t'apprendre, je tiens assurément mon chant pour précieux : « car rien de ce qui lui agrée ne peut être ni déprécié ni altéré, « attendu que sa louange dore et que son blâme étame[1] : « elle a tant de discernement, de savoir et d'intelligence que « c'est toujours la part qu'elle choisit qui l'emporte. »

« Que Dieu sauve mon *Audiart* et ceux qui l'entourent : « mais la belle qui m'éloigne de son amour a tort, car elle ne « prend pas Miraval et elle empêche les autres dames de le « prendre[2]. »

Même ton, ou peu s'en faut, dans la pièce « *Ara m'agr' ops que m'aizis* ». Cependant un couplet de cette chanson, où Miraval, après s'être plaint des bruits que les médisants font courir sur son compte, semble dire qu'il sait seul à quoi s'en tenir sur les sentiments de sa dame, tend à prouver qu'il en a obtenu quelque faveur :

« Et maintenant, je m'en vais triste et la tête basse, appré-« hendant sans cesse que de mauvais voisins me tiennent un « langage fait pour m'irriter : tous s'empressent de m'entre-« tenir du mécontentement qui me pèse, et, ce faisant, ils « m'importunent tellement qu'ils m'auraient presque rendu

---

1. Métaphore très fréquente chez les troubadours.

2.
> *Dreg a mon belh Mais d'amic*
> *vai, chansos, qu'ela t'entenda ;*
> *e, si tan fai que t'aprenda,*
> *ben tenh mon chantar per ric :*
> *que que lieys col nos bayssa nis garanha,*
> *quel sieus lauzars daur' e blasmars estanha,*
> *e conoys e sap et enten*
> *qu' ades val mais la part qu'ilh pren.*
>
> *Mon Audiart sal Dieus e sa companha :*
> *mas la belha que de s'amor m'estranha*
> *fu mal, quar Miravalh non pren,*
> *pus a las autras lo defen.* (Vers 41-52, même ms).

« jaloux, si je ne savais et au-delà à quoi m'en tenir[1]. »

La déclaration qui clôt la pièce est d'ailleurs d'un amant décidé à fermer les yeux, s'il le faut, sur les imperfections de sa dame :

« *Mais d'amic*, que Dieu m'enlève mon intelligence, si je
« cesse de vous faire hommage de Miraval et de mes chants,
« car je veux m'incliner devant votre tort. »

« Car votre beauté brille à tel point et si grand est votre
« mérite que, des lâches comme des preux, vous vous attirez
« louanges et bienveillance[2]. »

Voilà ce que nous apprennent celles des pièces de Miraval où *Mais d'amic* est la seule femme nommée.

Une difficulté se présente ici pour établir la succession probable des chansons et pour ressaisir en même temps le fil de l'intrigue.

Deux pièces (« *S'ieu en chantar soven* » et « *Enquer non a guaire* ») attestent que Miraval modifia à un moment donné son attitude envers *Mais d'amic* et que des relations d'un caractère différent s'établirent dès lors entre sa dame et lui.

A en croire les *razos*, Miraval composa la première de ces deux pièces quand, après avoir obtenu, grâce à son rôle complaisant, les faveurs de la dame qu'il avait d'abord aimée (ce serait, toujours d'après les *razos*, la célèbre Louve

---

1. *Ar cane embroncx et enclis,*
qu'ades tem mos mals rezis
quem diguon so don m'irays ;
aissim renon tug d'eslays
dire ma greu malsabensa,
e son m'en tan enuyos
qu'a pauc m'agron fait gelos
si nom sobres conoyssensa. (vers 17-24, d'après C.
f° 148 v°).

2. *Mais d'amic, ma conoissensa*
toillam Dieus s'ieu part de vos
Miravalh ni mas chansos,
quel vostre tortz cuelh quem vensa.
Quar tan vostra beutatz gensa,
e vostre pretz es tan bos,
que dels malvatz e dels pros
n'avetz lans e benvoiensa.
(v. 49-56, même ms.)

de Pennautier, chantée à la même époque par Peire Vidal).
il rompit avec elle pour se consacrer à la marquise de Minerve.
D'autre part, de la pièce « *Enquer non a guaire*[1] », il résulte à
n'en pas douter que Miraval renonce, momentanément du
moins, à *Mais d'amic*, puisqu'il remet, selon la formule qui lui
est chère, la suzeraineté de son château à *Mantel*. Rien n'autorise
à identifier la femme que Miraval appelle *Mantel* avec la marquise, ou, plutôt, la vicomtesse de Minerve. Sans quoi la difficulté qui nous arrête serait bien moindre. Nous ne pouvons
donc préciser ce point et dire si la chanson où Miraval mentionne la marquise de Minerve est antérieure à l'autre : cependant nous pencherions pour l'opinion contraire. En tout cas les
deux pièces doivent être à peu près de la même époque[2].

Dans la chanson « *Enquer non a guaire*», Miraval déplore longuement l'inconstance de sa dame qui, après l'avoir tout d'abord
bien accueilli, veut maintenant l'éloigner d'elle. Le poète
paraît assez indécis : les protestations de fidélité et de discrétion alternent avec l'expression des regrets qu'il éprouve en
songeant « à la joie d'autrefois. » Peut-être cherche-t-il à
éveiller la jalousie de celle qui semble vouloir l'abandonner,
en se tournant, dans l'envoi, vers une autre dame. La pièce
tout entière ayant trait à l'intrigue qui nous occupe et renfermant plusieurs allusions précises, nous jugeons à propos de
la traduire intégralement[3] :

1. Un passage de cette chanson (vers 49-52) inspire visiblement une partie
de la *razo* concernant la pièce « *S'ieu en chantar soven* » (v. à l'Append. i
la fin de la 1ᵉ *razo*.)

2. Le ton de Miraval dans « *Enquer non a guaire* » est celui d'un amant
humble, qui souffre visiblement d'être congédié ou mal récompensé, au lieu
que dans « *S'ieu en chantar soven* » il parle à découvert de la tactique qu'il
avait adoptée avec *Mais d'amic*. Si l'on se rappelle que, d'autre part, c'est
de *Mais d'amic* qu'il s'agit manifestement dans l'une et dans l'autre, on peut
en conclure que la chanson « *S'ieu en chantar soven* » est postérieure à
« *Enquer non a guaire* ». Peut-être le pacte auquel Miraval fait allusion
dans « *S'ieu en chantar soven* » fût-il le résultat de l'explication que, d'après
la fin de « *Enquer non a guaire* » le troubadour dut avoir avec sa dame. Ces
réflexions s'expliqueront par l'analyse des deux pièces.

3. Nous renvoyons, pour le texte, aux *Gedichte* de Mahn (1108) où l'on
trouvera la leçon de C, bonne partout, ou peu s'en faut. La lacune qui existe
au v. 6 n'interrompt pas le sens ; il suffit de corriger à la fin du vers 39 *aitan*,
en *chantan* (que donne H) pour avoir un excellent texte de cette pièce.

I. « Il n'y a pas bien longtemps qu'il me paraissait impos-
« sible d'éprouver assez de joie pour chanter encore cette
« année : mais je ne puis plus m'empêcher de reprendre
« mes chants ; car les rameaux aux tons changeants et les
« oiseaux dont j'entends le cri consolent tous mon cœur du
« mal que me fait souffrir ma dame, elle, la plus belle qui
« soit au monde, elle pour qui je meurs de désir. Hélas ! son
« visage trahissait tant d'amour à ma première prière ! Et
« maintenant, la voici tout autre à mon égard, alors qu'elle
« devrait au contraire se montrer meilleure : et moi en
« amant fidèle, je crie merci et j'endure le tourment. »

II. « Puisque je lui fais bon visage et que, sincère et
« soumis, je veux ignorer mon malheur, pourquoi veut-elle
« me priver du bien qu'elle a coutume de me faire et me
« tient-elle à l'écart de l'agréable délassement qu'on trouve
« auprès d'elle ? Car je ne veux pas m'approcher d'une autre
« demeure, puisqu'elle m'a fait mépriser de telle autre dame
« envers qui je suis coupable. Si donc elle veut me perdre,
« voyez comme il sera mal à elle d'agir ainsi, alors que, loin,
« malgré tout, d'être son ennemi, j'irai toujours traînant
« ma plainte et regrettant la joie d'autrefois que m'a ravie son
« cher commandement. Et cependant on ne peut me reprocher
« de l'avoir jamais trompée dans aucune circonstance. »

III. « Messager, beau frère, par l'âme de ton père, va, dans
« ma chanson, dire à ma belle que je ne suis pas assez
« perfide envers elle, ni assez faux amant, ni assez trompeur
« pour me tourner de divers côtés ; que je suis homme à tout
« endurer, et n'ai rien d'un menteur : que, si j'obtiens quelque
« faveur, je n'ai garde de m'en vanter, mais que, comme
« le prudent larron, je me tiens coi et je suis discret, car je
« ne veux pas qu'on sache quel est mon désir. Deux ans et
« cinq mois sont passés depuis qu'elle a établi son empire
« sur moi, mais peut-être ne le fit-elle pas en me donnant
« un baiser. Et à présent elle me dit, en riant et en plaisan-
« tant, qu'il faut qu'elle s'explique avec moi ou qu'elle
« m'éconduise pour toujours. »

IV. « *Loyal*, je tiens dorénavant Miraval et mon chant de

« mon *Mantel*[1], et je soupire de n'être pas en sa présence,
« si grand est mon désir de le voir : aussi ne tarderai-je
« guère à me rendre auprès de mon *Audiart*. »

Voilà donc désormais *Mantel* investie des droits qui appar-
tenaient jusque là à *Mais d'amic*. Et pourtant, nous allons
retrouver ces deux noms l'un à côté de l'autre, dans plusieurs
pièces où Miraval célèbre en même temps les mérites de
l'une et de l'autre dame[2].

Il semble que *Mais d'amic* ait vite repris son empire sur le
troubadour, ou, du moins, qu'elle ait fait sa paix avec lui :
c'est bien là ce que la chanson « *S'ieu en chantar soven* »
permet de croire.

Miraval nous apprend que, s'il a supporté l'indifférence de
sa dame, c'est qu'il avait trouvé à se dédommager ailleurs ;
il a trompé celle qui le trompait, puis, grâce à un compromis
accepté de part et d'autre, il a reconquis sa liberté d'action :

« J'ai sciemment aimé pendant longtemps une dame telle
« que jamais rien de ce que je faisais pour la servir ou lui
« plaire n'a pu m'être utile auprès d'elle ; en dépit de mes
« prières, de mes chansons, de ma discrétion, de ma réserve,
« je me trouvais toujours dupé. Or, en supportant le tort
« qui m'était fait, j'ai su la tromper, tout trompé que j'étais,
« et maintenir la paix entre nous. »

« Sans cela, il ne pouvait me convenir, puisque l'on voyait
« clairement ses fautes, de travailler pour son compte. Un
« jour enfin chacun de nous prit une égale liberté, et, si dès
« lors elle agit à sa guise, de mon côté je vais aussi battant
« çà et là la campagne : et n'ai-je pas conclu un marché

1. Nous avons cru bien faire de laisser aussi à ce surnom sa forme provençale. Mais si nous pouvions sans inconvénient placer des mots féminins à
côté de *Mais d'amic*, il nous était impossible de ne pas dire *mon Mantel*,
bien que ce pseudonyme soit appliqué à une femme. La singularité de ces
surnoms est, pour le traducteur des troubadours, une source d'embarras
quelque peu puérils : c'est uniquement au goût qu'il appartient de décider.
C'est ainsi que nous laisserons *Mantel* au masculin dans les traductions,
mais nous le traiterons comme un nom de femme dans notre texte.

2. En pareil cas, la nature de ces intrigues dispense de supposer, comme
Bartsch l'a fait pour Peire Vidal, qu'il s'agit de femmes parentes l'une de
l'autre. (v. *Peire Vidals Lieder*, p. XLIX).

« plus avantageux que si je m'étais séparé d'elle le cœur
« irrité[1] ? »

Le dernier couplet de la chanson, où Miraval fait l'éloge
de la marquise de Minerve, semble en effet prouver qu'il est
libre de s'adresser désormais à une autre dame :

« Tout ce qui vaut par la jeunesse et par un rare mérite,
« la marquise de Minerve le relève encore ici-bas : si bien
« qu'il en est peu parmi nous dont la valeur ne grandisse[2]. »

L'envoi de la pièce, que nous citions plus haut avec le
passage de l'*Histoire Littéraire* qui s'y rapporte, mérite toute
notre attention ; en voici le sens, selon nous :

« *Mais d'amic*, où que j'aille[3], vous êtes au bout de mon
« chant et Miraval est en votre pouvoir : mais je ne veux pas
« que vous perdiez l'anneau[4]. »

De cette fin il ressort que, pour n'être plus tenu de ne
s'adresser qu'à *Mais d'amic*, Miraval ne lui en réserve pas
moins une place dans ses vers et ne renonce pas à l'aimer ;
et cela, en vertu de quelque accord mystérieux, dont l'anneau
auquel le dernier vers fait allusion est sans doute le gage,
gage sinon d'amour, du moins d'amitié, que la dame doit
conserver[5]. Et nous verrons en effet le nom de *Mais d'amic*
reparaître régulièrement à la fin des chansons qui vont suivre.

Prétendre retrouver dans le détail les péripéties de telles
intrigues serait puéril : les textes que nous invoquons nous
autorisent du moins à admettre, dans l'ensemble, ce qui vient
d'être dit.

1. V. 11-30. V. le texte dans *P. O.* p. 235.

2. V. 51-56. Rochegude *(loc. cit.)* donne, pour ces 6 vers, un texte fautif,
au moins en 2 endroits. Nous les rétablissons tels qu'ils sont dans C
(f° 78, v°) :

> *Tot quant es de joven*
> *e de ric pretz ralen*
> *ten la marquez' aders*
> *de Menerba say-sos ;*
> *si qu'a pauc entre nos*
> *non pueja sos ralers.*

3. c. à. d. Quelle que soit la nouvelle dame à qui j'adresse mes hommages.

4. V. 61-64. *P. O.* p. 237.

5. L'usage d'échanger des anneaux ou d'autres objets symboliques était très
répandu entre amants.

Malgré le dire des *razos,* il ne semble pas que la vicomtesse de Minerve [1] ait exercé une grande influence sur l'esprit du poète. Les chansons de Miraval ne mentionnent pas son nom en dehors du passage dont nous venons de parler. Tout au moins, en l'état actuel des textes, rien de plus précis ne peut être affirmé sur ce point. Rappelons seulement que le château de Minerve était dans la région que Miraval connaissait bien et que le troubadour put facilement se trouver à un moment donné parmi les adorateurs de la vicomtesse [2].

Mais il dut célébrer longtemps *Mais d'amic* et *Mantel* à la fois, se disant toujours le vassal de l'une et tâchant, par ses flatteries, de gagner les bonnes grâces de l'autre. Dans les chansons dont nous allons nous entretenir (elles se placent assez naturellement entre la pièce « *S'ieu en chantar soven* » et celle où nous verrons, à côté du nom de *Mantel,* apparaître un nouveau nom de femme), le poète parle de *Mais d'amic* d'un ton tour à tour confiant ou découragé, lui reprochant volontiers de lui enlever la faveur des autres dames ; quant à *Mantel,* c'est toujours avec une respectueuse admiration qu'il s'adresse à elle. On remarquera, dans les envois des chansons suivantes, la persistance des mêmes sentiments envers ces deux femmes et l'analogie frappante des expressions employées pour les traduire.

La pièce « *Amors me fai chantar et esbaudir* » se termine ainsi :

1. Et non de la marquise de Minerve (cette inexactitude dans la mention du titre n'a aucune importance). Une marquise de Minerve, peut-être la même dont il est question dans Miraval, est citée dans une pièce de Giraut de Borneil : « *Quand rei le dous temps venir.* » Selon M. Kolsen (*Guiraut von Bornelh, der Meister der Trobadors,* p. 12), la pièce devrait être attribuée plutôt à Guilhem Augier.

2. L'auteur des *razos* nous apprend que la vicomtesse de Minerve n'avait pas, comme les autres femmes à qui Miraval eut affaire, de mensonge et de perfidie à se reprocher et que, pour cela, elle n'avait elle-même souffert aucune perfidie des autres. Quant au nom exact de cette vicomtesse de Minerve, la *razo* donne *Gent Esquia.* Rien ne s'oppose à ce qu'elle fût la femme de cet Esquieu de Minerve qui nous est connu, et dont on a parlé plus haut, et non de Guilhem de Minerve, puisqu'en 1191 ce dernier avait pour femme Rixovende de Termes (v. *Hist. Lang.,* VIII. 412). C'est en effet, sinon à cette époque, du moins peu après, nous le verrons, que peuvent se placer les faits dont nous parlons.

« Noble dame, en quelque lieu que j'aie déjà porté mes hom-
« mages, je veux que vous teniez Miraval en votre pouvoir et
« que vous figuriez dans mes chansons avant mes autres
amies. »

« *Mais d'amic*, quoique vous m'ayez irrité le cœur, je vous
« ai si bien gardé Miraval, que vous le possédez et que moi
« j'y ai gagné des ennemies. »

« *Mantel*, je vous vois si bien rehaussé d'esprit, de mérite,
« de beauté, de jeunesse, que maintes dames, je le sais, en
« éprouvent du dépit[1]. »

Dans la chanson « *Tug silh quem ran demandan* », après ses
plaintes habituelles, et que le ton même des envois ne permet
d'appliquer qu'à *Mais d'amic*, il conclut :

« *Mais d'amic*, on devrait bien dispenser également les biens
« et les maux : or pour vous sont la joie, l'estime et le profit,
« et je n'ai pour moi que courroux et cruels sentiments. »

« *Mantel*, vous êtes plus qu'impérial : car il n'y a rien de
« faux en vous, ni or, ni agrafe, ni doublure, ni collet : et c'en
« est assez pour fournir un sujet de chanson[2]. »

Le ton change dans la pièce « *Ben sai que per aventura* ».
Cette fois, Miraval paraît satisfait et, selon son habitude en
pareil cas, il affecte le mystère en parlant de son bonheur :

« Pour toutes mes épreuves et pour ma souffrance, pour
« mon long désir et mon émoi, j'obtiens maintenant réparation,
« je le vois, de celle qui m'a maintes fois effrayé. Que vaut
« l'amour, si l'on n'en retire quelque mal ? Pour moi, à la

---

1. V. 36-44. V. le texte dans *P. O.*, p. 227. Remarquons que le premier
de ces envois explique bien le sens des derniers vers de la pièce « *S'ieu en
chantar soren* » cités plus haut.

2.
> *Mai[s] d'amic, los bes els mals*
> *degr' [om] partir cominals :*
> *mas vos n'avetz lo gaug el pretz el pro,*
> *et ieu non ai mas ir' e cor felho.*
> *Mantelh, plus qu'enperials*
> *es, qu'en vos non a(i) ren fals,*
> *or ni tesselh, ni fonda ni peno :*
> *ni mais ni meyns noy voce per razo.* V. 49-56 (C f° 77 v°).

Le sens du dernier vers est douteux. Mais de quelque façon qu'on le traduise, l'intention de l'envoi reste claire.

« jalousie et au tourment qu'il me causa, à l'anxieux désir que
« j'éprouvai, je dois à présent d'être doublement joyeux. »

. . . .

« Si quelque autre adorateur s'obstine à supplier ma dame
« de l'aimer et de lui accorder un baiser, sa conduite n'est ni
« juste ni raisonnable, puisqu'elle se contente de mon amour ;
« car les autres ne savent pas ce que je sais et ce qui me fait
« lui adresser cinq cents merci : puisque tout l'honneur est
« pour moi, qu'importe si tel fou veut se couvrir de honte[1]. »

L'envoi adressé à *Mais d'amic* se ressent de ces dispositions
moins mélancoliques :

« *Mais d'amic,* vous faites preuve de mérite et de raison en
« vous montrant jalouse de ma célébrité : car jamais Miraval
« ne voulut vous abandonner. »

« *Mantel,* qui partagerait également vos belles manières pour-
« rait en munir cent dames[2]. »

1.
> *Tot mo maltrait e l'endura,*
> *el lonc dezirier e l'esmay,*
> *conosc qu'era m'adreitura*
> *silh que m'a donat maynt esglay.*
> *Que cal amors, s'om mal non tray ?*
> *Que la gilozi' el turmens*
> *qu'ieu n'aic, e l'anguoyssos talens*
> *me fan doblamens esiauzir.*

. . . .

> *S'autr' entendeire s'atura,*
> *preyan midons que l'am nil bay,*
> *tort i fai e desmezura,*
> *[mentre que de m'amor s'apay].*
> *Quilh non sabon so que ieu say,*
> *don ieu li ren merces cinc cens ;*
> *e pus mieus es totz l'onramens,*
> *cui cal sil fols se vol aunir ?*

V. 9-16 et 25-32 (C f° 78 r°). Pour le
vers 28 nous adoptons la leçon de A (v. *Studj.* III. p. 131) et de I (f° 71 r°) de
préférence à celle de C *(quelha dautramor nos.)*

2.
> *Mais d'amic, pretz vos es e sens,*
> *si voletz mos enantimens :*
> *qu'anc Miravalh nous vole falhir.*

> *Mantel, qui partis engalmens*
> *vostres adregz captenemens*
> *cent donas en [pogra] garnir.* V. 49-54 (même ms). Au

dernier vers nous substituons *pogra* (que donne A) à *pogratz*, que donne C.

Ces deux envois disent assez qu'au moment où Miraval écrivait cette chanson, il était, ou se croyait vu d'un œil plus favorable par *Mais d'amic*, sans renoncer pour cela à exalter en termes hyperboliques les mérites de *Mantel*.

Mais voici un nouvel accès de découragement dans la pièce « *Pus oguan nom valc estius.* » Le troubadour y parle avec amertume des torts de *Mais d'amic* à son endroit, lui reprochant ironiquement de donner un air d'honnêteté à tout ce qu'elle fait et de charger habilement celui qui l'aime du poids des fautes qu'elle commet :

« Je vois bien qu'un amant brouillon, méchant, violent et
« grossier est plus aimé et mieux accueilli qu'un amant droit,
« et j'en suis peiné. Un tel langage me vaudra d'être blâmé,
« je le sais : mais le nombre des dupés est si grand que, si l'on
« vient à débattre où à discuter ce point, je serai bien surpris
« si notre parti (celui des dupes) ne l'emporte pas. »

« Savez-vous pourquoi je me tourne, farouche, contre les
« femmes volages? Ma dame m'a congédié, et, en fait de torts,
« je ne connais que les siens. Mais je crains d'être moi-même
« incriminé à ce sujet : car elle sait donner un air de vérité
« à tout ce qu'elle me dit, au lieu que ma droiture à moi se
« trouve réduite à néant, tant elle est hardie dans la dispute [1]. »

1.

> *Ben conosc que drutz meselius,*
> *fals, engres e deschauzitz*
> *es mais amatz e grazitz*
> *qu'us adreitz, per que m'es grieu.*
> *E quar o dic serai n'ocaizonatz :*
> *mas tans ni a d'enjanatz,*
> *que si ian sortz peleia ni contens,*
> *bem meravelh sil nostra partz no vens.*
>
> *Sabetz per quem torn esquius*
> *encontra las camiairitz?*
> *De ma dona sui faiditz,*
> *e no sai tort mas lo sieu ;*
> *et en aisso tem n'esser encolpatz :*
> *car tot me sembla vertatz*
> *quant elham ditz, el mieus dregs es niens,*
> *tant es gaillartz lo sieus razonamens.* V. 9-24 (C f° 80 r°).

Au vers 22, nous substituons la leçon de R (f° 86 b) à celle de C qui donne : *mas tot aquo me ressembla vertatz :* avec ce texte, le vers est trop long de trois syllabes, et d'ailleurs *mas* ne lie pas bien le sens.

Malgré ces griefs, il se soumet encore, et, après avoir payé
son ordinaire tribut d'éloges à *Mantel* en disant :

« *Mantel*, on ne vit jamais nulle part d'équipement meilleur
« que vous, ni dont on pût être plus fier[1] ». il ajoute :

« Belle *Mais d'amic*, quoique vous soyez mal disposée à mon
« égard, Miraval est toujours en votre pouvoir[2]. »

La chanson « *D'amor es totz mos cossiriers* » est la dernière
où nous trouvions le nom de *Mais d'amic*. Elle offre cet intérêt
particulier, de faire probablement allusion à la durée des relations entre Miraval et cette femme. De l'extrait que nous allons
en donner, il semble ressortir que cette intrigue durait au moins
depuis cinq ans, quand une autre dame, par de perfides
manœuvres, brouilla ou tenta de brouiller le troubadour et
Mais d'amic. On remarquera que Miraval, à la fin de la pièce,
a l'air de solliciter la médiation d'un tiers[3]. Cet arbitre n'est
autre que *Pastoret*, celui-là même en qui nous avons cru reconnaître Raimon-Rogier de Béziers. *Mantel* est encore louée dans
un des envois :

« Je ne demanderais pas mieux que d'être aimable avec elle :
« mais elle me laisse dans une situation trop embarrassante.
« Et pourtant, comme si tout eût été pour le mieux, j'ai folâtré
« à son sujet durant cinq années entières ; mais une dame per-
« fide, fausse, que Dieu maudisse ! a provoqué entre nous ce
« désaccord, qui, depuis, m'a fait souvent verser des larmes
« amères. »

« *Mais d'amic*, que Dieu bénisse qui veut que vous soyez
« mon amie, et si jamais je vous ai fait plaisir et honneur, je
« vous en ferai encore cent fois plus si vous y consentez. »

« Celui qui aurait un tel *Mantel* serait cru sans peine
« partout où il dirait qu'il ne l'a conquis ni par or ni par

---

1.   *Mantelh, vos etz lo mielher garnimens*
    el plus onratz qu'anc fos de nulhas gens (v. 53-54, même
ms). Par le mot *garnimens*, Miraval joue encore sur le nom de *Mantel*.

2.   *Belh Mais d'amic, sibens m'etz malvolens,*
        de Miravalh es vostr' el mandamens (v. 55-56 même ms).

3. Ou, peut-être, de le remercier d'être déjà intervenu.

« argent, mais bien par amour, par mérite et par sens[1].

« *Pastoret*, ne cessez pas — et qu'à ce prix Dieu vous donne
« d'être heureux en amour — de montrer à ma dame comme
« il lui sied bien de savoir occuper franchement Miraval[2]. »

« Chansonnette, va trouver ma dame au plus vite : car elle
« maintient le mérite et règne en jeunesse[3]. »

1. Il est bien clair qu'il s'agit encore dans cet envoi de la dame à qui
Miraval applique le nom de *Mantel* : il joue seulement ici sur ce nom, comme
il l'a fait dans plusieurs autres envois déjà cités et traduits plus haut, notamment dans celui de *Tug silh quem ran demandan*. Trompé par ces passages,
le critique de l'*Histoire Littéraire* (xvii, 466) a écrit gravement : « Sem-
blable à beaucoup d'autres poètes, Miraval n'oublie pas de se vanter lui-
même. Plusieurs fois, dans les envois de ses pièces, il s'adresse à son manteau,
emblème de l'aisance que lui ont procurée ses talents. » Suit une traduction
nécessairement inexacte de cet envoi même. Il ressort trop évidemment des
passages que nous avons cités qne *Mantel* désigne une femme, pour que nous
nous attardions plus longtemps à cette question.

2. Cette expression, qui se retrouve d'ailleurs à peu près exactement dans
une autre chanson de Miraval (*Selh cui ioys tanh ni chantar sap*, v. 52. v.
chap. iii. 3), signifie sans doute que la dame devrait être fière d'exercer sur
Miraval la suzeraineté, d'ailleurs imaginaire, que le poëte lui offre si souvent,
en d'autres termes, d'avoir ce dernier pour amant.

3.

> *De gaug li fora plazentiers*
> *mas trop mi ten en gran error.*
> *Pero per semblan de[l] melhor*
> *n'ai ieu iogat cinc ans entiers :*
> *mas una dona mendia,*
> *falsa, que Dieus la maldia,*
> *mes entre nos aquest destorbamen,*
> *don mainhtas retz n'ai pueys plorat greumen.*
>
> *Mais d'amic, Dieus benezia*
> *qui col quem siatz amia,*
> *e s'ieus ai fag plazer ni onramen,*
> *enquer, sius platz, o farai per un cen.*
>
> *Mantelh qui aital n'auria*
> *ben er cregutz, on qu'o dia,*
> *qu'anc nol conques per aur ni per argen,*
> *mas per valor, e per pretz e per sen.*
>
> *Pastoret, nous laissetz mia,*
> *si Dieus vos don ioy d'amia,*
> *qu'a ma dona no mostretz cum l'es gen*
> *si Miravalh sap tener franchamen.*
>
> *Chansoneta, ves midons cai corren,*
> *qu'ilh mante pretz, e renha en ioven* (v. 41-62. C f° 79 r°.

An vers 44, C donne *loguat*, que nous corrigeons en *iogat* avec ADIMRTf.
— Au vers 53, nous substituons *nauria* (leçon de A) à *nabria* (leçon de C);
au vers 54, *on* (A) à *quals* (C): au vers 57, *laissetz* (A) à *lauzi* (C).

La pièce « *Selh que de chantar s'entremet* » fait peut-être suite à la chanson précédente.

Après quelques considérations générales sur l'amour et les médisants, le troubadour proteste avec énergie contre une tentative faite pour lui enlever sa dame[1], et prend à témoin *son Pastoret* que sa patience ne peut aller plus loin[2]. *Mais d'amic* n'est pas nommée, il est vrai : mais il se peut néanmoins que l'ensemble de la pièce la concerne. Ce qui nous porte à le croire, c'est le ton significatif de l'envoi adressé à *Mantel*. On remarquera en effet que, s'il contient un éloge de cette dernière, le biais que prend Miraval pour la louer semble impliquer un blâme à l'adresse d'une autre femme :

« *Mantel*, » dit-il « vous n'êtes pas fait de *perse*, ni de *saie*, « mais de valeur et de beauté vraie[3]. »

Or c'est le nom de *Mais d'amic* que nous avons toujours rencontré à côté de celui de *Mantel*.

Le second envoi renferme également un éloge à double sens : c'est à la fois un compliment pour Raimon VI et un blâme indirect pour un autre personnage, peut-être celui-là même dont Miraval se plaint plus haut, probablement quelque rival trop puissant pour que le troubadour ose l'attaquer en face :

« Que Dieu sauve mon *Audiart* et sa joyeuse cour : car il « maintient l'honneur, *en dépit de qui le ravale*[4]. »

Voilà ce que le texte de Miraval nous fournit sur cette *Mais d'amic*, qui occupa si longtemps son esprit.

---

1.   *Dieus cofonda l'anel el det*
           ab que lam cuget forstraire
           selh qu en remas qualiaire! (v. 30-32 ; C f° 79 v°).
« Que Dieu confonde l'anneau et le doigt avec lequel il crut me la dérober, celui dont l'événement a montré qu'il n'était qu'un trompeur. »

2.   *Quar, fe que dey mon Pastoret,*
           nom seri' estiers reyaire
           qu'ieu pogues o soffrir guaire. (v. 36-38. même ms).
« Car autrement il me semble, par la foi que je dois à mon *Pastoret*, qu'il ne me serait guère possible de m'y résigner. »

3.   *Mantel, non etz de presset ni de saya*
           mas de valor e de beutat reraya (v. 43-44. même ms).
Miraval, ici encore, joue sur le nom de *Mantel*. *Saya :* étoffe grossière.

4. V. 45-46. v. p. 40, n. 1.

La dernière chanson que nous venons de mentionner annonce-t-elle le dénoûment de l'intrigue ? Est-ce à ce moment que survint la rupture ? Peut-être, puisque nous ne trouvons pas d'autre mention de *Mais d'amic* dans les pièces qui nous restent du troubadour. Mais nous ne saurions nous prononcer formellement [1].

Quant à *Mantel*, son tour vint aussi sans doute de lasser la constance de Miraval, et c'est la pièce « *Lonestemps ai avutz cossiriers* » qui nous en donne la preuve : on voit par les envois de cette chanson que le poète, fatigué de célébrer en vain une dame, probablement d'un rang élevé, qui acceptait ses hommages sans les reconnaître par des faveurs, finit par s'adresser à une autre, Azalaïs de Boissezon : une nouvelle intrigue se noue dès lors.

« Chanson, tu feras sur le champ ton premier voyage vers
« Madame Azalaïs : car, si tu veux ensuite te rendre ailleurs,
« tu n'en auras que plus de charme. »

« Madame, Miraval s'est placé sous votre suzeraineté, ainsi
« que mon amour, et, si vous voulez le conserver, il vous
« suffit d'un collier pour sauve-garde [2]. »

« *Mantel*, si j'ai agi follement en choisissant parmi les plus
« belles celle dont le mérite est le plus précieux, je ne vois
« pas pourquoi j'en souffrirais [3]. »

---

1. La chanson « *Sim fos de mon chantar parren* » fait allusion à une rupture. En voici les derniers vers :

> *E pus ma domna s ten tan car*
> *Qu'autre ni me no rol sufrir,*
> *atressim cuelh ieu car tenir,*
> *que lieys et autras desempar.* (C. f° 84 v°. *M. G.* 1120).

« Et puisque ma dame se met à un si haut prix qu'elle ne veut souffrir ni moi ni nul autre, je veux moi aussi m'estimer à une valeur telle que je renonce à elle et aux autres. » La formule n'est pas maladroite, notons-le en passant. Mais rien dans cette chanson ne prouve positivement qu'elle s'applique à *Mais-d'amic*.

2. Il s'agit encore, bien entendu, d'un de ces gages symboliques qui attestaient l'empire plus ou moins effectif exercé par une dame sur son poète servant.

3.
> *Chanso, ton premier ciatje*
> *faras ras N'Azalais de cors,*
> *e si pueys vols anar alhors,*
> *mielhs en seras d'agradage.*

Le moment est venu de rapprocher ce que les *razos* nous disent de ce que le texte de Miraval nous a appris. Cette longue suite de citations, assez monotone, nous en convenons, était pourtant nécessaire à l'intelligence de ce que nous allons dire sur l'identité de *Mais d'amic* et de *Mantel*. Qui le poète a-t-il chanté sous ces pseudonymes ? C'est ce que nous allons rechercher ; après quoi, nous essaierons de déterminer l'époque à laquelle appartient le groupe de chansons adressées à ces deux femmes.

Voici, d'après les *razos*, les incidents auxquels se rattachent quelques-unes des pièces dont nous venons de parler[1].

Miraval s'était épris d'une dame du Carcassès, connue sous le nom de « *Loba* » (la Louve), fille de Raimon de Pennautier et femme d'un riche et puissant seigneur « parier » du château de Cabaret[2]. Très belle, et d'ailleurs très désireuse de plaire, la dame comptait parmi ses adorateurs tous les seigneurs de la contrée, notamment le comte de Foix, Bertran de Saissac, Peire-Rogier de Mirepoix, Aimeric de Montréal, et aussi le troubadour Peire Vidal, qui fit souvent de la Louve le sujet de ses chansons. Raimon de Miraval se distinguait par son ardeur à la servir, et, comme son talent de poète faisait de lui un prôneur à ménager, la Louve le retenait par des promesses : elle lui avait même accordé un baiser. En réalité, la dame le

> *Donn' en vostre senhoratge*
> *s'es mes Miravalh e m'amors*
> *e nous hi cal plus gardardors,*
> *mas un cordon per guidagge.*
>
> *Mantel, s'ieu ai fag folatge*
> *quar ai chauzit en las gensors*
> *cel' en cui mais [ral la] valors,*
> *a tort en penrai dampnatge.* (V. 49 à 60, d'après

C f° 77 r° pour les deux premiers envois ; d'après E (f° 35 a) pour le dernier, que ce ms. est seul à donner). Au v. 50 *Nazalais* est donné par I (f° 70 r°) ; C et E ont *dolay* et *dolar*, qui ne donnent aucun sens. Au v. 59, E donne : *En cela que mais vol v.*, leçon évidemment fautive.

1. V. le texte de la première *razo* à l'appendice I.

2. M. Chabaneau (*Biogr.*, p. 65 n. 6) a expliqué d'où provient l'erreur de dom Vaissette qui (*Hist. Lang.*, t. VI. p. 163) appelle la Louve *Estefania* et en fait la femme et non la fille du seigneur de Pennautier.

trompait et n'aimait que le comte de Foix, dont elle avait fait son amant attitré. Cette liaison était connue de tous dans le Carcassès et, ajoute l'auteur de la *razo*, « la Louve en était déconsidérée et ne trouvait plus d'amis ni d'amies ; car, dans ce pays, *l'on regardait comme morte toute dame qui faisait son amant d'un puissant seigneur*[1]. » Miraval apprit l'intrigue de la Louve et du comte de Foix, qui venait d'inspirer à Peire Vidal une chanson peu flatteuse pour la dame[2]. Son premier mouvement fut de l'attaquer à son tour. Mais il se ravisa et se dit qu'il valait mieux ruser avec celle qui l'avait trompé : et il affecta de la défendre contre les attaques que lui valait la découverte de cette liaison coupable. A cette nouvelle, la Louve, qui redoutait fort de se faire un ennemi de Miraval, se méprenant sur les intentions du troubadour, le manda auprès d'elle et le remercia de ce qu'il venait ainsi à son aide. La *razo* donne le détail de cette entrevue et prête à la dame un assez long discours où elle justifie sa conduite auprès de Miraval[3]. Nous sommes en plein roman, et la précision même du récit suffirait à nous mettre en défiance : mais il faut convenir que ce discours, tout imaginaire qu'il est, constitue, à lui seul, un curieux document, et s'il fallait, lui aidant, retrouver le caractère de cette singulière héroïne, l'on dirait, après l'avoir lu, qu'elle ne manquait assurément ni de cynisme tranquille, ni de subtilité, ni d'ironie discrète. Les paroles de la Louve révèlent chez l'auteur de la *razo*, à qui la paternité en revient toute, un vrai talent de conteur et une psychologie non banale : aussi nous y arrêtons-nous un instant :

« Miraval, dit la Louve, *à travers ses larmes*, (le détail n'est-il

1. La formule est curieuse. Millot dit là-dessus (ii, 399) : « On ne peut guère s'expliquer cette opinion qu'à la honte des grands seigneurs, dont il fallait que les mœurs fussent extrêmement décriées. » Sa réflexion n'est pas sans fondement. Cet état de l'opinion publique à l'égard des grands, qui se découvre naïvement dans la phrase du biographe, est à retenir. Ajoutons, qu'en la circonstance, l'opinion publique n'avait pas tort de s'effaroucher, la réputation de Raimon-Rogier de Foix laissant fort à désirer.

2. La chanson « *Estat ai gran sazo* » (la deuxième dans l'édition de K. Bartsch). — La *razo* de Miraval cite inexactement le premier vers.

3. V. le texte à l'appendice I. *razo* I.

pas joli ?) si jamais j'ai eu mérite et honneur, amis et amies, si jamais j'ai été célébrée et prisée au loin et près, si jamais j'ai possédé savoir et courtoisie, c'est grâce à vous que tout cela m'est advenu, c'est de vous que je le tiens. Et si je ne vous ai pas accordé en amour tout ce que vous vouliez, ne croyez pas qu'une autre passion m'en empêchât ; non : c'était un passage d'une de vos chansons où vous dites :

> *Bona dompna nos deu d'amor gequir ;*
> *E pos tan fai qu'az amor s'abandona,*
> *No s'en coch ni massa non o tir :*
> *Que meins en ral totz faitz, quil dessazona* [1].

Or, mon dessein était de vous satisfaire dans les conditions les plus flatteuses, pour que vous regardiez ce plaisir comme plus précieux : voilà pourquoi je ne voulais pas me hâter ; ainsi il n'y a pas plus de deux ans et cinq mois que je vous retins en vous donnant un baiser, comme vous le dites en votre chanson :

> *Passat so cinq mes e dui an*
> *Qu'ieu vos retengui a mon coman* [2].

Maintenant je vois bien que vous ne voulez pas m'abandonner à cause du blâme faux et mensonger que mes ennemis et mes ennemies ont fait peser sur moi. Aussi je vous déclare que, puisque vous me défendez contre tous, je renonce pour vous à tout autre amour, et je vous donne mon cœur et mon corps pour en disposer à votre gré ; je me remets entièrement à votre discrétion et en vos mains et je vous prie de me défendre de votre mieux. » Miraval tout joyeux reçut le don de la Louve et, longtemps, il obtint d'elle tout ce qu'il voulut. » Mais, selon la *razo*, Miraval s'était déjà épris d'une autre femme, la marquise de Minerve ; aussi rompit-il avec la Louve, et cette rupture lui inspira la chanson « *S'ieu en chantar soven.* »

Voilà ce que nous dit la *razo*. On le voit, les noms de *Mais*

---

1. *Amors me fai chantar et esbaudir* v. 15-18. (cf. *P. O.* 226).

2. Passage inexactement cité de la chanson « *Enquer non a guaire* » où l'on lit (vers 49) :

> *Passat son cinc mes e dui an*
> *qu'elha me tenc a son coman,*
> *mais ben leu non o fetz baizan. (M. G.* 1108).

d'amic et de *Mantel* ne s'y trouvent pas. Mais les passages auxquels la *razo* fait allusion, ou plutôt, sur lesquels elle est bâtie, appartiennent aux chansons où figurent ces deux femmes. En outre, la marquise de Minerve y est mentionnée : c'est donc bien, en partie du moins, au groupe de chansons étudié plus haut que l'auteur de la *razo* applique ce qu'il dit de la Louve de Pennautier et de la marquise de Minerve. Or, on peut maintenant voir sur quels points les données de la *razo* et les faits qui ressortent des chansons de Miraval se rapprochent ou diffèrent.

Il paraît établi par ces chansons, conformément à ce que dit la *razo*, que Miraval aima ou célébra longtemps une femme qui d'abord ne répondit guère à ses sentiments, mais qui entretint dans la suite des relations plus étroites avec le troubadour. Il semble bien qu'une sorte de compromis soit intervenu qui, à un moment donné, régla la conduite de l'un et de l'autre : la chanson « *S'ieu en chantar soven* » dit assez clairement qu'ils restèrent liés d'amitié, mais reprirent chacun leur liberté. En outre, nous l'avons vu, Miraval dut remplir auprès de la dame, non seulement le rôle d'un amant, mais celui d'un défenseur, et nombreuses sont les allusions qu'il fait aux bruits fâcheux qui courent sur le compte de *Mais d'amic*. Sans doute les développements sur les médisants et les brouillons, qui tâchent de semer la discorde entre les amants, en se faisant l'écho de tous les propos malveillants, sont en quelque sorte obligés, en vertu des traditions de la poésie provençale, et perdent par là de leur valeur. Mais les tirades de ce genre sont trop nombreuses dans les chansons de Miraval pour qu'on ne doive pas en tenir compte.

Mais là s'arrête la concordance entre la *razo* et le texte du poète : la *razo* paraît attribuer à la marquise de Minerve plus d'action sur l'esprit de Miraval qu'elle n'en exerça sans doute, puisqu'on ne trouve son nom qu'une fois dans ses poésies [1]. En outre, et surtout, la *razo* ne dit rien de la femme que

---

1. Tout au moins les éléments nous manquent-ils pour pouvoir dire ce que furent les relations du troubadour avec cette dame.

Miraval désigne sous le nom de *Mantel,* et qui, nous l'avons
vu, tint une place considérable sinon dans sa vie, du moins
dans ses vers. Il nous reste donc à répondre à cette double
question : quelle était la femme que Miraval célébrait sous le
nom de *Mais d'amic* ? qui était *Mantel*?

Pouvons-nous identifier *Mais d'amic* avec la Louve de
Pennautier, comme les rapprochements que nous venons de
faire nous y invitent ?

D'abord, l'existence d'une femme ayant porté ce surnom
n'est pas douteuse : les poésies de Peire Vidal, qui fut le
contemporain de Miraval l'attestent[1]. Que la Louve fût du
Carcassès, c'est ce qui ressort également de l'ensemble des
pièces de Peire Vidal consacrées à cette dame[2]. Enfin une
chanson au moins du même Peire Vidal semble confirmer
ce qui nous est dit sur l'intrigue de la Louve avec le comte
de Foix dans la *razo* de Miraval : c'est la pièce « *Estat ai gran
sazo* »[3], que Peire Vidal écrivit quand il se décida à rompre
définitivement avec celle dont l'amour l'avait si longtemps
possédé. En voici le passage essentiel[4] :

« Car je suis à ce point courroucé envers celle qui s'est mal
« comportée à mon égard : en effet *pour un comte roux* elle
« m'a donné congé ; on voit bien que c'est une louve, car
« elle s'est attachée *à un comte* et elle quitte un empereur qui
« l'a célébrée dans le monde entier : mais qui ment ne dit pas
« la vérité[5]. »

1. La « *Loba* » est nommée dans les chansons 2, 8, 9, 36 de Peire Vidal
(éd. K. Bartsch), mais d'autres aussi se rapportent à elle.

2. V. notamment la strophe IV de la chanson « *Mos cors s'alegr'e s'esjau* »
(Bartsch n° 8).

3. N° 2 dans l'édition de Bartsch.

4. V. 41 à 45.

5. *Bem per que Loba es.* — Peire Vidal veut sans doute dire par là que la
dame est d'un caractère indépendant et suit son instinct librement, sans con-
sulter ses intérêts. L'empereur, c'est Peire Vidal lui-même, qui se nomme ainsi
par allusion à la femme qu'il avait épousée à Chypre et dont on lui avait dit,
pour le railler, qu'elle était la nièce de l'empereur de Constantinople. Quant au
dernier vers, d'un tour quelque peu énigmatique (*Mas qui men no no ditz
ver*), il donne à entendre sans doute que les éloges jusque-là décernés par
Peire Vidal à la Louve étaient sans fondement : l'amant évincé se venge par
ce mot avec aussi peu de délicatesse que d'habileté.

Ce passage prouve bien que la femme du Carcassès connue sous le nom de *Loba* et célébrée dans les chansons de Peire Vidal avait eu une intrigue avec un comte, celui que le poète appelle « *un Comte ros* », allusion précise, qui donne à ce témoignage une grande autorité, et dont on regrette toutefois de ne pouvoir tirer parti pour retrouver l'identité de l'amant ainsi désigné. Est-ce un comte de Foix, comme le veut la *razo* de Miraval ?

Les personnages à qui Peire Vidal pouvait appliquer alors ce titre de comte sont en petit nombre[1]. Il n'y a guère, dans cette région, que ceux de Toulouse, de Foix et de Comminges. En écartant le comte de Comminges, qu'on ne trouve nulle part mêlé aux aventures de Peire Vidal ou de Raimon de Miraval, il nous reste à choisir entre le comte de Foix et celui de Toulouse. Or, si rien ne le prouve formellement, rien ne s'oppose à ce que ce soit le premier que Peire Vidal ait voulu désigner dans sa chanson. On peut donc admettre que le récit de la *razo* repose sur un fondement réel et qu'un comte de Foix avait été le héros de cette aventure.

Mais de quel comte de Foix s'agit-il ? Selon M. Chabaneau[2] c'est probablement de Rogier Bernart II, fils de Raimon-Rogier, qu'il est question dans la *razo* de Miraval, et l'auteur, en l'appelant comte de Foix, lui donne par avance le titre qu'il devait porter plus tard. A vrai dire, le détail importerait assez peu. Mais Rogier Bernart II porta ce titre dès 1202 : à cette date, à l'occasion de son mariage avec Ermessen de Castelbon, son père, Raimon-Rogier, établit son fils comte et la femme de son fils comtesse[3]. Nous croyons plutôt qu'il s'agit de son père, et cela pour deux raisons. Tout d'abord la tradition qui fait d'un certain personnage, connu sous le nom de Loup de Foix, un bâtard que Raimon-Rogier aurait eu de la Louve de Pennautier, n'est peut-être pas sans fondement[4]. Il est

---

1. Nous sommes, selon Bartsch, vers l'an 1200 : Bartsch ne donne pas de date précise pour cette chanson, mais ce qu'il dit des chansons qu'il place avant celle-là, nous ramène à peu près à cette date.

2. *Biogr.* p. 67. n. 2.

3. *Hist. Lang.* vi. 197.

4. *Hist. Lang.* vi. 564.

certain que Loup de Foix, que l'on trouve sous les armes en
1219, pouvait fort bien être né vers 1200, c'est à dire à l'époque
des aventures que nous étudions. D'autre part, il n'est pas
moins certain que ce Loup est un bâtard de Raimon-Rogier et
non de Rogier Bernart II[1]. En second lieu ne peut-on s'appuyer — bien que ceci soit une présomption plutôt qu'une
preuve — sur la réputation bien établie de Raimon-Rogier
de Foix, qui se rendit célèbre en son temps par ses mœurs
dépravées et qu'on serait par suite peu surpris de trouver
au premier plan dans ces intrigues galantes[2]? En somme, si
l'on rapproche les biographies et les *razos* de Peire Vidal et
de Raimon de Miraval de leurs poésies, on peut admettre que,
dans son fond, l'intrigue où ces troubadours figurent à côté
d'un comte de Foix et de la Louve n'est pas purement
imaginaire, et que très probablement la femme ainsi nommée
et *Mais d'amic* n'étaient qu'une seule et même personne[3].

Il serait curieux de rechercher l'origine du nom même de
Loba. Aucun passage du texte de Peire Vidal, — la seule
source authentique où nous puissions puiser sur ce point, —
ne nous renseigne à cet égard[4]. En tout cas l'explication
qu'on a voulu en donner[5] n'est sûrement pas la vraie. On a
prétendu que le nom de *Loba* serait pris dans le sens défavorable et bien connu de *lupa*, servant à désigner une femme
de mauvaise vie, et que la Louve de Pennautier aurait dû

1. V. l'acte CXCIII au t. VIII de l'*Hist. Lang.*, acte de 1229 où Rogier-Bernart II appelle Loup son frère.

2. V. p. 67, n. 3.

3. Encore une fois cela n'implique pas le moins du monde que nous admet-
tions *dans le détail* l'exactitude de ces récits. Les excentricités de Peire Vidal
à Cabaret notamment, sont du domaine de la fantaisie pure. V. là-dessus
Novati dans *Romania*. XXI. 78.

4. Le passage cité plus haut de la chanson « *Estat ai gran sazo* » : « *Ben
par que Loba es* » ne peut nous être d'aucun secours, puisque c'est après
avoir été évincé que Peire Vidal semble vouloir interpréter le nom même de
Loba dans un sens défavorable. Nous en dirons autant des vers 43 et 44 de
la chanson « *Amor, pres sui de la bera* » qui, selon Bartsch *(Peire Vidals
Lieder* p. LVI) font allusion au nom de *Loba*.

5. V. un article de M. Doublet dans le *Bulletin de la Société ariègeoise
des sciences, lettres et arts*. Vol. V. page 67.

son surnom à ses mœurs peu recommandables : cette opinion est insoutenable, puisque Peire Vidal appelle la dame « *na Loba* » non pas seulement dans les pièces où il se plaint d'elle, mais aussi dans celles où il célèbre ses mérites et lui déclare son amour : ce qu'il n'eût pas fait évidemment si le terme *Loba* lui avait paru pouvoir être pris dans un sens injurieux[1]. Nous considérons, pour notre part, ce problème comme insoluble.

En revanche, il n'est peut-être pas impossible d'établir l'identité de la Louve. Etait-elle réellement la femme d'un des seigneurs de Cabaret, comme l'affirment les biographes ? La *razo* qui a trait à la Louve donne le nom de son père, Raimon de Pennautier, mais ne dit pas expressément duquel des deux coseigneurs de Cabaret qui nous sont connus, Jordan et Peire-Rogier, elle était la femme. Cependant la quatrième *razo* — dont la fin est relative à la chanson « *Ben aial messatgiers* » — désignant une autre dame, Brunessen, comme la femme de Peire-Rogier, on en conclut que l'auteur des *razos* parle de la Louve comme de la femme de Jordan de Cabaret.

La *Loba* ou *Mais d'amic*, était-elle la fille de Raimon de Pennautier[2] ? Rien ne nous l'apprend positivement. Tout au plus peut-on dire que ce personnage, historiquement connu, appartient bien à l'époque où nous sommes et que Pennautier se trouve dans une région toute voisine de Cabaret[3]. Nous connaissons, par certains actes, le nom d'un frère de

---

1. Il n'eût pas écrit alors par ex. dans la chanson « *Tart mi veiran mei amic en Tolzan* (v. 5 et su.). « Ah ! dame *Loba !* parce que je ne vous contemple pas, je vous pleure des yeux et du cœur, je soupire après vous, quand je songe à votre corps gracieux, à votre doux parler et à votre cher sourire, etc..... (V. Bartsch. *Peire Vidals Lieder.* n° 36).

2. Dans le serment des chevaliers des vicomtés de Béziers et Carcassonne en faveur du fils du vicomte Rogier II (mai 1191) (*Hist. Lang.*, t. VIII, c. 411) figure un « Arnaudus Raimondi de Podionauterio » ; parmi les autres chevaliers se trouvent précisément, à côté de Bertran de Saissac et de Bernat de Miraval, Peire Rogier et Jordan de Cabaret ; deux autres personnages de la même famille et de la même époque nous sont connus : Peire (frère de Raimon) et Galart de Pennautier. (V. l'acte de mars 1202 dans l'*Hist. Lang.*, t. VIII, p. 473).

3. Pennautier se trouve dans le canton de Carcassonne (Ouest).

ce Raimon, mais non celui des enfants qu'il pouvait avoir.
Quant à Jordan de Cabaret, il est certain qu'il eut au moins
deux femmes *Orbria* et *Mabilia*, et il ne serait pas impossible,
d'après certains témoignages, qu'Orbria, la première en date, eût
été répudiée par son mari. C'est peut-être cette Orbria qui était
la célèbre Louve de Pennautier, la fille de Raimon de Pennautier,
la *Loba* de Peire Vidal, la *Mais d'amic* de Miraval[1].

Le texte de Miraval ne contient pour ainsi dire aucun détail
permettant de reconnaître la femme qu'il a chantée sous le
nom de *Mantel*. Si l'on veut bien se reporter aux divers
passages cités plus haut (les seuls où ce nom figure) on voit
qu'il ne s'y trouve aucune allusion précise à la condition de cette
dame. La plupart de ces envois sont conçus selon le mode
élogieux et banal cher aux troubadours, et de ces protestations de dévoûment, de ces louanges hyperboliques sur la
beauté où l'esprit de Mantel, rien à conclure.

Nous remarquerons cependant, à défaut d'observation plus
précise, que, dans toutes les chansons consacrées à *Mantel*, le ton
du poète reste constamment respectueux ; il est assurément
moins familier avec elle qu'avec *Mais d'amic* ; peut-être peut-
on en déduire que la condition de *Mantel* était supérieure à
celle de sa rivale[2], et que son rang ne permettait pas à Miraval
de se départir de ce ton humble et courtois[3]. La seule allusion

---

1. V. les témoignages en question dans l'*Hist. Lang.* t. VII. p. 385 et t. VIII.
p. 336. Du premier passage notamment, il ressort que 1° Jordan « tenuit
tanquam uxorem » Mabilia *du vivant* d'Orbria. — L'hypothèse d'un divorce
motivé par l'inconduite de sa femme n'aurait rien d'inadmissible après tout
ce qui a été dit plus haut : la coïncidence est au moins curieuse — 2° qu'il
épousa cette Mabilia « tempore quo erat faiditus contra Montisfortis comi-
tem ipse Jordanus », c'est-à-dire à une époque postérieure aux aventures
dont le récit vient d'être fait. Par suite, Orbria pouvait bien être encore sa
femme à l'époque de ces aventures — 3° que cette Mabilia était fille d'Arnaut
d'Aragon (et non du seigneur de Pennautier). Si l'une des femmes de Jordan
était réellement la fille de Raimon de Pennautier, ce pouvait donc être *Orbria*.

2. On pense bien que nous ne donnons pas à ce mot un sens « Racinien. »

3. On a bien vu par les citations faites plus haut le parti que le troubadour pouvait tirer du nom de *Mantel* et les traits plus ou moins heureux que
ce nom lui inspirait : mais il est bien évident que la nature même du
pseudonyme adopté par le poète ne peut ici nous fournir aucune indication
sur la personne ainsi désignée.

à retenir, comme moins vague que les autres, se trouve dans l'envoi de la chanson « *Enquer non a guaire* ». Rappelons-en les termes :

« *Loyal*, je tiens dorénavant Miraval et mon chant de mon
« *Mantel*, et je soupire de n'être pas en sa présence, si grand
« est mon désir de le voir : aussi ne tarderai-je guère à me
« rendre auprès de mon *Audiart*. »

Puisque le nom d'*Audiart* s'applique sûrement à Raimon VI, il est permis de penser, en s'appuyant sur ce passage, que le nom de *Mantel* désigne une grande dame de l'entourage du comte de Toulouse, soit une femme du comte, soit une princesse de sa famille. Si notre hypothèse est juste, le rang de la dame expliquerait le ton que prend toujours Miraval pour parler d'elle. On sait d'ailleurs que la tradition courtoise autorisait tout poète à célébrer avec le même enthousiasme toute dame, pour si haut placée qu'elle fût, et le caractère en quelque sorte tout officiel des rapports que Miraval paraît avoir eus avec *Mantel* n'aurait rien qui pût contrarier notre hypothèse. Quant à préciser davantage et à désigner nommément celle des princesses ayant figuré à la fin du XIIe siècle à la cour de Toulouse[1] qui peut être identifiée avec *Mantel*, nous croyons qu'il faut y renoncer.

---

1. La difficulté provient de ce que Raimon VI se remaria à plusieurs reprises à la fin du XIIe siècle dans l'espace de quelques années. Après Ermessen de Pelet (morte en 1176) et dont, vu les dates, il ne saurait être question ici, Raimon VI épousa Béatrix, sœur du vicomte de Béziers, Rogier II ; il la répudia dans la suite : cette séparation devait être un fait accompli en 1193 ; il épousa en troisièmes noces la fille du duc de Chypre, qu'il répudia aussi vers 1196 ; sa quatrième femme fut Jeanne d'Angleterre qu'il épousa en octobre 1196 et qui mourut en septembre 1199. Quant à Leonor d'Aragon, sa cinquième femme, il ne l'épousa qu'à une date sûrement postérieure aux faits dont il s'agit (v. sur les divers mariages de Raimon VI la note x du t. VII de l'*Hist. Lang.*). On pourrait être tenté de voir Béatrix de Béziers dans *Mantel*, l'origine même de cette princesse permettant de croire que Miraval put la connaître plus facilement que les autres. Mais il faudrait admettre, à cause des dates des chansons, que Miraval ait continué de la célébrer après son divorce, ce qui, après tout, n'a rien d'impossible. On pourrait aussi songer à la célèbre Azalaïs de Toulouse, vicomtesse de Béziers, sœur de Raimon VI, et protectrice officielle des poètes du temps : mais, s'il faut voir Raimon-Rogier, son fils, dans *Pastoret*, il n'est pas possible de lui appliquer le pseudonyme de *Mantel*, puisqu'elle meurt à

Quelle conclusion pouvons-nous tirer de ce premier [1] et double [2] épisode de la vie galante de Miraval ? Il semble bien que
cette intrigue, dont la châtelaine de Cabaret occupe le centre,
où gravitent autour de sa personne grands seigneurs et troubadours, qui procure aux uns de nouvelles victoires, inspire
aux autres de nouvelles chansons, où Peire Vidal fait le fou,
Raimon de Miraval le mystérieux, tandis que, de son côté et à
sa façon « Raimon-Rogier de Foix s'amuse », — échappe, avec
ses incidents suggestifs et variés, à la banalité ordinaire des
histoires d'amour dont, trop souvent, nous entretiennent les
poètes provençaux, et qui, maintes fois n'existent, peut-on
dire, que sur le papier. C'est parmi ces dernières qu'il faut
ranger l'histoire des rapports de Miraval et de *Mantel*, d'où ne
se dégage rien qui ne soit parfaitement banal. Mais ce qui,
dans cette aventure, concerne *Mais d'amic* est d'un autre intérêt.
Il ne s'agit plus là seulement d'un thème à variations courtoises : c'est bien un épisode authentique, dont les acteurs
nous sont presque tous connus, une page curieuse à ajouter
définitivement à l'histoire des mœurs du temps.

Si, dans un autre sens, l'on cherchait à retrouver quelque
trait du caractère moral de notre poète à l'aide de cette aventure, peut-être en garderait-on une impression assez fâcheuse.
Ce troubadour, célébrant les mérites d'une femme dont il
connaît les exploits galants, uniquement pour conserver sa
faveur, joue un rôle étrange, convenons-en. Si l'on allègue
que les exagérations de style habituelles à la littérature pro-

l'époque où son fils entre en scène et que les deux noms figurent en même
temps dans cinq chansons. — Enfin rappelons qu'une fille naturelle de
Raimon V, nommée India, — mariée en 1203 à Guillabert de Lautrec, et, en
secondes noces, en 1206 à Bernart Jordan, seigneur de l'Isle-Jourdain, pouvait,
elle aussi, se trouver à la cour de Toulouse vers l'époque dont il s'agit. —
Nous donnons cette longue liste pour justifier ce que nous disions, à savoir,
qu'à l'aide de l'unique et faible indice que nous fournit le texte de Miraval,
il est bien difficile de se prononcer avec certitude entre tant de noms ; et tout
cela, bien entendu, en admettant l'interprétation que nous avons donnée du
passage en question.

1. Nous entendons : le premier de ceux qui nous sont assez bien connus.

2. Nous ne revenons pas sur ce qui concerne la vicomtesse de Minerve,
l'unique mention que Miraval en fait ne comportant aucune réflexion.

vençale et, aussi, l'âge de Miraval à cette époque, nous défendent de prendre trop au sérieux toutes ces intrigues, nous rappellerons que le troubadour en s'applaudissant — à bon droit ou non, peu importe — d'avoir pris en cette circonstance une telle attitude[1], nous a mis lui-même en défiance. Heureusement pour les grandes dames de Languedoc, la suzeraineté qu'elles exerçaient sur le château de Miraval n'était qu'imaginaire : sans quoi, elles nous eussent paru assez peu difficiles d'en avoir si volontiers accepté l'hommage.

Vers quelle époque faut-il placer les chansons où figurent *Mais d'amic*, la vicomtesse de Minerve et *Mantel*? Dater avec précision chacune de ces chansons est manifestement impossible. Nous avons indiqué, au cours de cette étude, dans quel ordre approximatif elles paraissent avoir été écrites[2]. Entre quelles dates peut-on les circonscrire ?

Elles ne renferment aucun nom authentique de personnage historique en dehors de celui qui s'applique à Raimon VI. Or Miraval devait sans doute appliquer ce nom au comte de Toulouse avant son avènement, c'est-à-dire avant 1194 : ce détail ne peut donc nous être d'une grande utilité.

Le nom de *Pastoret* figure aussi dans quelques-unes de ces pièces. S'il est vrai, comme nous avons tâché de l'établir dans le chapitre précédent, que ce nom désigne Raimon-Rogier, le jeune vicomte de Béziers, c'est aux environs de l'an 1200 qu'il faut rapporter quelques-unes au moins des chansons dont il s'agit, puisque c'est en 1199 seulement que, parvenu à l'âge de quatorze ans, Raimon-Rogier est émancipé : dès lors le rang qu'il occupe officiellement et son âge lui permettent de jouer son rôle dans la société qui l'entoure. A ce compte, celles des chansons que nous venons d'étudier où *Pastoret* est nommé, sont

---

1. Relire la chanson : *S'ieu en chantar soven*.

2. Rappelons quelles sont ces pièces et l'ordre dans lequel elles nous ont paru se succéder : *S'a dreg fos chantars grazitz* — *Tot quan faz de be ni dic* — *Ara m'agr'ops que m'aizis* — *Enquer non a guaire* — *S'ieu en chantar soven* — *Amors me fai chantar et esbaudir* — *Tug silh quem van demandan* — *Ben sai que per aventura* — *Pus oguan nom valc estius* — *D'amor es totz mos cossiriers* — *Selh que de chantar s'entremet* — *Loncs temps ai avutz cossiriers*.

nécessairement les dernières en date. Or il se trouve qu'il en est ainsi ou peu s'en faut, en admettant l'ordre que nous avons proposé pour ces pièces [1]. D'autre part, un passage de la chanson « *D'amor est totz mos cossiriers* » semble indiquer que les aventures de Miraval avec *Mais d'amic* et *Mantel* ont duré déjà « cinq ans entiers [2]. » Or deux autres chansons se rapportant aux mêmes faits nous ont paru être postérieures à celle-là, et de plus nous ne sommes pas sûrs d'avoir conservé ou reconnu tout ce que Miraval a pu écrire de chansons au sujet de cette intrigue. Cela étant, on peut conclure que, des chansons composées par Miraval en l'honneur de *Mais d'amic*, incidemment de la vicomtesse de Minerve, et de *Mantel*, celles qui nous sont restées se rattachent à une période de sept à huit ans, dont l'année 1200 marquerait à peu près le centre. Ainsi nous placerions les douze chansons dont il s'agit entre les années 1196 et 1204 approximativement. S'arrêter à cette conclusion, c'est admettre que l'identification de *Pastoret* avec Raimon-Rogier de Béziers est certaine : or nous avons cru bien faire de ne la donner que comme vraisemblable. Mais voici qui nous met, croyons-nous, sur un terrain plus ferme.

Si nous rapprochons ces dates, provisoirement admises, de celles — plus faciles à déterminer [3] — où se placent les

---

1. Précisons : la dernière des chansons relatives à *Mais d'amic* et à *Mantel* (*Loncs temps ai arutz cossiriers*) ne fait pas mention de *Pastoret* ; mais cela ne veut pas dire nécessairement qu'elle n'ait pas été écrite du vivant de ce personnage. Quant à celles où figure *Pastoret*, toutes (sauf une) nous ont paru se placer en effet plus naturellement, et, d'après leur contenu, après celles où il n'est pas nommé. Ce sont : *Ben sai que per arentura — Pus oguan nom ralc estius — D'amor es totz mos cossiriers — Selh que de chantar s'entremet*. Quant à la pièce « *Ara m'agr'ops que m'aizis* » notons que l'éloge qui y est fait de *Pastoret* n'implique nullement qu'il joue déjà un rôle actif dans les intrigues dont il s'agit : « *Pastoret*, maints puissants barons vous en veulent beaucoup : car vous les rabaissez tandis que vous faites monter votre vaillance. » Y a-t-il là rien qui ne puisse s'appliquer à un prince tout jeune encore, à qui le poète, en bon courtisan, décerne des éloges auxquels la jeunesse même de celui qui les reçoit doit donner plus de prix ? Qu'on ne dise pas que la formule est exagérée en parlant d'un enfant : les exagérations de style, surtout en matière de louanges, ne sont pas le fait exclusif des poètes provençaux.

2. V. p. 97.

3. Les poésies de Peire Vidal renferment plus d'allusions à des faits historiques que celles de Miraval.

pièces de Peire Vidal qui ont trait à la Louve de Pennautier,. nous constaterons qu'elles concordent à peu près : Bartsch, dans son introduction à l'édition de Peire Vidal[1]. place avec beaucoup de vraisemblance de 1189 à 1194 environ les chansons où il est fait mention de la *Loba* ; et, s'il n'assigne pas de date précise à celle[2] qui marque la rupture de Peire Vidal avec la *Loba*, à la suite de l'aventure dont le comte de Foix fut le héros, ce qu'il en dit permet de la placer entre les années 1195 et 1200[3]. Ce que nous savons des relations de Miraval avec *Mais d'amic* ou la Louve de Pennautier nous autorise à considérer quelques-unes des chansons la concernant comme antérieures à la découverte de sa liaison avec le comte de Foix, et les autres comme immédiatement postérieures. Il y aurait donc une concordance assez exacte entre les dates des chansons de Peire Vidal sur la *Loba* et celles de Miraval sur *Mais d'amic*. La question se ramène presque à savoir si l'on peut identifier *Mais d'amic* et la *Loba*. Or c'est sur ce point qu'il nous a semblé pouvoir être le plus affirmatif.

Nous conclurons donc que les chansons de Miraval à *Mais d'amic*, à la vicomtesse de Minerve et à *Mantel*, et les aventures qui les ont inspirées se placent entre les années 1196 et 1204 environ.

3. Azalaïs de Boissezon.

La dernière chanson que nous avons rappelée au sujet de *Mantel* nous autorise nettement à placer ici, comme faisant suite aux aventures dont le récit précède, ce que les poésies de Miraval nous apprennent sur ses relations avec une autre dame de son temps, dont le vrai nom est connu, non seulement par les *razos*, mais par les mentions qu'en a faites Miraval lui-même : Azalaïs de Boissezon.

1. Pages XLIII-XLVI et LIV-LVII. Ses conclusions sur ce point ne sont pas infirmées par l'étude de Sigmund Schopf : *Beiträge zur Biographie und zur Chronologie der Lieder des Troub. P. Vidal* (1887) p. 15 à 19.

2. C'est la chanson *Estat ai gran sazo*, n° 2 de l'édition Bartsch.

3. V. ce que nous avons dit plus haut sur la date possible de la naissance de Loup de Foix, v. p. 107.

La seconde *razo*[1] prétend nous renseigner sur les circonstances auxquelles se rattachent deux chansons : « *Ar ab la forsa dels freys* » et « *Entre dos volers sui pensius* ». Il y est question de la nouvelle intrigue où Miraval joue encore le rôle de dupe. Résumons le récit de la *razo*, que nous pouvons prendre cette fois pour point de départ, puisque c'est bien des mêmes personnages qu'il s'agit dans certaines chansons du troubadour.

Raimon avait offert ses hommages à une dame réputée alors dans la région de l'Albigeois pour sa beauté et son esprit, Azalaïs de Boissezon[2], femme du seigneur de Lombers[3], Bernart de Boissezon. Son talent et l'art qu'il possédait d'exalter dans ses vers, mieux que tout autre, le mérite des dames, lui avaient valu d'être bien accueilli[4]. Agréé comme poète servant, Miraval célébra Azalaïs, ainsi qu'il avait fait la Louve, et ses chants élogieux eurent pour effet de piquer la curiosité des grands seigneurs de la contrée. Le vicomte de Béziers et le comte de Toulouse s'éprirent d'Azalaïs ; mais le roi d'Aragon se montra le plus enflammé, et, séduit par le portrait que Miraval faisait de la dame, il fut pris d'un désir irrésistible de la voir : sur quoi, l'obligeant troubadour consacra un couplet de la chanson « *Ar ab la forsa dels freys* » à faire briller aux yeux du roi le bonheur qui l'attendait s'il venait à Lombers. Ce détail n'est guère d'accord avec ce qu'ajoute la *razo* :

1. V. à l'appendice I, *razo* 2.

2. Boissezon est actuellement une commune du canton de Mazamet (arrond' de Castres), située à une faible distance de cette dernière ville.

3. Lombers, commune du canton de Réalmont (arrond' d'Albi.)

4. Notons que la deuxième *razo* reproduit presque exactement ce que la première *razo* disait de *Loba* sur ce point : comparez la première *razo* : *En Raimons de Miravals si l'amava mais que totz e la metia enans a son poder ab sas cansos et en contan... E la Loba, per lo gran pretz en que el l'avia meza e car conoissia qu'el sabia meils domna enansar e dezenansar de nul ome del mon, ela li sofria sos precs...* » avec la deuxième « *E car ela conoissia que Miravals li podia plus donar de pretz que nul hom que fos, si fo molt alegra car vi qu'el l'amava... E el la enanset cantan e contan a son poder...* » Un simple coup d'œil jeté sur les diverses *razos* montre qu'on pourrait multiplier ces rapprochements : cette répétition des mêmes formules est bien faite pour nous laisser sceptique à l'endroit des détails que les *razos* veulent préciser.

« Donc le roi s'en vint en Albigeois à Lombers, et Miraval y vint avec le roi, priant celui-ci de le servir auprès d'elle. » Mais, le roi d'Aragon s'empressa de plaider sa propre cause et la gagna aisément : « et elle lui permit de faire tout ce qu'il voudrait; si bien que, la nuit, le roi eut tout ce qu'il voulut; et le lendemain la chose fut connue dans tout le château et dans tout l'entourage du roi. » Miraval, qui comptait sur l'intervention du prince pour être payé de ses louanges, quitta Lombers, et, dans son dépit, composa sur cet incident la chanson « *Entre dos volers sui pessius.* »

Il n'est pas nécessaire d'insister sur l'invraisemblable naïveté que ce récit prête à Miraval, et qui suffirait à nous mettre en garde contre cette version. D'ailleurs, nous le verrons, les deux chansons auxquelles il est fait allusion ne cadrent guère (la deuxième surtout) avec les intentions que la *razo* attribue au troubadour. Pour cette fois, le commentateur ne paraît pas même avoir saisi le sens de ces vers, alors qu'il prétend nous dire à quelle occasion ils furent écrits. Mais, si nous ne pouvons admettre comme authentiques les détails qu'il nous donne, le fond de l'aventure n'est pas absolument imaginaire et le texte de Miraval peut nous renseigner sur certains points.

Tout d'abord il est exact qu'une intrigue d'amour, dont Azalaïs de Boissezon fut l'héroïne, attira à Lombers le roi d'Aragon, Pedro II, et Raimon de Miraval. La situation de Lombers, au cœur même de l'Albigeois, explique que le troubadour, — dont c'était là le pays d'origine, — et le monarque, — que ses relations avec les maisons de Toulouse et de Carcassonne appelaient souvent dans cette contrée, — aient pu s'y rencontrer auprès de la même femme. En outre, le témoignage du poète est formel, du moins en ce qui concerne le lieu où résidait Azalaïs[1].

Si le nom de cette femme ne nous est pas connu autrement que par la mention qu'en font Miraval et l'auteur des *razos*,

---

1. Il désigne Lombers à deux reprises : dans « *Ar ab la forsa dels freys* » (str. vi, v. 1) et dans : « *Bayona per sirventes* » (str. v, v. 3).

du moins divers personnages portant les noms de Boissezon
et de Lombers se retrouvent-ils dans des documents authentiques. En particulier un Bernart de Boissezon de Lombers
figure dans un certain nombre de documents, dont le plus
ancien date de 1156 et le dernier de 1202[1]. On le voit, si,
conformément au dire de la *razo*, Azalaïs était bien la femme
de ce Bernart, celui-ci paraît avoir appartenu sensiblement à
la même génération que Raimon de Miraval. Ajoutons que
quelques uns des actes où figure le nom de ce seigneur permettent de le considérer comme ayant joué un rôle assez important
dans la région de l'Albigeois[2].

Cinq pièces de Miraval, — sans parler de la chanson « *Lonc-
temps ai avutz cossiriers* », que nous avons mentionnée à propos
de *Mantel*, — font allusion à Azalaïs de Boissezon[3] : deux
sont des sirventés. Il est fort possible que, parmi ces pièces,
il s'en trouve qui soient du même temps que les dernières
des chansons adressées à *Mantel* ; avant de rompre avec celle-ci,

---

1. Ce qui ne veut pas dire qu'il n'ait pas vécu au-delà de cette date. Un
Bernardus de Boissedon est garant dans la vente du château de Brusque par le
vicomte de Bruniquel à Raimon Trencavel (juin 1156) (*Hist. Lang.* v. 1197).
Un Bernardus de Boisadone figure dans un mémoire de redevances, non daté,
mais qui ne peut être postérieur à 1159 (v. Teulet, *Layettes*, n° 159). Bernardus de Boissazo de Lombers est témoin dans un acte de juillet 1185 (*Hist.
Lang.* t. viii. 385). Bernart de Boissezon est arbitre dans un arrangement
intéressant Rogier II (mars 1194) (v. *Hist. Lang.* vi. 153). Enfin, Bernadus
de Boissadon est parmi les garants d'un acte de mars 1202 (v. *Hist. Lang.*
viii. 474). Outre ce Bernart, nous trouvons : en 1188, un Pontius de Boixadono
(*Hist. Lang.* viii. 386) ; en 1190, un Sicardus de Boissadono (*Hist. Lang.*
viii. 405). Ces deux personnages, que nous retrouvons beaucoup plus tard,
le premier dans un document de 1217 (*Hist. Lang.* viii. 1209), le second dans
un acte de 1260 (*Hist. Lang.* viii. 1462) avec la mention de Lombers ajoutée
au nom de Boissezon, sont peut-être les fils de Bernart de Boissezon. Remarquons que le nom de ce Bernart de Boissezon n'était pas — du moins à nous en
tenir aux pièces qui nous restent de Miraval — fourni à l'auteur des *razos*
par le texte du troubadour : il faut peut-être admettre qu'une tradition
orale reposant sur des souvenirs exacts l'avait transmis. C'est là une présomption en faveur du dire des *razos* sur ce point particulier.

2. En particulier les actes de 1191 et de 1202 auxquels renvoie la note
précédente.

3. Bien que le nom de Boissezon ou de Lombers ne figure pas toujours à
côté d'Azalaïs, il paraît bien que, dans toutes ces pièces, il s'agit de la même
personne.

Raimon cherchait peut-être déjà à se ménager la faveur d'une autre femme.

S'il est évident que les cinq pièces dont nous parlons se rattachent à la même intrigue et ont dû paraître vers la même époque, en revanche il est assez difficile de dire, même approximativement, dans quel ordre elles furent composées : celui que nous allons proposer nous paraît simplement acceptable.

Nous serions assez disposé à voir dans la chanson « *Entre dos colers sui pessius,* » non pas la conclusion de cette intrigue, mais, contrairement à ce que dit la *razo*, une des premières pièces inspirées à Miraval par Azalaïs de Boissezon.

Sans doute cette chanson renferme plus d'une allusion aux déboires du troubadour : les strophes III et IV notamment prouvent que Miraval est encore sous l'impression de quelque insuccès[1] : mais il est bien évident que, s'il se plaint, ce n'est pas d'Azalaïs, ainsi que la seconde partie de la pièce le prouve surabondamment :

« Rabaisse qui voudra son mérite, puisque l'honneur de ma
« dame monte et croît : la rose et le glaïeul embellissent quand
« revient l'été, et ma dame, elle, est de saison toute l'année.
« Elle sait en effet relever ses charmes avec d'agréables maniè-
« res et de gracieux dehors, qui rehaussent son prix et sa
« conduite. »

« Pour elle j'aime les sources et les ruisseaux, les bois et
« les vergers, les plaines et les haies, les dames, les vaillants
« et les lâches, les sages, les fous et les niais de la libre
« contrée qui l'environne : et ma pensée est tellement tournée
« de ce côté qu'il ne me semble pas qu'il existe d'autre
« terre, ni d'autres gens. »

« Madame Azalaïs de Boissezon rend son mérite meilleur
« de bon qu'il était ; que Dieu perde qui ne lui sera pas
« aimable, puisqu'elle tient si bien ses belles promesses. »

« Mon *nouvel amour* m'ordonne de la servir de cette

---

1. V. *P. O.* p. 234.

« manière : car c'est à Miraval que sont établis tous les biens
« de l'Amour et tous les accords sincères[1]. »

Le dernier envoi ne montre-t-il pas clairement que la chanson se rapporte aux débuts de cette intrigue? Enfin, si, comme
le prétend la *razo*, le poète écrit ces vers dans un accès de
dépit contre la dame de Boissezon, il faut avouer qu'il n'y
paraît guère.

Des quatre autres pièces, trois semblent destinées à faire
connaître la beauté d'Azalais; dans l'autre, qui est probablement postérieure, le ton de Miraval est plutôt celui d'un amant
intéressé et que gênent des rivaux. Encore est-il bon de noter
que deux de ces pièces (« *Forniers, per mos enseignamens* » et
« *Bayona, per sirventes* ») ne sont pas spécialement consacrées
à Azalais ; elles appartiennent à ce genre de sirventés auquel
on a appliqué le nom de *joglaresc*[2], et la mention d'Azalaïs
n'est pas précisément — n'en déplaise à Miraval lui-même —
ce qui les rend intéressantes.

Dans le sirventés adressé à Fornier, c'est en passant qu'Azalaïs
est nommée, en termes flatteurs, cela va de soi, mais sans que
le troubadour perde de vue ce qu'il venait d'exprimer et qui
concernait un tout autre objet :

« Si (Raimon *Drut*) vous demande votre sentiment, ami,
« dites-lui sans vous troubler que vous êtes allé à Lombers
« auprès de Madame Azalaïs et qu'elle est si avenante que sa
« beauté rend sensés les fous et les simples, et arrogants les
« plus avisés[3]. »

Voilà pour Raimon-Rogier de Foix[4].

---

1. V. 33 et su. — V. le texte d' *P. O.* 231 et 235. Au v. 42 nous lisons,
avec BCDEHINTUf, *boses e vergiers, e plas e plays*, allitération dans le
goût des troubadours. Rochegude ne donne pas le dernier envoi qui ne se
trouve que dans EVf et dont voici le texte :

> *Norel' amors mi somo*
> *Qu'iel serva d'aital razo :*
> *qu'a Miravalh es totz establimens*
> *dels bes d'amor e dels verays corens.* (E f° 42).

2. V. 2e partie, chap. I. 3.
3. V. 41 et suiv. v. Withœft : *Sirv. Jogl.*, p. 51.
4. V. plus haut, p. 67.

Dans l'autre sirventés, on l'a vu [1], c'est à ses amis de Catalogne que Miraval vante les charmes d'Azalaïs :

« Dites bien aux Catalans d'être sans inquiétude, Bayona :
« car, en fait de courtoisie, ils peuvent trouver à Lombers, dans
« la personne de Madame Azalaïs, ce qu'il y a de plus aimable
« et de plus précieux dans le monde entier [2]. »

Quant au roi d'Aragon, c'est dans un passage de la chanson
« *Ar ab la forsa dels freys* » que Miraval semble l'inviter, conformément à ce que dit la *razo*, à venir se rendre compte des attraits de la dame :

« Si le roi vient faire sa cour à Lombers, il en sera plus
« joyeux pour toujours, et, pour si grand qu'il soit, son bonheur
« en sera doublé : car la courtoisie et la joie de la belle Azalaïs,
« ses fraîches couleurs et ses blonds cheveux ravissent tout le
« monde [3]. »

Ce qui n'empêche pas le troubadour d'affirmer avec la dernière énergie, dans la même pièce, son dévoûment à la personne d'Azalaïs. Ne va-t-il pas jusqu'à dire [4] qu'elle pourrait le « tondre » s'il lui en prenait fantaisie, sans qu'il songeât à se plaindre ni à l'abandonner ? Malgré ces protestations, la façon dont Miraval semble servir auprès des autres la renommée mondaine de la femme qu'il dit aimer est bien pour nous faire douter de la sincérité de ses sentiments. Est-ce vraiment pour son compte qu'il agit ?

On le dirait pourtant, à lire la chanson « *Selh cui ioys tanh ni chantar sap.* » Non seulement Miraval y parle en amant passionné, mais on entrevoit que d'autres adorateurs avaient été mieux accueillis que lui à Lombers. Sans doute le jeune vicomte de Béziers et le roi d'Aragon n'avaient mis que trop d'empressement à répondre à son appel, et peut-être Raimon regrettait-il d'avoir tant célébré la beauté d'Azalaïs. Le passage suivant, en effet, ne dit-il pas clairement que, du pauvre che-

---

1. V. plus haut. p. 70.
2. *Bayona, per sirventes*, v. 41-46. v. Withœft : *Sirv. Jogl.* p. 50.
3. V. 41-48. v. le texte dans *P. O.* 227.
4. V. 40.

valier-poète et de ses puissants rivaux, ce n'était pas le premier
que la dame préférait ?

« Madame, ni Béziers ni Aragon ne vous vaudraient en
« amour autant que ferait Miraval, si vous le preniez hautement
« sous votre protection [1]. »

Il faut croire qu'Azalaïs de Boissezon tolérait les assiduités
du troubadour en faveur des louanges que ses vers lui donnaient, mais qu'elle rougissait peut-être de l'agréer publique-
ment : ainsi s'expliquerait l'envoi que nous venons de citer. En
tout cas, Miraval, lui, n'en prenait pas moins son rôle au
sérieux et se regardait comme un concurrent avec qui l'on
devait compter. On lit dans la même chanson :

« Si quelqu'un des barons me veut du mal, je déclare à
« mon *Audiart* que, en quelque lieu qu'il soit, je ne m'éloi-
« gnerai jamais de sa seigneurie ni de sa tente [2]. »

Nous rapporterions volontiers ces mots à une rivalité entre
les grands seigneurs que la beauté d'Azalaïs avait attirés auprès
d'elle et le troubadour qui l'avait exaltée dans ses vers : celui-ci,
prudemment, ayant sans doute ses raisons pour le faire, se
met sous la protection de Raimon VI. Il va plus loin : trop
dévoué à la personne de son cher *Audiart* pour pouvoir éprouver
à son endroit le moindre sentiment de jalousie, il souhaite de voir
son protecteur entrer en relations avec Azalaïs : c'est du moins
de la sorte que nous interprétons les derniers vers de la pièce :

« Car son mérite est si précieux et si rare, que je veux le
« voir admis auprès de madame Azalaïs, et c'est à lui que
« j'appartiendrai toute ma vie, après celle dont je ne veux pas
« qu'on se moque [3]. »

1.   *Dona, Bezers ni Aragos*
                  ad ops d'amor nous calria
                  tan cum Miravalh faria,
            Si franchamen teniatz guarnit lo cap. V. 49-52 d'après
                                  C f° 80 v° (*M. G.* 1117).
2. V. 53-56. v. plus haut. p. 41, n. 5.
3.   *Quar es sos pretz tan cars e bos*
                  ab N'Azalais ruelh paria,
                  e serai sieus tota via,
            apres selha que no col qu'om en gap (v. 57-60).

Peut-être faut-il rattacher à la même intrigue la chanson
« *Aissi cum es gensser pascors,* » bien qu'Azalaïs n'y soit pas
nommée. En effet, elle est adressée à une femme dont le poète
ne donne pas le nom, mais qui n'est pas la première à qui il
ait offert ses hommages[1] ; en outre, l'envoi mentionne un roi
d'Aragon : or la seule aventure d'amour où nous trouvions
manifestement réunis les noms d'un roi d'Aragon et de Raimon
de Miraval est celle dont Azalaïs de Boissezon fut l'héroïne.
L'envoi dont nous parlons concerne moins le roi que le troubadour lui-même : ce dernier se donne comme un rival redoutable, et, bien que la pièce, dans son ensemble ne soit pas d'un
amant satisfait, il se peut qu'il veuille défier, avec une fatuité
qui ne serait pas pour nous surprendre, ceux qui le gênent
dans ses visées amoureuses :

« Chanson, hâte-toi d'aller dire au roi d'Aragon que je le
« salue et que mon habileté l'emporte tellement sur celle des
« autres amants, que je fais paraître grands les faibles mérites,
« et que je fais valoir deux fois plus ceux qui sont déjà consi-
« dérables[2]. »

Malgré tout, il n'est pas évident que la pièce concerne Azalaïs :
le fait nous paraît seulement probable.

Il est impossible de n'être pas frappé du caractère que pré-
sentent les quatre dernières pièces dont nous venons de parler
(nous laissons de côté la chanson « *Aissi cum es gensser pascors* »).
Il semble vraiment que Miraval soit officiellement chargé de
répandre au loin le renom de beauté d'Azalaïs, et que cet
amant vrai ou prétendu n'ait qu'un but : amener auprès d'elle
le plus d'adorateurs possible. Le comte de Foix, le roi d'Aragon
sont invités tour à tour à venir lui présenter leurs hommages,
et si, plus tard, le troubadour se met lui-même sur les rangs,
n'est-il pas prêt à céder le pas à son *Audiart?* Qu'en conclure,

---

1. On lit au vers 56 : *quals que m'aï'enans aeut.*

2.

> *Al rei d'Aragon rai decors,*
> *chanso, dire qu'iel salut,*
> *e sai tan sobr' autre drut,*
> *quels paues pretz fai semblar grans,*
> *els rics fai valer dos tans* (v. 60-64, d'après A.,
> f° 43. *Studj.* III. p. 120).

sinon que, malgré tant de formules d'admiration et de dévoûment, malgré ces rivalités, peut-être imaginaires, il ne s'agit
là, pour Miraval, que d'un simple motif à chansons courtoises,
que d'une de ces passions de tête où se plaisait l'art des
Provençaux.

Nous voyons, en tout cas, par cet exemple que le troubadour
était bien, au sens absolu du mot, le poète-servant de sa dame.
Seul un état de mœurs assez libre pouvait autoriser cette attitude et permettre à un poète de jouer ainsi, peut-être incon-
sciemment d'ailleurs, le rôle d'un intermédiaire entre les
seigneurs et les grandes dames[1]. Si, au contraire, Miraval
parle bien en son nom et si, dans cette circonstance, le vieux
troubadour n'a fait, comme le prétend la *razo*, que « tirer les
marrons du feu », force nous est de convenir qu'il se trouve,
une fois de plus, en une assez fâcheuse posture. Mais nous
pensons plutôt qu'une telle intrigue ne comportait aucun
dénoûment pour Miraval et que, malgré ce qu'affirment les
commentateurs, cette aventure finit pour lui comme tant d'autres, sans l'ombre d'un déchirement.

C'est dire que nous restons sceptique en ce qui concerne le
rôle joué à Lombers par le roi d'Aragon d'après la même *razo*.

Selon l'*Histoire Littéraire*[2], on trouverait pourtant un écho
de ce dénoûment scabreux dans certaines pièces de Miraval :
le troubadour aurait écrit, pour se venger, plusieurs chansons
où il prétendait que la dame de Boissezon s'était livrée pour
de l'argent. C'est évidemment à la pièce « *Chansoneta farai vencutz* » qu'Emeric-David fait allusion, puisqu'il en traduit les
deux derniers vers en cet endroit. Il faut y joindre, selon nous,
une pièce dont certains détails sont assez obscurs, mais qui
paraît bien se rapporter au même fait et qui fut probablement
écrite après l'autre : c'est la chanson « *Ben aial cortes essiens*[3]. »

La première est visiblement inspirée à Miraval par une

1. Miraval ne va pas aussi loin que Boniface Calvo, qui, lui, se rend
parfaitement compte de ce qu'il fait dans la chanson « *Enquer eab sai chans
e solatz.* » V. les vers 25-32 et 41-44 (page 55 dans l'édition Pelaez).

2. T. xvii, p. 459.

3. V. le texte dans *M. G.* 1098.

mésaventure plus pénible que les autres, à en juger par le ton extraordinairement violent qu'il y prend. Il s'agit bien, selon toute apparence, de quelque gros scandale. « Il n'est bruit que de ce nouveau conquérant, » dit au début le troubadour : et il ajoute ces mots significatifs :

« Maintenant je sais que les pierres d'Alzonne se touchent, « puisque celui-là peut entrer le premier, qui donne le plus [1]. »

La suite est du même ton :

« C'est un méchant salaire que ma dame a reçu, puisque « par sa cupidité elle a perdu sa bonne renommée; si j'avais « su qu'elle fût venue dans un but intéressé, j'aurais pu la « payer moi-même. »

« Il vaudrait certes mieux pour elle qu'elle fût mon amante « sans en retirer aucun profit, et qu'elle n'eût pas vendu sa « perfide beauté [2]. »

Mais voici qui est plus dur encore :

« Ah ! faux écu ! » s'écrie-t-il, « vous vous laissez fendre si « facilement, qu'on n'ose pas attendre le coup derrière vous [3]. »

Puis, joignant la menace à l'outrage :

« Je suis tout disposé à vous faire payer cela bien cher : « si jamais je vous fis monter haut, je vous ferai descendre « bas désormais [4]. »

1.   Ar sai que s tocan las peiras d'Alzona,
          pus premiers pot intrar selh que mais dona. V. 7-8 d'après
C. f° 81 ; cf. M. G. 1103.   L'allusion signifie que les femmes ont désormais perdu toute pudeur. Sur la légende des Pierres d'Alzonne ou de Naurouze, v. le mémoire du D' Noulet (Toulouse 1874 : Extrait des *Mémoires de l'Académie des sciences, inscriptions et belles-lettres de Toulouse*).

2.   Acol soudad' a midons ressenbada,
          quar per acer s'es de bon pretz moguda ;
          que s'ieu saupes fos per acer renguda,
          ma soudada ne pogr' acer acuda (v. 21-24, ibid.) .
          . . . .
          Et calgral mais en perdo fos ma druda
          que sa falsa bentat agues renduda (v. 31-32, ibid.),

3.   Ai ! fals escutz, tan leu cos laissatz fendre,
          qu'om de part ros non auza colp atendre (v. 37-38, ibid.).

4.   Et ai cos o ben en cor a carcendre :
          s'ieus pugei aut, bas cos farai dissendre (v. 39-40, ibid.).

Enfin l'envoi ne le cède nullement en brutalité à ce qui précède :

« Chanson, va trouver mon *Plus-Loyal* et dis-lui que je sais « une dame à vendre[1]. »

Quelle que soit l'aventure à laquelle se rapporte cette pièce, elle est d'un intérêt trop particulier pour que nous ne nous y arrêtions pas un instant. Une telle note est en effet bien rare dans les chansons des troubadours. Sans doute l'on trouve chez eux des traits de satire dirigés contre la femme : mais l'allusion personnelle à ce point blessante, l'insulte aussi grossièrement lancée, voilà qui est l'exception. Ainsi, cette poésie, où les sentiments discrets et délicats sont si volontiers exaltés, est capable, à l'occasion, de se faire bassement injurieuse. Un troubadour, et un troubadour célèbre pour sa courtoisie, se conduisant comme un goujat ! Retenons ce trait : il ne faut pas que la préciosité de Miraval nous fasse illusion sur la nature de ses sentiments intimes. Il se trahit ici : il y gagne, il est vrai, d'écrire avec un relief d'expression qui ne lui est pas habituel ; mais, quelle que soit la femme malmenée par lui, ce poète, qui met son art au service de ses rancunes d'amant, joue un rôle odieux[2].

Certains détails permettent de rattacher à cette pièce la chanson « *Ben aial cortes essiens* » où Miraval parle encore d'une femme qui s'est laissé séduire par des présents. Il offre ses vœux à une autre, — déjà dans la pièce précédente il avait pris cette attitude, peut-être par forfanterie[3], — mais il revient sur la faute commise[4]. Ce qu'il y a de piquant, c'est

1.   *Chanson, vai t'en a mon Plus-lial rendre*
          e diguas li qu'ieu sai dona a vendre (v. 49-50, ibid.). Sur
ce mystérieux *Plus-Loyal* (il se peut même que ce pseudonyme s'applique à une femme), v. la note 1 de la p. 35.

2. Nous n'insisterions pas ainsi, si les Provençaux n'avaient prodigué. sur le chapitre de la courtoisie, les épithètes les plus élogieuses à Miraval.

3. V. la strophe vi. d' *M. G.* 1103.

4. cf. avec le 3ᵉ et le 5ᵉ couplets de la pièce « *Chansoneta farai rencutz* » les passages suivants de l'autre chanson :
          Adoncs muri totz iauzimens
          e tornet amors en decli,

qu'il se félicite, au début de la chanson, de ce savoir
courtois qui, dit-il. « toujours lui vient si bien en aide que,
tout irrité qu'il est. il chante. se divertit et plaisante. comme
s'il était satisfait[1]. » Nous avons vu ce qu'il fallait en
penser.

Voilà sans doute les pièces que le critique de l'*Histoire
Littéraire* avait en vue[2].

Faut-il les appliquer en effet à Azalaïs de Boissezon et au
roi d'Aragon ? Il est certain que la première de ces deux
pièces est relative à l'une des dames que Miraval a célébrées
officiellement pendant quelque temps[3]. Azalaïs est de ce

> *pus domna pres pels ni rossi :*
> *qu'assatz pot far d'autres prezens*
> *drutz, e seral mais d'onranza*
> *totz acers d'autra semblansa.*
> *Falhimens es e ras domnas peccatz,*
> *quan domna met uzatge*
> *Que per acer trameta son messatge.*
>
> . . . .
>
> *Huei mais remanhal falhimens*
> *ab selha que falhens' aussi :*
> *qu'ieu sai de tal lo dreg traï*
> *on res no pot caler argens.* (v. 9 à 18 et 37 à 40.
> d'après C fol. 84 r° cf. *M. G.* 1098).

1.   *Ben aial cortes essiens,*
> *que tostemps m'aond' enaissi*
> *qu'iratz chan e [m] deport em ri,*
> *et atressi quan sui iauzens.* (v. 1-4. ibid.)

L'envoi de la chanson est perdu.

2. Il renvoie seulement à la première : mais le rapprochement que nous
faisons nous semble assez justifié.

3. C'est ce qui ressort clairement du passage suivant :

> *Mas no s'azauta de chansons,*
> *ans se ca de mi rancuran,*
> *que ditz que trop la vuelh lecar en bruda,*
> *e no col esser tan luenh mentauguda.* (v. 27-30. cf. *M. G.*

1103). — On lit aux vers 11 et 12 :

> *Quar no ruelh ab nom de cornutz*
> *acer l'emperi dels Grifos* (= des Grecs). Mais il nous

paraît évident qu'il ne s'agit pas de la femme même de Miraval; car bon
nombre d'expressions contenues dans la chanson ne peuvent s'appliquer
qu'à une dame courtisée par le troubadour.

nombre : mais rien ne prouve positivement que le troubadour fasse ici allusion à elle[1].

Ce qui paraît encore plus difficile à admettre c'est que « cet amant nouveau dont tout le monde parle[2], » ce rival dont le succès provoque la colère de Raimon, soit réellement le roi d'Aragon, Pedro II. Si ce dernier avait été le héros de l'aventure, Miraval aurait-il pu se permettre à son adresse telle expression injurieuse que nous relevons dans sa chanson[3] ? Nous entrevoyons bien que Raimon VI fut mêlé à cette intrigue et même qu'il n'eut pas lieu de s'en féliciter[4] : mais il est probable qu'Azalaïs de Boissezon n'est pas la seule femme auprès de qui le comte de Toulouse et Miraval se soient rencontrés.

Rien né prouve, en somme, que les deux chansons dont nous parlons soient relatives à Azalaïs de Boissezon et au roi d'Aragon : la chose est simplement possible, en ce qui concerne Azalaïs, bien douteuse en ce qui concerne Pedro II.

Malgré l'incertitude où nous laisse l'étude de cet épisode, nous avons placé ici les réflexions que comportaient ces pièces : car, outre que l'assertion de l'*Histoire Littéraire* nous y invitait, leur caractère tout spécial ne nous permettait pas de les passer sous silence.

Mais, si nous devons renoncer à retrouver les circonstances qui ont inspiré ces deux pièces au troubadour, il n'est pas impossible de dater celles de ses chansons qui ont trait

---

1. Si l'on était sûr de connaître toutes les femmes chantées par Miraval, la question se ramènerait presque à choisir entre *Mais d'amic* et Azalaïs, ce que nous avons dit de *Mantel* au chapitre précédent ne permettant pas de songer à elle dans la circonstance présente. Mais n'oublions pas que plusieurs chansons de Miraval, relatives à des intrigues d'amour, ne contiennent aucun nom propre.

2. Vers 5 de « *Chansoneta farai reneutz.* »

3. Il est clair en effet qu'il faut appliquer au rival heureux du troubadour l'expression « *rolpil bastart* » qui se trouve au v. 44.

4. V. les vers 35-36 :

> *E non hi conose autre dan,*
> *mas quar en fis mon Audiart.*

manifestement à ses rapports avec Azalaïs de Boissezon[1].

Nous avons dit plus haut qu'elles se plaçaient après celles où Miraval a célébré *Mais d'amic* et *Mantel*. Or il nous a paru que ces dernières pouvaient nous conduire à peu près jusqu'en l'année 1204. C'est donc vers cette époque que le troubadour a pu chanter pour la première fois Azalaïs de Boissezon. Les allusions à des personnages historiques que ces pièces renferment s'accommoderaient d'ailleurs de cette date[2]. Quant à fixer la durée de cette intrigue, il n'y faut point songer. Il est cependant probable que les pièces qui s'y rattachent ne sont pas postérieures à l'année 1209, date de la première invasion des Croisés. Si, en tenant compte de ce fait qu'il ne nous reste, sur Azalaïs, qu'un assez petit nombre de chansons, on admet que les rapports de Miraval avec cette dame ne durèrent que deux ou trois ans[3], on peut placer ces chansons approximativement entre 1204 et 1207.

1. Rappelons qu'il s'agit des sirventés : « *Bayona per sirrentes,* » et « *Forniers, per mos ensenhamens* » — des chansons : « *Ar ab la forsa d'ls freys* », « *Entre dos colers sui pessius* », « *Selh cui ioys tanh ni chanta sap* », et, peut-être, de la chanson « *Aissi cum es gensser pascors.* »

2. On a vu le rôle joué dans ces aventures par le roi d'Aragon, Pedro II. Il ne peut être question d'événements antérieurs ou postérieurs à son règne (1196-1213). Un vicomte de Béziers y figura aussi très probablement : ce ne peut être que Raimon-Rogier, puisqu'il s'agit d'un prince contemporain de Pedro II ; à la date que nous proposons (1204) Raimon-Rogier avait 20 ans : c'est dire que rien ne s'oppose à ce qu'il ait pris dès lors part aux intrigues galantes qui se nouaient dans l'Albigeois. Enfin Raimon VI de Toulouse, Raimon-Rogier de Foix et Alfonso VIII de Castille, qui figurent aussi dans les pièces consacrées à Azalaïs, vivaient encore tous trois en 1204.

3. Si, comme nous sommes porté à le croire, la chanson « *Aissi cum es gensser pascors* » est relative à cette intrigue, il faut admettre que celle-ci dura au moins deux ans : le poëte dit en effet (vers 5-9) « Mais malheur aux fleurs cette année ! elles m'ont tellement nui qu'elles m'ont enlevé en un seul jour tout ce que j'avais conquis *en deux ans* par maintes dures peines. »

> *Si mal aion ogan las flors*
> *que tan de dan m'an tengut,*
> *qu'en un sol iorn m'an tolgut*
> *tot quant ari' en dos ans*
> *conquist ab mans durs afans.* (C. f° 81 v°).

4. Ermengarda de Castres, Gaudairenca et Miraval ;
Brunessen de Cabaret.

Nous arrivons maintenant, dans l'existence de Miraval, à l'épisode le plus intéressant pour l'étude des mœurs du temps, à un incident authentique qui nous permet de juger de la répercussion que les usages répandus grâce à la poésie courtoise pouvaient avoir sur la vie conjugale.

C'est en effet des rapports de Miraval avec sa propre femme que nous avons à parler ; mais le caractère tout romanesque de l'incident dont il s'agit et la tradition qui fait intervenir deux autres dames dans cette circonstance nous permettent de ranger cet épisode parmi les aventures galantes de Miraval. C'est d'une nouvelle intrigue d'amour qu'il est question selon les *razos* ; c'est une nouvelle mésaventure du troubadour que nous avons à raconter. Bien qu'ici encore la fantaisie des commentateurs se soit donné libre carrière, du moins trouvons-nous dans leur récit quelques personnages qui nous sont positivement connus. Voici les faits rapportés dans la quatrième *razo* [1].

A la suite des incidents qui avaient marqué la rupture de Miraval et d'Azalaïs de Boissezon, une noble dame de la même contrée, Ermengarda de Castres [2], que l'on avait surnommée la belle de l'Albigeois, apprenant l'échec que le troubadour venait d'essuyer, invita ce dernier à venir lui rendre visite. Il s'empressa de répondre à cette invitation et Ermengarda, après lui avoir exprimé toute l'indignation que lui inspirait la conduite d'Azalaïs, lui déclara qu'elle était disposée à le dédommager de son récent insuccès. Elle n'eut pas de peine à séduire Miraval, qui, suivant sa coutume, mit aussitôt son art à son service : il exalta ses mérites, puis, demanda sa récompense.

---

1. V. le texte à l'appendice I.

2. D'après la seconde *razo*, elle était mariée à un vieux *ravasseur*.

La dame lui répondit qu'elle voulait faire de lui, non son amant, mais son mari « afin que leur amour ne pût être rompu. » Mais, comme Miraval était déjà marié, elle lui demanda de renvoyer sa femme, — elle avait nom Gaudairenca et cultivait elle aussi la poésie, — pour être libre de contracter une nouvelle union. « Miraval fut tout heureux et tout joyeux en apprenant qu'Ermengarda le voulait pour mari. Il revint chez lui et déclara à Gaudairenca qu'il ne voulait pas d'une femme qui faisait des vers : que, dans une maison, c'était assez d'un troubadour ; et il l'invita à prendre ses mesures pour retourner chez son père, car il était décidé à ne pas la garder avec lui. Or Gaudairenca aimait un chevalier, nommé Guilhem Bremon, qui faisait le sujet des *danses* qu'elle composait. En entendant Miraval lui tenir ce langage, elle s'emporta et dit qu'elle préviendrait ses parents et ses amis. Là-dessus, elle fit avertir Guilhem Bremon d'avoir à se rendre à Miraval : elle devait l'épouser et s'en aller avec lui. A cette nouvelle, Guilhem Bremon fut rempli de joie, il prit une escorte de cavaliers, vint au château de Miraval et mit pied à terre devant la porte. Gaudairenca, informée de son arrivée, dit à Miraval que ses parents et ses amis étaient venus la chercher et qu'elle voulait s'en aller avec eux. Grande fut la joie de Miraval, plus grande celle de la dame. Les préparatifs du départ terminés, Miraval la conduisit hors du château ; et là, ayant trouvé Guilhem Bremon et ses compagnons, il leur fit le meilleur accueil. Sur le point de monter à cheval, la dame dit à Miraval que, puisqu'il voulait se séparer d'elle, il devrait bien la donner pour femme à Guilhem Bremon. Miraval dit qu'il y consentait volontiers si tel était son désir. Sur quoi Guilhem s'avança et prit l'anneau de mariage ; Miraval lui donna Gaudairenca pour femme et Guilhem l'emmena. »

Débarrassé de sa femme, Raimon revient auprès d'Ermengarda : il lui dit qu'il a exécuté ses ordres et lui demande de tenir sa promesse. La dame lui répond que tout est pour le mieux, qu'il n'a plus qu'à retourner à Miraval afin de préparer tout pour le mariage et qu'elle le fera prévenir. Raimon repart et fait tous les préparatifs nécessaires.

Pendant ce temps, Ermengarda mande le seigneur Olivier de
Saissac, qui l'aimait et aspirait à sa main : il vient et elle lui
déclare qu'elle est prête à l'épouser. « Olivier fut le plus heureux des hommes ; ils s'arrangèrent si bien tous deux que le soir
même il l'emmena dans son château, et qu'il l'épousa le lendemain : la noce fut magnifique et l'on y tint grande réunion. »

En apprenant que la dame avait épousé Olivier de Saissac,
Miraval tomba dans le plus profond accablement. Découragé par
tant de mécomptes, il perdit toute joie, si bien qu'il resta pendant deux ans comme éperdu. Le bruit de sa dernière et fâcheuse
aventure se répandit dans toutes les contrées voisines. Un
vaillant baron catalan, Ugo de Mataplana, très lié avec Miraval
et troubadour, comme lui, apprit l'affaire ; s'emparant de
l'incident, il en fit le sujet d'un sirventés qu'il adressa à
Miraval[1]. L'auteur de la *razo* ne mentionne pas le sirventés par
lequel Raimon répondit à Mataplana et qui nous est resté.
Il ajoute seulement que Miraval devint l'objet de la risée uni-
verselle. Mais ses galanteries ne s'arrêtèrent pas là ; et notre
troubadour, dont la destinée était d'être toujours consolé, parce
que toujours trompé, trouva encore un dédommagement à son
infortune dans les avances que lui fit bientôt une autre dame de
la contrée, Brunessen, femme de Peire Rogier de Cabaret. Très
désireuse d'être célébrée, elle lui envoya ses compliments et lui
demanda de se livrer de nouveau au plaisir, par amour pour elle.
« Elle lui fit donner l'assurance qu'elle irait le voir elle-même,
s'il ne voulait pas venir la trouver et qu'elle lui témoignerait tant
d'affection qu'il verrait bien qu'elle n'avait pas l'intention de le
tromper. » Et ce fut à cette occasion que Miraval écrivit la
chanson « *Ben aial messatgiers*[2]. »

Tels sont les faits d'après la *razo*. Leur invraisemblance saute
aux yeux, et la tradition avait singulièrement étendu les données
de la réalité. A propos de l'aventure dont Azalaïs de Boissezon
fut l'héroïne, nous avons dit que les *razos* prêtaient à Miraval
une naïveté singulière. Que dirons-nous du rôle qu'on lui

---

1. *D'un sirventes m'es pres talens* (*P. O.* 288).
2. V. *P. O.* 231.

attribue dans la circonstance actuelle ? Tout d'abord la symétrie même du récit et l'aisance avec laquelle les deux couples d'amants se jouent du troubadour sont déjà pour nous mettre en défiance. Les acteurs de cette petite comédie ont vraiment trop beau jeu, et le sire Olivier de Saissac nous a tout l'air d'un *deus ex machina*, qui, pour être annoncé au début de la pièce, n'en est pas moins providentiel. Ne nous attardons pas à relever toutes les invraisemblances du récit : signalons seulement les plus frappantes.

C'est ainsi que le vieux *rarasseur* désigné au début de la deuxième *razo* comme étant le mari d'Ermengarda, disparaît fort à propos, il faut en convenir[1]. En outre, la rapidité avec laquelle se décident et se font tous ces mariages serait étrange, s'il fallait y voir autre chose qu'une invention plaisante[2]. Gaudairenca unie à Guilhem Bremon par Miraval lui-même, et sans que ce dernier témoigne la moindre surprise à la vue de l'amant de sa femme. Olivier de Saissac, mandé auprès d'Ermengarda, l'emmenant le soir même dans son château et l'épousant le lendemain en grande pompe : tout cela fait sourire. Ajoutons que le ton indifférent, traînant, de l'auteur de la *razo*, uniquement préoccupé d'amener tant bien que mal, par son récit, le lecteur ou l'auditeur jusqu'au seuil de la chanson qu'il veut faire valoir, contraste d'amusante façon avec l'énormité même de ses inventions. Mais si les détails de ce récit sont de pure fantaisie, l'histoire authentique qui en a été le point de départ et que nous

---

1. M. Chabaneau (*Biogr.* p. 68 n. 6) semble disposé à admettre que *ce vieux mari* mourut en effet bientôt, précisément parce que la dame se remaria. Nous ne saurions partager sur ce point l'opinion de l'éminent critique. Pour être en droit de conclure dans ce sens, il faudrait que la suite de l'aventure fût en effet acceptable. L'auteur de la deuxième *razo* a pris la précaution de dire de ce *rarasseur* qu'il était « *fort de tems* ». On sent trop que c'est là un détail ajouté pour rendre plus vraisemblable le récit contenu dans la quatrième *razo*.

2. Ici encore, le critique de l'*Hist. Litt.* (t. xvii p. 460) prenant au sérieux tous les détails du récit, s'indigne de bonne foi au sujet de ces divorces si aisément réalisés : « On croirait difficilement à ces séparations et à ces mariages, s'ils n'étaient attestés par l'auteur de la vie de Miraval. Tel était le relâchement de la discipline ecclésiastique, surtout en faveur des personnes d'un rang élevé, à l'époque même où les guerres de religion dévastaient nos provinces avec tant de fureur et d'acharnement. »

pouvons reconstituer, en partie du moins, grâce aux deux sirventés que nous avons conservés, est assez singulière par elle-même.

De quels personnages s'agit-il ? Quels sont les faits qui ressortent des textes, et quelles réflexions ces faits appellent-ils ?

Tout d'abord les sirventés confirment bien ce qui nous est dit au sujet de la femme de Miraval : elle s'appelait en effet Gaudairenca et s'occupait de poésie[1]. Malheureusement ce n'est plus qu'un nom pour nous, et, alors qu'il serait si intéressant, pour l'historien des mœurs, de connaître de plus près cette femme, nous devons renoncer, faute de documents, à retrouver sa vraie physionomie. Nous n'avons pour nous guider que ce que nous en dit Ugo de Mataplana dans son sirventés : or il se contente de faire allusion à son talent poétique et à sa bonne grâce. Quant au nom même de Gaudairenca, il ne peut nous fournir aucune indication précise sur son origine[2].

Du moins Gaudairenca a-t-elle réellement existé, et c'est

---

1. C'est ce qui ressort des vers 20 et 10 du sirventés de Mataplana.

2. Le texte de la *razo* dans H prétend donner l'étymologie de ce nom. On y lit : « *lacals aria nom madompna Caudairenga per lo paire que aria nom Caudeira.* » Ce *Caudeira* nous est parfaitement inconnu. Mentionnons toutefois — puisqu'aussi bien nous sommes en Albigeois — la remarque faite au sujet de la Tour Caudière (ancien château des vicomtes d'Albi-Carcassonne à Castres) par Pierre Borel dans ses *Antiquités de Castres* (réimpression de 1868 par Ch. Pradel, liv. II. p. 63) : « La Tour Caudière est dite d'un nommé *Caudière,* duquel le bien fut confisqué, ou, selon quelques-uns comme qui dirait *Tour Gotière,* c'est-à-dire des Goths. » Il nous paraît difficile de prendre au sérieux l'une quelconque de ces deux étymologies. Ajoutons qu'une tradition orale, consignée par Bastié dans sa *Description du Dép' du Tarn* (Albi 1875), au t. II. p. 12, rapporte qu'Ermengarda, la belle Castraise, habitait, avec un vieux gentilhomme qu'elle avait épousé sans l'aimer, le château de la Tour Caudière. au bord de l'Agoût. On comprend qu'avec ces seules autorités nous nous abstenions de conclure. — Quant au nom même de la femme de Miraval, il se présente, soit dans les *razos,* soit dans le sirventés de Mataplana, sous les formes suivantes : *Gaudierna, Caudaiga, Caudarenga, Caudairenga,* enfin *Gaudairenca.* Cette dernière forme nous offre le suffixe connu *enc* (cf. Diez : *Gramm. des lang. rom.* trad. franç. II. 347-50), qui a formé, entre autres mots, des adjectifs ou des noms propres dérivés de noms de personnes ou de noms de pays ; ainsi : *Viernenca* (dans la biographie de Guilhem de Balaruc, v. Chabaneau, *Biogr.* 72) ; *Flamenca ; Afozenc,* pour *Anfosenc* (cf. A. Thomas, *Ann. du Midi* t. v. 498, et *Chanson de la Croisade* v. 1804) ; *Arnaudenc* (v. *Ann. du Midi* t. v. 103) ; *Mironenc* (v. *Chanson de*

déjà beaucoup pour nous que de n'avoir pas à douter de son existence, puisque, pour quelques-uns des personnages qui figurent dans le récit de la *razo*, nous ne pouvons même pas en dire autant.

Ainsi, c'est donc bien un couple de poètes qui habitait le château de Miraval, et, semble-t-il, la poésie, pour cette fois du moins, ne mit pas la paix dans le ménage. Le hasard, ami des contrastes, nous a conservé le souvenir d'un autre couple de troubadours, celui-là uni à souhait, et dont les aventures offrent tout le caractère d'une touchante légende : nous voulons parler d'Ugolin de Forcalquier et de Blanchemain[1]. Moins poétique assurément, l'histoire de Miraval et de Gaudairenca n'en a pas moins une autre valeur documentaire pour qui cherche à retrouver dans ces récits quelques traits des mœurs de cette époque.

Le seigneur de Mataplana, à qui nous voyons jouer un rôle important dans cette occasion, nous est, lui, beaucoup mieux connu que Gaudairenca. Il appartenait à l'une des plus illustres familles de la Catalogne, dont les membres figurent dans l'histoire dès le milieu du xe siècle[2]. Il était fils de Ugo de Mataplana qui vivait vers le milieu du xiie siècle. On connaît le nom d'un de ses frères, Ramon, et celui de sa femme, Sancha. Attaché à la fortune de Pedro II, il fut au nombre des seigneurs qui vinrent avec ce monarque lutter dans le Languedoc pour la défense du Midi ; il mourut même des suites des blessures qu'il avait reçues à la bataille de Muret, en décembre 1213. Son rôle historique nous importe peu d'ailleurs. Mais il nous est connu à un autre titre : poète lui-même (il reste de lui, outre le sirventés[3] à Miraval, deux

la Croisade v. 1221). — Dans la région qui nous intéresse se retrouvent quelques noms géographiques de même formation : l'adjectif *Audenc* ; la *Durenque*, affluent de l'Agoût ; La Bastide-*Esparbairenque*, village voisin de Miraval. Tout ce que l'on peut dire, c'est que rien ne nous empêche d'admettre que la femme de Raimon de Miraval fût originaire de la même contrée que lui.

1. V. A Thomas : *Francesco da Barberino* (p. 186-190).

2. V. les renseignements groupés sur les ancêtres de Ugo par Milà d° *Trov. en Esp.* p. 323, notes 1 et 2.

3. Attribué à tort par Raynouard et Rochegude à Peire Duran sur la foi de R.

tensons, l'une avec le jongleur Reculaire[1]. l'autre avec
Blacasset)[2] — il est parmi les principaux protecteurs que
la poésie provençale a comptés au nord-est de l'Espagne. Ce
sont les œuvres de son ami et protégé Raimon Vidal de
Bezaudun qui attestent les relations entretenues par Mataplana
avec les troubadours de son temps. Il est le héros de la nouvelle
« *So fo el temps c'om era jais* » dont l'auteur évoque le souvenir
des fêtes somptueuses données au château de Mataplana et où
Ugo lui-même, jouant le rôle d'un arbitre souverain, tranche une
question de droit amoureux qui lui est soumise. Il connaissait
assurément Miraval, et son intervention dans la circonstance
qui nous occupe ne s'expliquerait pas sans cela. C'est avec
l'autorité que lui donnaient son titre de protecteur des troubadours et son talent même de poëte, et au nom de ses
relations antérieures avec Miraval, qu'il pouvait s'entremettre
et qu'il s'entremit en effet entre Raimon et Gaudairenca : il
allait jouer encore le rôle d'un arbitre en matière de courtoisie,
et, cette fois, sur un point particulièrement délicat. Quant aux
autres noms cités dans la *razo*, à supposer qu'ils n'aient pas
été inventés par le commentateur, ils représentent des
personnages dont il ne reste aucune trace.

Ermengarda de Castres, la belle Albigeoise, a-t-elle réellement existé? C'est ce qu'on ne saurait dire et il n'est fait
mention d'une dame de ce nom dans aucun document
historique[3]. Si l'on admet que la tradition la concernant repose
sur quelque souvenir exact, peut-être Ermengarda était-elle
de la même famille que le Guillabert de Castres qui figure
dans des actes de 1150 et de 1153[4].

Bien que le personnage dont la *razo* fait le complice de
Gaudairenca ne nous soit pas autrement connu, peut-être
n'est-il pas impossible de retrouver la trace de sa famille. Le nom
même de ce Guilhem Bremon a-t-il pu se transmettre sans

1. V. le texte dans Milà : *Troc. en Esp.* p. 332.
2. V. le texte dans Raynouard : *Choix.* v. p. 220.
3. V. plus haut, p. 133, note 2.
4. V. Teulet. *Layettes* n°ˢ 104 et 132. Ajoutons qu'un Bernart de Castres
figure aussi dans un acte de juin 1206 (Teulet. *Layettes.* n° 810).

que quelque fait ancien l'ait soutenu dans la mémoire? La précision que l'auteur de la *razo* apporte à le nommer semble bien indiquer que ce témoignage a quelque fondement.

En fait, une famille de ce nom existait en Catalogne au xii° siècle. Un certain *Guillelmus Bermundus* figure comme exécuteur testamentaire dans le testament d'un évêque de Barcelone (décembre 1142)[1]. Il se peut que ce personnage, sûrement d'origine catalane, et par conséquent à même de connaître la famille de Mataplana, soit le père ou l'aïeul du Guilhem Bremon dont parle la *razo*. S'il en était ainsi, l'intervention de Mataplana dans les affaires de Miraval s'expliquerait plus facilement encore. Nous ne prétendons pas, bien entendu, que le rôle de Guilhem ait été conforme à ce que dit la *razo*, nous n'avons même pas le droit de conclure de l'acte auquel nous venons de faire allusion qu'il ait réellement existé : mais c'est là pourtant un indice que nous n'avons pas cru devoir négliger.

Reste le nom d'Olivier de Saissac : nous n'avons pas à revenir sur ce personnage dont nous avons parlé plus haut[2]. Ce n'est pas d'ailleurs sur son existence que nous avons à nous prononcer, mais bien sur la vraisemblance du rôle que la *razo* lui attribue dans l'aventure relative à Ermengarda de Castres. Nous le ferons tout à l'heure.

En somme, des personnes mentionnées avec Miraval dans la quatrième *razo* (en laissant de côté Brunessen et Peire Rogier de Cabaret dont nous nous occuperons à part), Gaudairenca, Ugo de Mataplana, Olivier de Saissac sont les seules dont l'existence ne puisse être mise en doute; quant au nom de Guilhem Bremon, peut-être est-ce en effet celui d'un personnage authentique; enfin rien ne permet d'affirmer qu'Ermengarda de Castres et le seigneur dont la *razo* fait son mari aient existé réellement.

Etudions maintenant les faits qui semblent se dégager des

---

1. V. *Documentos ineditos del archivio general de Aragon* (Bofarull) t. iv. p. 81.

2. V. plus haut, p. 58.

deux sirventés de Mataplana et de Miraval et tâchons de
démêler la part prise à cette intrigue par ceux des personnages
nommés qui nous sont connus.

Nous ne pouvons nous dispenser de donner ces pièces en
entier, car leur importance est capitale.

Voici le sirventés de Mataplana[1].

I. « L'envie m'a pris de composer un sirventés, que le bon
« sens me montre et m'inspire, et, quand il sera achevé, il
« se rendra tout droit et en hâte à Miraval, chez le seigneur
« Raimon, dont la conduite m'afflige : car il a commis une
« bien grave infraction aux lois de cette galanterie dont il
« se piquait toujours jusqu'ici : si jamais il a suivi le droit
« chemin d'un amant courtois, ses sentiments ont maintenant
« changé. »

II. « Par son exemple se justifie ce proverbe du sage, que
« l'on s'aperçoit plus difficilement de ses propres défauts que
« de ceux d'autrui. D'ordinaire il mettait son espoir dans la
« joie et l'allégresse : mais le voilà maintenant ignominieu-
« sement transformé ; car il s'est comporté de telle sorte
« qu'il ne peut se laver de l'accusation de vilenie. »

III. « C'est en effet pour ses belles manières et pour son
« beau talent poétique qu'il a éloigné de lui sa courtoise
« compagne. Vraiment, il n'est qu'un valet en sagesse ; il a
« renoncé, j'imagine, à son idéal, qui était d'agir en véritable
« amant : car, s'il trouvait encore quelque charme à la
« galanterie et au plaisir amoureux, il n'aurait pas commis
« un attentat pareil, pour lequel il n'est pas un homme courtois
« qui ne souhaitât sa perte. »

IV. « Un mari à qui plaît la jeunesse doit faire preuve de
« complaisance, afin que ses voisins soient complaisants aussi
« pour lui. Mais il n'a plus les mêmes sentiments ; et, pour
« s'être rendu coupable d'une telle inconvenance, il s'efforce
« maintenant de se réconcilier avec sa femme. Or s'il la désire
« et s'il lui plaît de la recouvrer, il faut qu'il soit assez géné-

---

1. Diez l'a traduit (*Leben u. Werke der Troub.* 388) : cependant il a donné,
des couplets IV et V, plutôt un résumé qu'une traduction.

« reux pour lui permettre d'avoir un amant qu'elle trouve
« selon son cœur. »

V. « Quand il aura fait sa paix avec elle, la joie reviendra
« dans sa maison, pourvu qu'il ne lui reproche plus son
« talent poétique et ses vers gracieux, qu'il ne fasse plus
« peser de soupçons sur elle, qu'il ne trouve pas pénible de
« voir sa maison souvent courtisée : car à cette condition il
« nous plaira à nous, les courtois, et donnera ombrage aux
« jaloux. »

VI. « Madame Gaudairenca, sachez bien que je suis irrité
« du soupçon qui s'est ainsi porté sur votre cœur franc. »
Voici le texte du sirventés de Mataplana[1].

I.
> D'un sirventes m'es pres talens,
> qe razos m'o mostr'e m'o di,
> e quand er faiz tendral cami
> a Miraual tot dreich correns,
> a N'Raimon, don ai pesanssa,   5
> car fetz tant gran malestanssa
> contra dompnei, don totztems s'es ranatz ;
> e s'anc tenc dreig eiatge
> de drut cortes, ar camia son coratge,

II.
> En lui es era conoissens   10
> lo reprociers quel savis di :
> c'om non conois tant ben en si
> cum en altrui los faillimens.
> Q'el sol aver s'esperanssa
> en ioi et en alegranssa ;   15
> mas aras n'es malamens cambiatz,
> que mes a tal usatge,
> don nois pot ges esdir de vilanatge.

III.
> Car per sos bels captenemens
> e per son bel trobar parti   20
> sa cortesa moiller de si.
> Ben par q'el consseilh es sirvens ;
> issutz es de l'esperanssa
> d'esser drutz a ma semblanssa :
> Car s'il plagues mais dompneis ni solatz,   25
> non feira tal outratge,
> don tuich cortes volguesson son dampnatge.

---

1. Nous le donnons d'après A (f° 205). Nous n'indiquons pas les simples
corrections de détail que nous avons faites à la leçon de ce ms. ; nous nous
expliquerons seulement sur celles qui concernent l'envoi, les plus importantes.

IV.   *Car maritz a cui platz iocens*
        deu sofrir, per so c'atressi
        sofran lui sici autre cezi.   30
        Mas aissi l'es camiatz sos sens ;
            c car fetz tal malestanssa,
                poing c'ab licis ai' acordanssa ;
        e si la col ni sos cobrars li platz,
                fuss' il tant d'arantatge,   35
        q'ill sofr' un drut que trob' a son coratge.

V.   *E pois er sos albercs gauzens,*
        qand ab licis aura faita fi,
        ab que ia mais non la chasti
        de trobar ni de motz plazens,   40
            ni de licis nois don doptanssa,
            ni non s'o teign'a grecanssa
        si sos albercs es soven corteiatz :
                c'assi er d'agradatge
        a nos cortes, et als gelos salvatge.   45

VI.   *Na Caudairenga, [dompna], ben sapchatz*
                qu' [ir' ai] del decinatge
        qu'aissius es pres del costre franc coratge[1].

On voit bien par ce sirventés que Miraval avait congédié
sa femme et qu'il avait invoqué très probablement, pour se
séparer d'elle, la situation gênante où il se trouvait par le fait
que Gaudairenca cultivait la poésie. Mais rien, absolument
rien, ne révèle que la séparation des deux époux eût été
précédée des incidents relatés dans la *razo*. On a remarqué

1. L'envoi de ce sirventés étant particulièrement important pour l'intelligence des faits, on nous permettra de justifier le texte que nous en donnons.
A offre le texte suivant :

> *Na Gaudierna, ben sapchatz*
> *qu'iratz sui del ciatge*
> *que avetz pres en costre bon coratge.*

Le premier vers est trop court : il doit avoir 10 syllabes puisqu'il correspond au 7ᵉ vers du couplet. En outre *ciatge* ne donne pas un sens satisfaisant.
Nous rétablissons le premier vers à l'aide de D (fᵒ 137a) et de H (*Studj*, v. 418)
qui donnent *Na Caudairenga*, en intercalant *dompna* entre *Gaudairenga*
et *ben* : la pièce de Miraval est en effet calquée sur celle de Mataplana et le
premier vers de l'envoi de Miraval porte : *Na Sanssa dompna*. — Au
second vers, D, H, R (fᵒ 100 vᵒ) donnent *del deritnatge*, ce qui fait un sens
excellent, si l'on adopte, avec nous, la leçon de R pour le dernier vers. Mais
avec *decinatge*, le second vers, (qui correspond à l'avant-dernier du couplet)
est trop long d'une syllabe : d'où la correction que nous proposons : *qu'ir' ai*
del etc...

sans doute que Mataplana prodigue les consolations et les louanges à Gaudairenca et manifeste hautement la pitié qu'elle lui inspire ; au contraire, il juge, ou affecte de juger sévèrement la conduite de Miraval. Or, si ce dernier n'eût renvoyé sa femme que pour pouvoir courir plus librement à de nouvelles aventures, et surtout, s'il se fût trouvé finalement dans la piteuse situation dont la *razo* parlait, Gaudairenca n'aurait eu que faire de tant de compassion, et son mari eût été plus que surpris d'être ainsi malmené. Nous voyons donc, dans le ton même que prend ici Mataplana, la preuve que l'histoire d'Ermengarda de Castres est, sinon inventée de toutes pièces, du moins étrangère aux circonstances qui motivèrent la séparation de Raimon et de sa femme.

En réalité, c'est au nom même de l'art courtois que Mataplana attaque Miraval. Diez a parfaitement vu la portée de l'incident et ses réflexions rendent compte de la décision prise par Raimon et de l'intervention du troubadour catalan. Il fait observer avec raison que les mœurs du temps expliquent, de la part de Mataplana, une démarche qui peut, au premier abord, paraître assez singulière. « Le grief invoqué par Miraval, dit-il, avait un fondement plus intime. Les poésies amoureuses d'une femme mariée supposaient nécessairement l'existence d'un amant : adressées à l'époux elles eussent paru ridicules à tous[1]. On ne voyait rien de choquant dans une liaison ou dans des relations de cette nature : on les regardait comme une sorte de fiction qui permettait aux femmes de se livrer à la poésie comme les hommes. Mais il arrivait parfois que ces relations donnaient à l'un des époux motifs de se plaindre : ce fut précisément cette poésie, ce badinage amoureux qui fatigua Miraval de sa femme et le décida si facilement à se séparer d'elle. Mais son attitude était en opposition absolue avec les principes de la galanterie et le blâme dont il est l'objet est, à cet égard, significatif[2]. » Nous ajouterons seu-

---

1. Observation parfaitement juste et que nous avons appliquée plus haut à *Mais d'amic*, pour établir que ce pseudonyme ne pouvait s'appliquer à la femme de Miraval. v. p. 81.

2. *Leben u. Werke der Troub.* 387.

lement que Mataplana, s'adressant à un troubadour dont la courtoisie était légendaire, prit peut-être un malin plaisir à mettre, dans cette circonstance, Miraval en contradiction avec lui-même, et que sa pitié pour Gaudairenca pourrait bien n'être qu'une façon de rendre son ironie plus cruelle à l'adresse de son mari. Il n'y a, ce nous semble, aucune contradiction à prendre ce sirventés comme l'expression fidèle de l'opinion du public courtois, et à admettre que Mataplana en fait malicieusement l'application au cas particulier de Miraval.

Au reste l'idée essentielle de la pièce est bien celle que Diez a indiquée : jamais la nécessité de la tolérance mutuelle — dans l'intérêt supérieur de l'art — ne fut plus clairement proclamée [1].

Ces faits et les réflexions qu'il nous suggèrent sont parfaitement d'accord avec les conclusions que l'on peut tirer de la réponse adressée par Miraval à Mataplana [2].

I. « J'ai besoin de toutes les ressources de mon esprit pour « répondre à Mataplana, puisque sire Uguet, me prêchant « l'exemple, m'a amené à tenir un langage dur et blessant, « et qu'il m'a, sans provocation, et en chantant seulement « pour médire, reproché ce dont on ne m'accuse guère. Mais « il a exagéré ma responsabilité, pour la légère folie dont je « me suis rendu coupable. »

II. « Jamais la poésie n'a cessé de me plaire, je n'ai jamais « rien fait pour ruiner le chant et le plaisir, et il n'est pas « vrai que j'aie éloigné ma femme de moi sur le conseil de « petites gens ; car je mets tout mon espoir dans l'amour et

1. V. en particulier les vers 28-31 et 41-46.

2. Le sirventés de Miraval est beaucoup moins clair que celui de Mataplana. Le troisième couplet notamment offre des difficultés d'interprétation presque insurmontables. Le vague des expressions provient-il de la fausse situation où Miraval se trouvait? ou bien, si le texte reste obscur, la faute en est-elle aux seuls manuscrits ?... Toujours est-il que Diez, qui a traduit le sirventés de Mataplana, n'a pas traduit celui de Miraval, et que Millot s'est contenté d'en paraphraser, et de fort loin, quelques vers : ceci soit dit pour nous excuser d'en présenter une traduction imparfaite assurément, mais que nous devions tenter à tout prix, sous peine de laisser dans l'ombre un des épisodes les plus curieux de la vie de notre troubadour.

« dans la joie ; et, dans mes rapports avec les dames, j'ai
« apporté tant de grâce à faire ma cour et usé de procédés
« si courtois, que les amants d'ici me confèrent sur ce point
« la souveraineté. »

III. « Aucun courtois Catalan n'a le droit de me chercher
« querelle à ce propos : car un chevalier qui se fie au mérite,
« doit laisser — conformément à ce que la jeunesse¹ nous
« apprend — une femme qu'il prend à la légère ; mais si
« sa dame va trop loin², il faut qu'il se l'attache par un sûr
« hommage qui l'engage à ne jamais suivre une autre voie. »

IV. « Sire Uguet ne pourra invoquer le proverbe dont il
« parle, lui qui m'applique, en son latin, ce que ses voisins
« disent de lui-même : ils prétendent qu'il manque de tact,
« que, par égard pour doña Sancha, il ne devrait pas faire
« l'important ailleurs ; et, puisqu'il veut être, lui, marié, et bien
« marié, ce n'est pas une raison pour que nous, les autres
« amants, en souffrions, nous qui suivrons le droit chemin. »

V. « Que Dieu laisse venir là où règne la gaîté la dame
« qui est belle et aimable et que, dans notre demeure, il nous
« donne aussi des galants aimables, avec une femme qui
« nous fasse honneur. Quant à moi, je mets toute ma confiance
« dans les propos gracieux, les entretiens aimables et l'amou-
« reux visage, qui sont les messagers intimes des yeux au
« cœur. »

VI. « Doña Sancha, je vous en prie, châtiez sire Uguet
« pour avoir follement parlé : car je m'abstiens, par égard
« pour vous, de l'attaquer plus vigoureusement³. »

1. Le mot est pris dans une acception voisine de celle du mot *courtoisie*.

2. Cette traduction n'est qu'un à-peu-près : le mot-à-mot de ces vers nous
échappe.

3. La pièce de Miraval est exactement calquée sur celle de Mataplana :
elle en reproduit le rythme et les rimes. Les deux sirventés rapprochés l'un
de l'autre représentent une sorte d'extension du genre de la tenson. Le
scrupule du troubadour, s'attachant à reproduire fidèlement la forme d'une
pièce satirique dirigée contre lui, et cela quand il s'agit de vider une querelle de ménage, est assez curieux. On voit par là que les Provençaux con-
servaient, quelles que fussent les circonstances, le souci de l'art, et que
Miraval se préoccupait, malgré tout, au moins autant de triompher des
difficultés de la versification que de se tirer d'un mauvais pas.

I. *Grans mestiers m'es razonamens*
    qu'ieu a Mataplana envi [1],
    pois N'Ugetz m'a mes el cami
    de dire motz braus e cozens ;
        e car m'a ses desfianssa,   5
        cantan sol per devinanssa,
    d'aisso don eu non sui gaire encolpat [z].
            Mas trop n'a pres gran gatge,
    segon q'ieu ai faich petit de follatge.

II. *Anc trobars nom fon desplazens,*   10
     ni chan ni solatz non desfi,
     ni moiller non longiei de mi
     per conseilh de menudas gens ;
         q'ieu non ai d'als esperanssa
         mas d'amor et alegranssa,   15
     et en dompnei ai mes tant bels percatz
             e tant cortes usatge,
     q'il drut de sai m'en porton seignoratge

III. *Ja nuills Catalans avinens*
      nom taing per aisso m'atahi,   20
      que cavalliers q'en pretz se fi
      deu laissar — sons mostra iovens —
          moiller que pren per enfanssa ;
          mas si sa dompna l'enanssa
      tant qel prenda, estre deu estacatz   25
              d'un certan homenatge,
      qe ia nuill temps non seg' autre viatge.

IV. *Jal reproviers non l'er garens*
     a N'Huget gem dis en lati
     qe de lui dizon siei vezi :   30
     q'en aisso es desconoissens,
         qe per amor de Na Sanssa
         estai c'aillors nois bobanssa ;
     e puois q'el vol estre totz moilleratz,
             ia noi aian dampnatge,   35
     nos autre drut que segrem dreich viatge.

V. *La dompna q'es bell' e plazens*
    lais Dieus venir lai on hom ri,
    et el nostr' alberc atressi
    nos don corteiadors plazens   40
        ab moiller qens fass' onranssa ;
        et ieu non ai d'als fianssa,
    mas dels bels digz ab avinen solatz
            e l'amoros visatge,
    qe son dels huoils al cor privat messatge.   45

1. A donne *enviu ; envi* est donné par D et H.

VI.   *Na Sanssa, dompna, prec que castiatz*[1]
         N'Uget de dir follatge :
         q'ieum lais per vos que plus fort no l'engatge[2].

Ainsi le sirventés de Miraval confirme le fait essentiel. Raimon se défend seulement d'avoir, en éloignant sa femme, obéi aux mobiles que lui prête Mataplana, surtout d'avoir violé les lois de la courtoisie. Il tient à l'espèce de royauté dont il est investi[3] et repousse dédaigneusement l'accusation lancée contre lui, d'avoir renié ses propres doctrines. Il lui semble, — et sa suffisance ne perd pas cette occasion de s'étaler une fois de plus, — que son passé répond pour lui, que sa réputation de galanterie est trop bien établie pour que Mataplana puisse donner le change au public sur les motifs de sa conduite.

Néanmoins la critique dont il est l'objet le touche plus qu'il ne veut en convenir, et tel passage de sa réponse révèle l'inquiétude secrète — et plaisante — qu'il en éprouve. C'est ainsi qu'il prend la peine de distinguer entre ce que les usages du temps exigent d'un homme qui sait vivre et ce que sa dignité personnelle lui défend de tolérer. A cet égard, le troisième couplet est fort significatif : Miraval, visiblement soucieux de se montrer tolérant parce qu'on lui reproche de ne l'avoir pas été, y fait toutes les concessions possibles en disant : c'est bien le moins qu'une dame s'engage à ne pas dépasser les bornes de cette galanterie mondaine, dont il est convenu qu'il ne faut pas s'effaroucher[4].

Ce passage tend à prouver que l'explication donnée par Diez était juste, et permet de penser que Gaudairenca avait

1. Après *dompna*, A et D, les seuls mss. contenant cet envoi, donnent *prec ros q.* et *rols prec q.*, le vers serait ainsi trop long d'une syllabe.

2. D'après A, f° 206 a ; cf. *Studj.* III. 635.

3. V. vers 16-18.

4. C'est du moins ainsi que nous interprétons ce couplet fort obscur. Nous ne savons d'où Millot (*Hist. litt. des Troub.*, II, 408) a tiré le sens qu'il en donne, et que voici : « Aucun courtois catalan ne me contestera ce qu'honneur nous enseigne, qu'un honnête chevalier doive abandonner une dame capable de se laisser corrompre à prix d'argent. » Nous voilà loin de compte, ce nous semble : peut-être Lacurne connaissait-il une leçon distincte des trois qui nous sont restées (ADH).

sans doute exalté dans ses vers son héros réel ou imaginaire
avec assez de chaleur pour que Miraval en fût gêné[1]. Mais,
— et c'est bien là une nouvelle preuve que le mariage de
Bremon et de Gaudairenca n'est qu'une invention de l'auteur
des *razos*, — il ne paraît pas que Miraval tienne encore rigueur
à sa femme, si, comme nous le pensons, c'est à elle que
s'appliquent les premiers vers du cinquième couplet. Mataplana,
nous l'avons vu, disait à Miraval[2] qu'en cherchant à se réconcilier avec Gaudairenca, il avouait par là même ses torts à
son endroit : or, si cette insinuation du troubadour catalan
n'avait eu aucun fondement, Miraval lui eût sans doute opposé
un démenti. En réalité il semble être tout disposé à reprendre
la vie commune[3] et à rouvrir sa maison à la fois à sa gracieuse
femme et à ceux qui voudront lui offrir leurs hommages sans
aller au-delà de ce que la courtoisie autorise : Mataplana
avait décidément atteint son but.

D'ailleurs, au quatrième couplet, Miraval, usant de repré-
sailles, attaque son adversaire avec ses propres armes. Il lui
reproche d'être lui-même ce qu'il appelle, non sans esprit,
mais d'un mot intraduisible, « *totz moilleratz* », et de léser
par là les intérêts des amants courtois qui voudraient célébrer
doña Sancha comme les autres dames. Miraval use de son
droit de riposte sans doute : mais il faut avouer que le procédé
n'a rien de bien délicat et que Raimon prend un singulier
détour pour dire à Mataplana : « Vous m'accusez de n'être
pas assez complaisant : le jaloux c'est vous. »

C'est là, en somme, et pour en finir, tout ce dont il s'agit :
et nous avons pu, ces deux sirventés aidant, juger jusqu'à
quel point la vie conjugale s'accommodait de la poésie amoureuse : question intéressante à se poser et qui nous a retenu
quelque temps, parce que nous n'avons pas d'autre document
nous permettant d'y répondre. Les deux troubadours, on l'a

---

1. On peut se rendre compte du ton que prenait à l'occasion cette poésie
féminine par la ballade « *Coindeta sui* » imprimée dans Bartsch, *Chrest.* 215.

2. Vers 32 et 33.

3. V. les vers 37 à 45.

vu, se prononcent sur ce point de casuistique courtoise selon
l'esprit de leur temps et avec un sérieux qui nous fait sourire,
mais qui prouve à quel point cette poésie galante, si factice
pourtant en un sens, se mêlait à la vie réelle, reparaissait
partout et trouvait à se manifester même dans des circonstances où il semblait que son concours fût inutile.

En résumé, à nous en rapporter à ces deux sirventés, on
peut accepter *en partie* ce que la *razo* dit de la séparation de
Gaudairenca et de Miraval ; une intrigue courtoise en fut sans
doute l'occasion ; peut-être même le personnage de Guilhem
Bremon n'a-t-il pas été imaginé après coup. Quant à Ermengarda
de Castres, l'étrangeté du récit qui la concerne et l'absence de
tout indice concordant avec ce récit nous déterminent à
considérer son rôle dans cette intrigue comme purement
imaginaire. Nous écartons du même coup l'intervention
d'Olivier de Saissac, à qui l'auteur de la *razo* recourut peut-
être pour donner un dénoûment vraisemblable au roman que
la tradition avait édifié et dont l'aventure authentique de
Gaudairenca avait formé la base. Nous avons vu qu'Olivier de
Saissac avait été en relations avec notre troubadour[1], et l'on
pouvait d'autant plus facilement songer à lui, qu'il résidait à
la fois à proximité du château de Miraval et de la région de
Castres[2].

Il nous reste à dire quelques mots de la seconde partie du
récit qui forme la quatrième *razo*. On se rappelle que, d'après
ce récit, Brunessen de Cabaret aurait consolé Miraval de sa
dernière mésaventure et que le troubadour aurait écrit en
son honneur la chanson « *Ben aial messatgiers.* »

Nous n'avons que très peu de moyens de contrôler le dire
de la *razo*. Le nom de Brunessen de Cabaret ne nous est
parvenu dans aucun document historique. Nous savons que

1. V. page 68.

2. Nous verrons plus loin que l'aventure de Gaudairenca se rattache probablement aux premières années du xiiᵉ siècle. Toutefois il est bon de remarquer que, d'après un acte de septembre 1183 (cité par Mahul : *Cart.* t. v.
p. 282), Olivier de Saissac avait pour femme, à cette date *Guillelma*, fille
d'un certain *Guillelmus Sigerius de Ventagione* (Ventajon, Hérault) : c'est
une raison de plus pour douter de l'exactitude des *razos*.

Peire Rogier de Cabaret était marié; on lui connaît une fille, Nova[1], et un fils, Peire Rogier[2], mais le nom de sa femme ne nous est pas connu.

Quant à Peire Rogier lui-même, nous avons vu plus haut[3] que Miraval, son voisin, avait été en relations avec lui. Au reste, les aventures de la Louve de Pennautier, femme de Jordan de Cabaret, dans lesquelles, nous l'avons dit[4], Miraval joua un rôle important, disent assez que Raimon devait connaître tous les membres de la famille de Cabaret. Il se pourrait que le troubadour eût noué avec la femme de Peire Rogier une de ces intrigues banales, propres seulement à servir de thème à de nouvelles chansons. Sans doute les incidents relatifs à Gaudairenca prouvent que Miraval se trouvait alors dans son château, c'est-à-dire à proximité de Cabaret : mais de là à admettre que la chanson dont nous parlons se rattache aux circonstances mentionnées par la *razo*, il y a loin, puisqu'aussi bien, dans cette pièce, le poëte ne nomme personne en dehors de Raimon VI-*Audiart*.

La chanson vaut cependant la peine d'être citée[5] : car, si les incidents qui l'ont inspirée à Miraval restent obscurs, elle nous fournit un nouveau moyen de connaître son caractère.

I. « Béni soit le messager, bénie, celle qui me l'envoya :
« à elle toute ma reconnaissance, si je lui dois de renaître à
« la joie ; mais je suis tellement sous le coup des funestes
« soucis que j'ai éprouvés, qu'il me semble à peine croyable
« qu'une dame se sente portée vers moi par amour et veuille
« m'honorer. »

II. « Maints offices délicatement rendus m'avaient valu de
« conquérir assez de bonheur pour me croire tenu[6] d'être
« tout entier à ma dame, et j'étais loin de penser qu'un

---

1. V. *Hist. Lang.* vii. 387.

2. Son nom figure très souvent dans les registres des enquêteurs au t. viii de l'*Hist. de Lang.* V. notamment p. 388.

3. V. page 60.

4. V. chapitre iii. 2.

5. V. le texte dans *P. O.* 231 *(Ben aial messatgiers)*.

6. Nous lisons, au v. 11, *tal que cre quem taixes*, avec ACDHIM.

« personnage tout-puissant et très haut placé pût me nuire
« auprès d'elle : car celle sur qui j'avais porté mes regards
« n'avait pour elle ni l'éclat de la beauté ni celui du rang. »

III. « Elle était telle que nul d'entre les médisants n'aurait
« dû jamais s'occuper d'elle : car bien des contrariétés me
« sont venues d'eux, au temps où je n'étais qu'un amant
« léger; alors, il ne me semblait pas que ma dame pût être
« en sûreté même dans un empire[1], et maintes fois j'y ai
« gagné de connaître la folie, maintes fois aussi, joie et
« douceur. »

IV. « Je m'étais mis le dernier après tous les autres, ne
« voulant pas qu'un Roland ou un Olivier pût me prendre
« ma place et ne pouvant raisonnablement craindre d'être
« supplanté par un Orestain ou un Ogier : mais on me
« regarde comme un si fin connaisseur, que chacun tient
« pour meilleur ce qui m'attire. »

V. « Je croyais que ma dame était tout autre qu'elle n'est
« et que son allégresse première durerait toujours : mais sa
« folle pensée est perfide et sa mauvaise foi est retombée sur
« elle[2]. Que Dieu diminue encore son mince mérite, pour
« avoir ainsi mis dans la gêne mon cœur fidèle. »

VI. « Tout d'abord je lui servis de destrier, puis de palefroi;
« depuis, le harnais a tellement augmenté que la charge
« devient trop lourde[3] : puisque je vois le salaire diminuer
« et que je crains de voir la peine aller croissant, elle ne
« m'aura plus à son service, et que Dieu me donne de trouver
« mieux ailleurs. »

VII. « Une dame qui change sa bonne renommée en igno-
« minie n'est pas digne de posséder la tour de Miraval. »

---

1. Ce passage est difficile; il nous paraît revenir à ceci : « Dans cette
circonstance je ne m'étais pas montré trop présomptueux ; autrefois au
contraire, rien ne me paraissait impossible et il me semblait *que rien ne
pourrait m'empêcher d'arriver auprès de celle que j'aimais.* » On remarquera
que Miraval parle en homme qui a derrière lui un long passé galant.

2. Au v. 37 nous lisons *es*, au lieu de *e*, avec ADIII. Le sens du vers suivant est douteux.

3. V. sur la valeur probable des expressions figurées contenues dans ce
couplet : Lévy : *Suppl. Wört. s. v. dobliers.*

VIII. « Que Dieu sauve mon *Audiart* et son honneur[1], car
« tout le monde vaut davantage grâce à sa valeur. »

Le premier couplet de cette chanson prouve que Miraval,
à la suite d'un insuccès qui lui avait été particulièrement
sensible, avait en effet reçu un message flatteur de quelque
dame[2]. De l'ensemble de la pièce il ressort évidemment que
le troubadour rompt avec une autre femme, qui paraît l'avoir
mal récompensé de ses services. La façon dont il prend congé
d'elle est bien conforme à cette indélicatesse que nous avons
relevée dans tel autre procédé de ce poète *courtois*[3] : il affecte
de rabaisser celle qu'il célébrait sans doute auparavant et il
déploie, à la dénigrer, toute l'ingéniosité qu'il met ailleurs à
exalter l'objet de sa passion. Le détour qu'il prend n'est
peut-être pas très habile, il est sûrement fort peu galant et
montre bien ce que vaut l'homme. « Je courtisais, » dit-il en
substance, « une dame d'un mérite trop mince pour qu'on pût
songer à me disputer ses bonnes grâces : mais il a suffi que
je lui adresse mes hommages pour que chacun se soit dit
aussitôt : « Celle-là vaut plus que les autres. » Nous avons
déjà signalé et cette suffisance et cette humeur rancunière,
qui, décidément, font bien partie du caractère moral de Raimon.

En somme, c'est bien d'un nouvel insuccès amoureux qu'il
s'agit dans la chanson « *Ben aial messatgiers* » ; mais, puisque
la pièce ne fournit aucun renseignement sur la personne dont
parle le troubadour, nous n'aurions pas plus le droit d'appliquer les allusions qu'elle renferme à Ermengarda de Castres, —
alors même que l'existence de celle-ci serait moins probléma-
tique qu'elle ne l'est, — que de reconnaître Brunessen de

---

1. Il se pourrait que le mot *honor* eût ici le sens de *possessions* : dans ce
cas, la pièce se rattacherait à l'époque où Raimon VI était en danger d'être
dépouillé.

2. Millot (*Hist. Litt. des Troub.*, II, 109) observe là-dessus : « Il faut convenir que les dames jouent ici un rôle bien éloigné de leur caractère. » Mais
convient-il d'attacher une grande importance à des démarches de ce genre ?
nous ne voyons là qu'une preuve de la notoriété dont jouissait notre troubadour. On ne voulait, en somme, que lui demander des vers sur un thème qui
lui était familier et qu'il traitait apparemment selon le goût de son temps.

3. V. plus haut p. 125.

Cabaret dans la dame à qui le premier couplet s'adresse

Une seule chanson, du moins en l'état actuel du texte de Miraval, permettrait de croire à une intrigue entre Raimon et la dame de Cabaret : c'est la pièce « *Qui bona chanso cossira* [1], » la seule où le nom de Cabaret figure. Faut-il la rapprocher de la précédente ?

C'est encore d'une trahison que se plaint le troubadour (nous n'en sommes plus à compter ses déboires d'amant, réels ou imaginaires) :

« Celui qui médite une bonne chanson », dit-il. « ne doit « pas tarder à la faire entendre : mais moi qui suis, hélas ! « plein de colère, comment pourrais-je en composer une « bonne [2] ? »

A vrai dire, il paraît oublier assez vite ce courroux, et, si la chanson « *Ben aial messatyiers* » était surtout consacrée à médire d'une ancienne maîtresse, celle-ci est destinée presque exclusivement à exprimer l'admiration du poète pour une autre femme : le couplet suivant en donnera une idée :

« Elle est si bonne, si loyale et si sincère, si franche et de « si noble nature, que Dieu ne fera jamais plus créature aussi « belle; il n'en crée plus maintenant avec pareil visage, et il « n'en est aucune à qui il consacre autant de temps : car la « nuit, plus il se fait tard, plus il se répand de clarté dans la « chambre obscure [3]. »

C'est à la dame d'un seigneur de Cabaret que s'adresse le compliment, comme le prouve l'envoi de la chanson :

1. V. le texte dans *M. G.*, 1112.

2.
> *Qui bona chanso cossira*
> *non deu tarzar del retraire :*
> *mas ieu las! que sui ples d'ira,*
> *cum la poirai bona faire !...* (V. 1-4, d'après C.,
> f° 85 v°).

3.
> *Tant es bona, fin' e rera,*
> *franca, de gentil natura,*
> *que Dieus quan lieys fe no fera*
> *mais tan belha creatura,*
> *ni non fa d'aital figura,*
> *ni tan no s'i alezera :*
> *quar la nuey, on pus s'asera,*
> *resplandis la cambr' escura.* (V. 25-32, même ms).

« Cabaret, que Dieu m'enlève mes forces, s'il n'est pas vrai
« que vous ayez une agréable demeure et une souveraineté
« bien plus glorieuse que l'empire d'Allemagne[1]. »

Les habitudes des troubadours ne permettent pas de prendre
cet envoi dans un autre sens : c'est visiblement aux charmes
de la dame de Cabaret que ces expressions hyperboliques font
allusion.

Malheureusement, la chanson ne contient aucun détail permettant de reconnaître Peire Rogier plutôt que Jordan de Cabaret
dans le personnage qui est nommé, et par suite de rattacher
cette pièce à une intrigue de Miraval avec Brunessen (si tel
était vraiment le nom de la femme du premier) ou à sa liaison
avec *Mais d'amic*. Toutefois, d'après la nature des relations
que Miraval paraît avoir entretenues avec *Mais d'amic*, il est
plus probable qu'il s'agit ici de la femme de Peire Rogier.

En résumé, rien n'indique qu'il ait réellement existé entre
les faits relatifs à Gaudairenca et ceux qui concernent Brunessen
de Cabaret le lien établi par le récit de la *razo*. On entrevoit
seulement qu'une intrigue, sans doute assez banale, se noua,
qui fournit à Miraval l'occasion de chanter la femme d'un seigneur de Cabaret, sans qu'on puisse dire au juste quelle était
cette femme et à quel moment se place cette intrigue[2].

Est-il du moins possible de fixer approximativement la date
des deux sirventés échangés au sujet de Gaudairenca par
Mataplana et Miraval ?

Diez ne propose pas de date pour cet épisode de la carrière
de Raimon : il paraît simplement adopter l'ordre des faits tel
que les *razos* le donnent, place l'aventure de Gaudairenca après
celle d'Azalaïs et admet par là que la chanson « *Ben aial messatgiers* » fait suite aux deux sirventés. Peut-être a-t-on un
moyen d'arriver à dater ceux-ci. Nous savons qu'en 1207, Ugo
de Mataplana était sur le point de partir pour aller faire la

---

1. Id. vers 41-44, v. p. 60, n. 4.

2. La mention d'*Audiart*, dans l'envoi de *Ben aial messatgiers*, en termes
qui ne se comprendraient guère si Raimon VI n'était pas déjà sur le trône,
permet du moins de placer cette chanson entre 1194 (date de son avénement)
et 1209 (date de l'invasion du Carcassès).

guerre dans le midi de l'Espagne[1] : d'un autre côté, l'invasion
du Carçassès par les Croisés en 1209 rend inadmissible que les
faits dont il s'agit soient postérieurs à cette date : on peut donc
admettre que l'aventure de Gaudairenca est antérieure à 1207,
ou se passa au plus tard cette année même. On peut d'autre
part considérer le deuxième sirventés à Bayona comme antérieur aux faits qui nous occupent, parce que Miraval[2] y fait
mention des seigneurs Catalans en des termes qu'il eût pu
difficilement employer après ses démêlés avec Mataplana. Or,
ce sirventés fait partie d'un groupe de pièces que nous avons
cru pouvoir placer entre 1204 et 1207 environ : et c'est une des
premières pièces de ce groupe. Il est donc possible que les
deux sirventés sur Gaudairenca aient été composés vers 1206 ou
1207, surtout si, comme nous le pensons, l'histoire d'Ermengarda
est sans fondement. Il peut très bien se faire que le sirventés
adressé à Mataplana soit contemporain des dernières pièces
consacrées à Azalaïs de Boissezon. Si cette date est la vraie,
Miraval était depuis longtemps trop âgé pour jouer, auprès
des dames de sa contrée, un autre rôle que celui d'un amant
courtois, c'est-à-dire imaginaire. Et par là encore, se décèlent
comme autant d'inventions les détails fournis par les *razos*
sur les incidents qui avaient provoqué la séparation de Miraval
et de sa femme.

5. Leonor d'Aragon.

Les aventures dont nous venons de nous entretenir nous
conduisent jusqu'au seuil de la guerre des Albigeois. Le dernier
incident de la vie galante de Miraval qui nous soit connu et
la chanson qui en est sortie coïncident avec le fort de cette
guerre et se placent en l'année 1213. Assez indifférent en lui-
même, cet épisode mérite de nous arrêter cependant pour la
date même à laquelle il appartient : car il appelle, non seulement
sur le caractère de notre troubadour, mais encore sur l'état des

---

1. V. Milà : *Trov. en Esp.*, p. 323, n. 2.
2. V. les couplets ii et v, p. 69.

esprits à la cour de Toulouse à la veille de la bataille de Muret,
d'intéressantes réflexions.

Entre les années 1209 et 1213, les événements se précipitent
dans le Languedoc. Les états du vicomte de Béziers sont aux
mains de Montfort ; la politique équivoque et hésitante de
Raimon VI, à qui ses concessions n'attirent que de nouveaux
affronts, contribue pour une large part à compromettre la
cause du Midi. C'est seulement au début de l'année 1211 [1] que
le comte de Toulouse se décide à rompre définitivement avec
Simon. Mais, dès cette date, les régions du Cabardès et de
l'Albigeois, entre autres contrées, sont au pouvoir des croisés,
et déjà plus d'une page sanglante s'est ajoutée à l'histoire du
Midi : Béziers, Minerve, Lavaur ont été le théâtre d'atrocités
sans nom ; ravagé dans toute son étendue, en proie aux aven-
turiers Wallons, Allemands, Français qui le sillonnent en tout
sens, le Languedoc agonise : c'est alors qu'intervient officiellement le roi d'Aragon. Nous avons rappelé plus haut à quel
moment et dans quelles circonstances se produisit cette intervention [2] et nous avons montré que la chanson « *Bel m'es qu'ieu
chant em conhdey* », inspirée en partie à Miraval par cet événement, ne pouvait avoir été écrite que dans la première partie
de l'année 1213. C'est là vraisemblablement la dernière chanson
d'amour, tout au moins une des dernières, qu'un troubadour
Languedocien ait pu composer avant le désastre qui ruina
définitivement la civilisation méridionale : c'est ce qui en fait
l'intérêt.

L'intrigue, ou plutôt, le semblant d'intrigue qui en fut l'occasion n'a rien que de banal. Selon la cinquième *razo*, Miraval,
réfugié auprès de Raimon VI, depuis la perte de son château,
s'était épris de la jeune comtesse de Toulouse, Leonor, sœur
de Pedro II, et pour manifester la joie que lui causait l'intervention du roi en même temps que pour payer son tribut
d'admiration à Leonor, il avait écrit à leur intention la chanson
« *Belh m'es qu'ieu chant em conhdey.* »

1. V. *Hist. Lang.*, VI, p. 351.
2. V. p. 72.

Ici, la donnée de la *razo* est très vraisemblable, et, quoique Miraval ne nomme pas la dame à qui ses vers sont adressés, on peut admettre sans difficulté qu'il s'agit de Leonor d'Aragon. D'abord, il semble bien ressortir du texte même de la chanson [1] que Miraval résidait à la cour de Toulouse. Il connaissait donc certainement Leonor et il n'est pas surprenant qu'il ait fait une place dans son œuvre à la femme du prince qu'il avait tant de fois chanté : c'était là sans doute, pour le troubadour, une façon de témoigner sa reconnaissance à ses protecteurs.

La popularité de la jeune comtesse nous est d'ailleurs attestée par un passage de la *Chanson de la Croisade* :

> . . . . *dona Elionor*
> *la plus bona reina, tota la belazor,*
> *que sia en crestias ni en la paianor,*
> *ni tant can lo mons dura tro en Terra Major.*
> *Tant de be no diria ni tanta de lauzor*
> *que mais en licis no sia de pretz e de calor* [2].

D'autres troubadours que Miraval ont aussi célébré Leonor dans des pièces qui nous sont restées; ce sont : Aimeric de Péguilhan, Aimeric de Belenoi, Gausbert de Puycibot [3].

En outre, la façon dont Miraval unit, à la fin de la pièce, les noms de sa dame et du roi d'Aragon semble bien indiquer qu'il est question de la sœur de ce dernier. Ajoutons que le ton du poète est très respectueux [4], ce qui n'est assurément pas particulier à cette pièce, mais ce qui convient ici mieux qu'ailleurs. Au reste, il va de soi qu'il ne s'agit que d'un amour tout fictif : l'âge de Miraval et la condition de Leonor nous dispensent d'insister sur ce point [5].

Une simple analyse ne saurait donner une idée exacte de

---

1. V. le dernier envoi. Le texte est dans *P. O.*, 229.

2. Vers 359-365 : « la meilleure reine, la plus belle qu'il y ait en chrétienté ni en terre païenne, ni aussi loin que le monde s'étende, jusqu'en Asie. Je ne saurais dire tant de bien ni tant de louanges qu'il n'y ait en elle plus encore de mérite et de valeur. » (Trad. de M. P. Meyer).

3. M. P. Meyer a relevé ces pièces (*Hist. Lang.*, t. VII, p. 146).

4. V. par exemple les vers 11-19.

5. Les vers 10-11 notamment sont bien tels qu'un vieillard pouvait les écrire.

cette chanson : les idées ne sont rien, l'accent du poète est
tout ; aussi reproduisons-nous la pièce sans en rien retrancher.

I. « Il me sied de chanter et d'être aimable, maintenant que
« l'air est doux et le temps gai, et que, dans les vergers et les
« haies, j'entends le ramage et le gazouillement des oiselets
« menus, parmi le blanc, le vert et le vair. Que celui qui
« veut que l'amour lui vienne en aide songe à se conduire en
« amant ! »

II. « Pour moi, je ne suis pas amant agréé : je fais seulement
« ma cour, sans avoir à redouter ni peine ni charge ; je n'en
« suis pas à me plaindre ou à m'irriter pour un rien, et l'or-
« gueil n'a rien qui m'effraye. Mais je reste muet de crainte
« quand je suis devant la belle dame de grand air à qui je
« n'ose déclarer ni dire mes sentiments : car je les lui tiens
« cachés, sachant trop bien ce qu'elle vaut. »

III. « Sans lui avoir adressé de prière et sans en avoir obtenu
« l'octroi, je me suis mis dans un cruel souci. Le moyen pour
« moi de paraître véridique, si j'entreprends de dire quelle
« grande valeur est la sienne ? Car jusqu'ici, femme qui oncques
« naquit de mère n'a fait preuve d'un mérite comparable au
« sien ; et s'il en est plus d'un que j'ai estimé, le sien l'em-
« porte sur le meilleur des autres. »

IV. « Elle consent qu'on la courtise d'aimable façon ; elle
« aime le plaisir et la joie, au lieu que l'homme bas qui s'en
« désintéresse et s'en moque lui déplaît. Mais les vaillants sont
« les bienvenus auprès d'elle ; elle leur fait si bon visage que
« tous l'exaltent, une fois hors de sa présence, mieux que s'ils
« lui étaient vendus. »

V. « Je ne crois pas qu'à côté de sa beauté, celle d'une autre
« dame pût faire figure : car la fleur naissante du rosier n'est
« pas plus fraîche qu'elle ; son corps est bien fait et de pro-
« portions gracieuses, sa bouche, ses yeux sont d'un grand
« éclat : c'est vraiment tout l'effort dont Beauté fût capable :
« elle a si bien mis toute sa puissance à l'orner, qu'elle n'a
« plus rien eu pour les autres. »

VI. « Que ma dame ne s'offusque pas si je me jette à ses
« pieds : car mon dessein n'est pas d'agir en inconstant et de

« me tourner vers un autre amour : c'est qu'en effet, hors de
« chez moi ou chez moi, j'ai toujours aspiré à ce qu'il y avait
« de mieux. Il n'y a dans mes paroles rien de moqueur pour
« elle, puisque tout mon désir se borne à ce qu'elle m'accueille
« et m'envoie un salut. »

VII. « Chanson, va dire de ma part au bon roi que la joie
« conduit, revêt et fait vivre, qu'il n'y a en lui rien de faux
« et que je le vois bien tel que je souhaite de le voir ; que,
« pourvu qu'il recouvre Montaigut et rentre dans Carcassonne,
« il sera empereur valeureux ; et alors, ici, les Français, là,
« les Mahométans redouteront son écu. »

VIII. « Madame vous m'avez été si précieuse que pour
« vous je chante encore : et pourtant je ne pensais pas faire
« de chanson avant de vous avoir rendu le fief de Miraval
« dont je suis dépouillé. »

IX. « Mais le roi m'a promis que je rentrerais sous peu en
« possession de Miraval, et mon *Audiart*, de Beaucaire : alors
« dames et amants pourront recouvrer la joie qu'ils ont perdue. »

Bien que la chanson soit éditée dans le *Parnasse Occitanien*[1],
nous en donnons le texte, celui que Rochegude en a publié
nous paraissant appeler d'assez nombreuses modifications[2].

I.
Belh m'es qu'ieu chant em conhdey,
pus l'aur' es dous' el temps guays,
e pels vergiers e pels plays
auy lo refrim el guabey
que fan l'auzellet menut   5
entrel blanc el vert el vaire.
Adonc si deuria traire
selh que col qu'amors l'aint
ras captenensa de drut.

II.
Ieu no sui drutz mas domney,   10
ni non tem pena ni fays,
nim rancur leu ni m'irais,
ni per erguelh no m'esfrey ;
pero temensam fai mut,
qu'a la belha de bon aire   15
non aus mostrar ni retraire
mon cor quilh teng rescondut,
pus aic son pretz conogut.

1. p. 229.

2. Notre texte est établi d'après ACDEHIRUVf, avec la leçon de C (f° 75 r°)
comme base.

III.   *Ses preyar e ses autrey*
  son intratz en greu pantays. 20
  Com pogues semblar rerays,
  s'ieu sa gran valor despley ?
  Qu'enquer non a pretz arut
  dona qu'anc nasques de maire
  qu'encontral sieu valha guaire ; 25
  e, si n'ai manh cartengut,
  quel sieus al melhor renvut.

IV. *Be vol qu'om gent la cortey,*
  e platz li solatz e jays,
  e non l'agrad'om savays 30
  que s'en desgui nin fadey.
  Mas li pro son be vengut,
  cui mostra tan belh veiayre,
  que quascus s'en fai lauzaire
  quan son d'enan lieys mogut, 35
  mielhs que si l'eran vendut.

V. *Ia non cug qu'ab lieys parey*
  beutatz d'autra domna mays ;
  que flors de rozier quan nays
  non es plus fresca de liey : 40
  cors benfag e gen cregut,
  boc'e huelhs de mout esclaire,
  qu'anc Beutatz plus noi saup faire ;
  si mes tota sa vertut
  que res non es remazut. 45

VI. *Ia ma dona nos maley*
  s'ieu a sa merce m'eslays,
  qu'ieu non ai cor quem biays
  ni vas autr'amor desrey,
  qu'ades ai del mielhs volgut 50
  de fors e dins mon repaire ;
  e de lieys non sui guabayre,
  que plus noi ai entendut
  mas que m'accuelh' em salut.

VII. *Chanso, vai me dir'al rey* 55
  cuy ioys guid' e vest' e pays,
  qu'en luy non a ren biays,
  qu'aital cum ieu vuelh lo rey ;
  ab que cobre Montagut
  e Carcasson' el repaire, 60
  pueys er de pretz emperaire,
  e doptaran son escut
  sai Frances e lay Maimut.

> VIII. *Dona, ros m'avetz valgut*
> *tan qu'ieu per vos sui chantaire ;*   65
> *e no cugey canso faire*
> *trol fieu vos agues rendut*
> *de Miravalh qu'ai perdut.*
>
> IX. *Mas lo reys m'a covengut*   70
> *quel cobraray ans de guaire,*
> *e mos Audiartz Belhcaire :*
> *pueys poiran domnas e drut*
> *cobrar lur ioy qu'an perdut.*

En songeant aux circonstances au milieu desquelles fut composée cette chanson, on s'attendait à y trouver une émotion plus virile que dans telle autre pièce du troubadour : il n'en est rien, et l'on ne se douterait guère, à lire ces vers, de la date à laquelle ils furent écrits. La chanson ne débute-t-elle pas par les banalités habituelles sur le gazouillement des oiselets et la douceur de la brise ? Le Midi se meurt : c'est bien de cela qu'il s'agit ! Le plus pressé pour Miraval est d'exalter la beauté de sa dame, et cinq strophes sur sept lui sont consacrées. Sans doute le troubadour dit à la fin de la pièce : « Le roi m'a promis que je recouvrerais bientôt mon château et que mon *Audiart* rentrerait en possession de Beaucaire », mais ne se peint-il pas tout entier, et, avec lui, son époque, quand il ajoute : « alors les dames et les amants pourront retrouver la joie qu'ils ont perdue ? » La place que tient, dans cette chanson, l'amour de la patrie méridionale est vraiment bien petite à côté de celle que tient le souci de la galanterie. Raimon de Miraval perdit assurément là la meilleure occasion qui se fût offerte à lui de se montrer plus naturel et plus fort.

Ne sommes-nous pas en droit de conclure, après avoir lu cette chanson, surtout en nous rappelant la faveur dont Miraval jouit à la cour de Toulouse, que l'on se faisait peut-être illusion, dans l'entourage de Raimon VI, sur l'issue des événements, ou bien que l'attrait de la vie galante y séduisait tout le monde au point que les préoccupations de l'heure présente disparaissaient à la seule pensée du plaisir ?

6. Conclusion.

Telles sont les aventures galantes, — on voit par tout ce qui précède que l'expression doit être entendue dans un sens très large, — auxquelles Miraval fut mêlé, du moins celles dont les *razos* ou ses chansons nous ont conservé le souvenir : car ce ne furent certainement pas les seules. En dehors des pièces où nous nous sommes arrêté au cours de ce chapitre, il en est beaucoup d'autres[1] qui se rattachent elles aussi à des intrigues d'amour vraies ou imaginaires ; mais aucune d'elles ne renferme d'indication permettant de reconnaître les femmes auxquelles le troubadour fait allusion ; beaucoup de ces chansons ont perdu leurs envois et aucun détail précis ne s'y trouve qui permette de rattacher telle ou telle pièce à une aventure déterminée[2]. Du moins leur lecture confirme-t-

1. Voici ces pièces : il en est d'ailleurs où ne l'on ne trouve que des allusions tout à fait rapides à telle ou telle dame : *A penas sai don m'apreing.* — *Be m'agradal bel temps d'estiu.* — *Contr'amor vau durs et embroncs.* — *Dels quatre mestiers valens.* — *Selh que no vol auzir chansos.* — *Sitot ses ma domn' esquiva.* — *Tal chansoneta farai.* — *Tals vai mon chan enqueren.* — *Un sonet m'es belh qu'espanda.* — Celles qui suivent n'ont pas d'envoi : *Aissim ten amors franc.* — *Anc non atendei de chantar.* — *Anc trobars clus ni braus.* — *Chans quan non es qui l'entenda.* — *De trobar ai tot saber.* — *Puois de mon chantar disetz.* — *Res contr' amor non es guirens.* — *Sim fos de mon chantar parren.* — *Trop an chauzit mey huelh en luec honriu* (d'une authenticité douteuse). Il faut y joindre le *domnejaire* « *Domna, la genser c'om demanda* », qui, conformément aux règles du genre, est dépourvu d'envoi.

2. Une de ces pièces mentionne le nom d'une femme dont nous n'avons rien dit, car il est impossible de reconnaître la personne dont Miraval veut parler : on lit dans la chanson « *Tals vai mon chan enqueren* » : « Que celui qui veut goûter un agréable passe-temps aille trouver Madame *Guillelma,* en qui le mérite, la beauté et la joie s'ajoutent à la jeunesse. »

> *Qui vol solatz avinen*
> *ves Na Guillelma s'eslays,*
> *on pretz e beutatz e iays*
> [son] *pauzat(z) sobre joven.* (v. 41 et su. C f° 83 v°).

Quelle est cette Guillelma ? Les vers qui suivent semblent indiquer qu'il s'agit d'une comtesse : « De ma dame je tiens Miraval en garde : toutefois je

elle ce que nous avons déjà appris sur les relations de
Miraval avec les dames de son temps. Il s'y plaint encore
volontiers d'être dédaigné ou trahi : c'est bien le même
homme, tour à tour mystérieux, vindicatif, désespéré, confiant,
qu'on y retrouve. Mais le mécontentement domine[1] : et l'on en
revient tout naturellement aux derniers mots de la biographie :
« *e totas l'enganeren.* » Voilà du moins qui paraît bien établi.
Miraval lui-même semble avoir résumé sa vie galante dans ces
deux vers, qui pourraient servir d'épigraphe à un recueil de
ses chansons :

> *Anc hom tan no lur servic*
> *que tan pauc de grat n'atenda*[2].

« Jamais nul ne fut à ce point au service des dames, sans
« en attendre si peu de gré. »

Nous connaissons maintenant assez bien notre troubadour
et le monde où il vécut, pour pouvoir apprécier le caractère
du premier et les mœurs du second.

Il ne viendra à la pensée de personne de ranger **Raimon
de Miraval** parmi les mélancoliques : il s'en faut de beaucoup
qu'il soit, en amour, de l'école des Jaufre Rudel. Nous l'avons

---

fais des vœux pour le succès de la comtesse et je déplore tous les dommages
qu'elle subit. »

> *De mi dons tenh en bailia*
> *Miravalh, mas tota via*
> *ruelh la comtessa gazanh*
> *e tot son dampnatge planh.* (v. 49-52. même ms.)

Des différentes femmes portant le nom de Guillelma et appartenant à la
région que Miraval fréquentait, nous n'en connaissons aucune qui eût rang
de comtesse. Il est vrai que Raimon donne peut-être à sa dame un titre qui
n'est pas le sien : c'est ainsi qu'il a appelé *marquise* la vicomtesse de Minerve
(*s'ieu en chantar socen.* v. 53). On ne pourrait guère songer qu'à Guillel-
mette de Montcade, première femme d'Aimeric IV, vicomte de Narbonne.
La difficulté se complique encore de ce fait que U, au v. 42, donne un autre
nom : *N'Ermesson* (pour *N'Ermessen*). Si cette leçon est la bonne, s'agit-il
d'Ermessen de Castelbon, qui épousa Rogier-Bernart de Foix en 1202? Il
est bien difficile de se prononcer.

1. V. par ex. « *Si tot s'es ma domn' esquica* », str. I (Bartsch, *Chrest.*
151) ; « *Sim fos de mon chantar parcen* », str. VI (*M. G.* 1120) ; *Dels quatre
mestiers valens* », str. III (Raynouard, *Choix* III, 357) ; « *Anc non atendei de
chantar* », str. I (*M. G.* 735).

2. *Tot quan faz de be ni dic.* V. 33-34 (C f° 75 v°).

trouvé engagé, quelquefois pour la forme, quelquefois sincèrement, ici pour son propre compte, là — et trop souvent — pour le compte d'autrui, dans des intrigues variées dont l'ensemble révèle un état de mœurs assez libre ; et nous avons dû dire que le rôle joué par lui dans ces aventures était déplaisant, à moins qu'il ne fût ridicule. C'était, semble-t-il, une âme assez vulgaire que le petit châtelain de Miraval, celui-là même qui se targue volontiers de son titre de chevalier. Si, par instants, il fait preuve de quelque délicatesse, celle-ci n'est qu'à la surface : son vrai caractère se laisse deviner le plus souvent au travers de la phraséologie courtoise qui enveloppe ses sentiments. S'il s'en tenait à ses actes d'hommage symboliques, s'il se contentait d'offrir et de retirer « par métaphore » la suzeraineté de son château à ses amantes, il nous ferait simplement sourire ; mais il n'est vraiment pas assez beau joueur : il a le dépit brutal, l'injure facile, quelquefois odieuse ; pour être troubadour de profession, il n'en est pas moins un homme du XIIe siècle. Joignez à cela qu'il y a en lui du hâbleur, tout comme chez son voisin, le Toulousain Peire Vidal : il est vrai que, si la suffisance de Miraval était grande, celle de Peire Vidal était plus grande encore. Mais ne soyons pas trop sévère sur ce dernier point, sous peine d'avoir à condamner de ce chef, en même temps que Miraval, tous les troubadours.

Raimon nous dit quelque part, parlant le langage de tous ses contemporains et reprenant le lieu commun préféré de la poésie courtoise :

« *Tot quant hom fai per amor es gen*[1] »

« Tout ce que l'on fait par amour est bien. » Nous savons maintenant ce qu'il faut en penser, du moins en ce qui le concerne lui-même.

Au total, ce fut un personnage assez peu recommandable, mais qui apporta dans sa tâche de chroniqueur galant assez d'esprit et de facilité pour être estimé d'un monde

---

1. *D'amor es totz mos cossiriers*, v. 8. C f° 79 r°.

épris d'art sans doute, mais aussi et surtout d'intrigue et de plaisir.

Si nous cherchons en effet, autant que cette étude particulière nous y autorise, à nous faire une idée des mœurs du temps, l'impression qu'elles nous laissent, il faut en convenir, n'est guère favorable. Au cours de ces aventures nous avons rencontré presque toujours des femmes, pour la plupart d'un rang élevé, s'imposant, par vanité, une attitude gênante et peu digne, prenant part à des intrigues parfois sans conséquence, parfois moins inoffensives ; avec elles, des seigneurs, dont quelques-uns parmi les plus puissants de leur époque, amis des poètes, il est vrai, mais surtout empressés auprès des grandes dames, toujours en quête de nouvelles amours et jouant assurément, dans ces incidents de la vie courtoise, un rôle plus actif que les troubadours qui les racontent[1]. Tout ce monde là, manifestement, vit avant tout pour se divertir : voilà l'idéal qu'il poursuit librement et auquel il sacrifie tout avec une insouciance qui peut avoir sa grâce, mais qui n'a guère de noblesse. Cette chasse au plaisir, qui entraîne dans un même tourbillon poètes, seigneurs, grandes dames, et cela à la veille même d'une catastrophe que ces mœurs expliquent peut-être en partie, est faite pour frapper l'historien. Toute morale à part, un peu plus d'énergie, de prévoyance surtout, eût mieux servi les intérêts du Midi en face d'un adversaire tel que Montfort ; quelques appels aux armes de plus, et moins d'appels au plaisir, un écho tout au moins des épreuves endurées par sa patrie, voilà qui eût relevé peut-être les vers de Raimon de Miraval.

Mais avons-nous bien le droit de juger ainsi cette société pour l'avoir entrevue au travers de cette œuvre et de cette vie ? Comment oublier, par exemple, que ce même Pedro II,

---

1. On nous permettra d'insister sur cette idée, essentielle, selon nous : si l'on nous objecte le caractère souvent fictif des liaisons courtoises, nous dirons : ce qui, à l'occasion, était tel, en effet, pour le poète de condition médiocre engagé au service des dames, ne l'était pas nécessairement pour un comte de Foix, ou pour un roi d'Aragon : on l'a vu.

qui accourait avec tant d'empressement à la voix du galant troubadour, allait, lui, donner sa vie à la cause du Languedoc? A ce monde avide de jouir et si peu soucieux du lendemain, en songeant à ce que devait être ce lendemain, qui donc marchanderait sa pitié?

L'ŒUVRE DE RAIMON DE MIRAVAL

L'ŒUVRE DE RAIMON DE MIRAVAL

Nul n'ignore que, si la lyrique provençale est représentée par des œuvres innombrables, et cela, malgré les pertes considérables que le temps lui a infligées, ces œuvres se répètent avec une désespérante monotonie. C'est par centaines que se comptent les troubadours, et, si l'on songe que la période où se renferma leur activité est relativement peu étendue, on n'est pas surpris de trouver parmi eux beaucoup plus de versificateurs que de poètes : ce n'est pas impunément qu'une littérature est aussi féconde. Sans doute, la multiplicité même de ces œuvres indispose à leur endroit et nous porte à nous défier de leur valeur intrinsèque : si les chansonniers provençaux ne nous avaient révélé que les poèmes de quelques troubadours isolés, ceux-ci paraîtraient probablement plus originaux et peut-être rendrait-on plus volontiers justice au fini de leur art, aux mérites extérieurs de leur poésie. Mais il faut bien reconnaître qu'une telle abondance ne fait guère qu'accuser plus cruellement l'incroyable pauvreté d'idées, voire même de sentiments, qu'on est en droit de reprocher aux Provençaux. Ils en sont réduits à quelques façons de penser et de sentir, et la variété de forme par où ils ont masqué l'aridité foncière de leur littérature poétique est impuissante à donner le change sur ce qu'il y a en effet de trop court dans leur psychologie, — en dépit de leurs efforts vers la subtilité, — de simple, et non de naïf, dans leur sensibilité.

Il est vrai que quelques tempéraments s'affirment çà et là, plus vivaces, moins dociles : mais combien rares ! C'est dire à quel point il convient d'être sobre quand on entreprend d'étudier, pour sa valeur littéraire, l'œuvre d'un troubadour déterminé. On ne peut guère toucher à l'un d'entre eux sans toucher à tous, et ce qui reste de particulier à tel ou tel poète se réduit pour l'ordinaire à bien peu. Aussi n'aurons-nous garde de reprendre, à l'occasion du seul Miraval, les remarques qui s'appliqueraient à l'ensemble de la poésie courtoise : celle-ci est assez connue, Diez en ayant dit une bonne fois tout ce qu'il convenait d'en dire ; nous nous efforcerons surtout de démêler ce qui paraît appartenir en propre à notre poète.

Notre tâche se borne à établir quelles sont les œuvres qu'il faut attribuer sans hésitation à **Raimon de Miraval**, à grouper les témoignages que ses contemporains nous ont laissés sur son talent et sur sa renommée et à juger rapidement, pour notre propre compte, son inspiration et son art.

CHAPITRE PREMIER

LES ŒUVRES DE MIRAVAL

1. Chansons. — 2. *Domnejaire*. — 3. Sirventés. — 4. Tensons. —
5. *Coblas*. — 6. Miraval auteur de nouvelles.

1. Chansons.

Miraval est parmi les troubadours que le temps a le moins
maltraités : sur 460 poètes que comprend la table du *Grundriss*
de Bartsch, (bien entendu sans tenir compte des anonymes),
il en est à peine cinq ou six[1] dont il nous reste un nombre de
pièces sensiblement supérieur à celui que Miraval nous a
laissé.

Les chansons forment l'élément de beaucoup le plus considérable dans la production poétique de notre auteur. Il nous en
reste, sous son nom, trente-huit, dont l'authenticité n'est pas
douteuse, et une dont on ne peut affirmer qu'il soit l'auteur. En
voici la liste, à laquelle nous joignons l'indication des manuscrits
où elles se trouvent et des recueils où elles sont reproduites : la
liste de Bartsch contenant quelques inexactitudes, nous avons
cru bien faire de la compléter et de la rectifier[2].

---

1. Ce sont : Giraut Riquier (89 pièces), Giraut de Borneil (81), Guiraut
Olivier d'Arles (77), Peire Cardinal (70), Gaucelm Faidit (65) ; Aimeric de
Péguilhan a aussi quelques pièces de plus que Miraval (53). Nous ne parlons
pas de Bertran Carbonel, bien que la table de ses poésies comprenne 94 numé-
ros ; car, sur ce nombre, il se trouve 71 *coblas esparsas*.

2. L'article Miraval dans la table de Bartsch (406) contient deux erreurs
matérielles. Le n° 17 (*Car ros am tan, domna, celadamen*) n'est pas de

1. *Aissi cum es gensser pascors**. — ABCDD^{c}EFGHIKLMNQRUV^1, anonyme d^s O. — *M. G.* 12 BE ; *Studj* III 120 A, 683 B ; Stengel 28 F (4e couplet) ; *Studj* V 402 H ; *M. G.* 1091 M, 1351 N ; Lollis 118 O ; *Arch.* **35**, 426 U, **36**, 396 V ; Cornicelius 575^1.

2. *Aissim ten amors franc.* — C. — *M. G.* 197.

3. *Amors me fai chantar et esbaudir.* — ACDEIKRb. — *Studj* III 139 A ; *P. O.* 226 CEIR ; *M. W.* II, 129.

4. *Anc non atendei de chantar.* — CRV^1. — *M. G.* 735 C, 736 R ; *Arch.* **36**, 398 V ; Cornicelius 111^1 ; Crescini 130 V.

5. *Anc trobars clus ni braus.* — ACDEIKMNRV. — *Studj* III 125 A ; *Arch.* **33**, 436 A, **36**, 398 V ; *M. G.* 733 C, 734 M ; *Chrest.* 149 ACI.

6. *A penas sai don m'apreing.* — ACDEGIKLMNQRSVb$_2$^{2}. — *Studj* III 137 A ; *M. G.* 1349 N ; *Arch.* **36**, 393 V ; *DKm.* 191^2 ; Rayn. III 359 ; *M. W.* II 121 ; Azaïs 30037, 30882, $_2$.

7. *Ar ab la forsa dels freys.* — ACDD^{c}EIKNR^1, anonyme d^s L. — *Studj* III 127 A ; *P. O.* 227 CEIRN ; *M. W.* II 124 ; Cornicelius 1325^1.

Miraval, mais bien d'Arnaut de Mareuil. C'est la même pièce que **30**, 16 (*La grans beutatz et fis enseignamens*). Le vers *Car ros am tan…* est le début du second couplet : le premier couplet manque dans Q. — En outre, une chanson qui est sûrement de Miraval est omise par Bartsch ; c'est la pièce : *Ben sai que per aventura*.

*. Nous donnons immédiatement le sens de quelques abréviations qui sont particulières à cette table et qui ne se trouvent pas dans la table de Barstch.
Stengel — *Die prov. Blumenlese der Bibl. Chig.* (Stengel) ;
Lollis — *Il canzoniere prov. O* (C. de Lollis) ;
Azaïs — *Le Breviari d'Amor de Matfre Ermengaud* (G. Azaïs) ;
Crescini — *Il canzoniere prov. della Marciana* (d^s *Per gli studj romanzi* p. 129 et su.)

Les sigles ^{1} et ^{2} désignent (conformément à l'emploi qu'en a fait Grœber d^s *die Liedersammlungen der Troub.*) les deux nouvelles de Raimon Vidal, ^{1}, *So fo el temps c'om era jays*, (nous renvoyons aux passages dans l'édition donnée par M. Cornicelius) ; ^{2}, *Abrils issi'e mays intrara* (nous renvoyons à la page de l'édition donnée par Bartsch dans ses *Denkmaeler*, à l'aide de l'abréviation *Dkm*).

8. *Ara m'agr' ops que m'aizis.* — ADEIKNRb, Aimeric de
   Belenoi C. — *Studj* iii 128 A ; *M. G.* 237 C, 335 E.

9. *Belh m'es qu'ieu chant em conhdey.* — ACDEFHIKLMNPQR
   SUVf α. — *Studj* iii 121 A, v 401 H ; Stengel 27 (5ᵉ cou-
   plet) F : *Arch.* **35**, 428 U, **36**, 396 V ; *P. O.* 229 CEIMNR ;
   M. W. ii, 128. Voir plus haut, p. 156.

10. *Be m'agradal bel temps d'estiu.* — ACDDᶜEFGIKLMNPQRST
    UVb. — *Studj* iii 136 A ; *M. G.* 38 E, 1084 M, 1085 S ;
    Arch. **35**, 425 U, **36**, 393 V ; Stengel 27 (3ᵉ couplet) F :
    Chrest. 152 CEI.

11. *Ben aial cortes essiens.* — CR. — *M. G.* 1098 C, 1099 R.

12. *Ben aial messatgiers.* — ACDDᶜEHIKMNRUbβ'. — *Studj* iii
    124 A, v 405 H ; *Arch.* **35**, 427 U ; *P. O.* 231 CEIMNR :
    M. W. ii 126 ; Cornicelius 739 β'.

13. *Ben sai que per arentura.* — ACDEIKLJNRVb. — *Studj* iii
    131 A ; *M. G.* 1102 A, 1101 C, 1100 E ; *Arch.* **36**, 397 V.

14. *Chansoneta farai rencutz.* — CR. — *M. G.* 1103 C, 1104 R.

15. *Chans quan non es qui l'entenda.* — CERV. — *M. G.* 1105 C,
    1106 R ; *Arch.* **36**, 392 V ; Crescini 129 V.

16. *Contr' amor vau durs et embroncs.* — ABCDDᶜEFIKMNRSVdβ' ;
    Studj iii 134 A ; 683 B ; *M. G.* 49 B, 1107 S ; *Arch.* **36**,
    395 V ; Stengel 28 (6ᵉ couplet) F ; Cornicelius 610 β'.

17. *D'amor es totz mos cossiriers.* — ACDIKMNRTbf α. — *Studj* iii
    132 A ; Rayn. iii 362 ; *M. W.* ii 118 ; Azaïs 27909, 30115, α.

18. *Dels quatre mestiers ralens.* — CRVβ². — *Arch.* **36**, 391 V ;
    Rayn. iii 357 ; *M. W.* ii 120 ; *DKm.* 175 β².

19. *De trobar ai tot saber.* — V. — *Arch.* **36**, 393 ; *M. G.* 933.

20. *Enquer non a guaire.* — CH. — *M. G.* 1108 C ; *Arch.* **34**,
    415 H ; *Studj* v 251 H.

21. *Entre dos volers sui pessius.* — ABCDDᶜEHIKMNRTUVf,
    anonyme dˢ LS. — *Studj* iii 119 A, 683 B, v 404 H ;
    M. G. 141 B, 1350 N ; *Arch.* **35**, 425 U, **36**, 395 V ; *P. O.*
    233 BCIMNRT ; *M. W.* ii 125.

22. *Lonestemps ai arutz cossiriers.* — ACDEIKLRV. — *Studj* iii
    141 A ; *M. G.* 66 E, 632 I ; *Arch.* **36**, 394 V.

23. *Pnois de mon chantar disetz.* — ADEIK, anonyme d⁵ L. —
     Studj ɪɪɪ 140 A ; *M. G.* 634 E. 633 I.

24. *Pus oguan nom calc estius.* — ACDDᶜEIKMNRUV, Pons de la
     Garda S. — *Studj* ɪɪɪ 149 A ; *M. G.* 1109 A, 1110 C, 1111 E;
     Arch. **33**, 437 A, **35**, 426 U, **36**, 398 V; Crescini 131 V.

25. *Qui bona chanso cossira.* — CR. — *M. G.* 1112 C, 1083ᵃ R.

26. *Res contr'amor non es guirens.* — CRV. — *M. G.* 1113 C,
     1083 R : *Arch.* **36**, 397 V.

27. *S'a dreg fos chantars grazitz.* — CRꝫ'. — *M. G.* 1115 C,
     1114 R : Cornicelius 798 ꝫ'.

28. *Selh cui ioys tanh ni chantar sap.* — ACDEIKLMRVfꝫ', Peirol
     N. — *Studj* ɪɪɪ 135 A ; *M. G.* 1119 A, 1117 C, 1116 M,
     1118 N : *Arch.* **33**, 440 A, **36**, 394 V; Cornicelius 459 ꝫ'.

29. *Selh que de chantar s'entremet.* — ACDEIKNb. *Studj* ɪɪɪ
     134 A : *M. G.* 1094 A, 1093 C. 1095 E ; *Arch.* **33**, 439 A.

30. *Selh que no vol auzir chansos.* — ACDDᶜEGIKMNPQRSTVbₐ,
     anonyme d⁵ L. — *Studj* ɪɪɪ 122 A ; *Arch.* **36**, 391 V ;
     Azaïs 28630. 32129. 32197 α. Rayn. *Lex. Rom.* ɪ 423 ;
     M. W. ɪɪ 123.

31. *Sieu en chantar soren.* — ABCDEIKNRb. — *Studj* ɪɪɪ 126 A ;
     Arch. **33**, 436 A; *M. G.* 150 B; *P. O.* 235 BCEINR; *M. W.*
     ɪɪ 130.

32. *Sim fos de mon chantar parven.* — CR. — *M. G.* 1120 C,
     1121 R.

33. *Si tot s'es ma domn' esquira.* — ACDIKR, Cadenet E. —
     Studj ɪɪɪ 142 A ; *M. G.* 637 C, 638 I, 639 R ; *Chrest.* 151
     CIR : *L. B.* 72 CIR.

34. *Tal chanso eu farai.* — ADIKN, Raimon Vidal C. — *Studj*
     ɪɪɪ 123 A : *M. G.* 635 C, 636 I.

35. *Tals vai mon chan enqueren.* — ACDDᶜEHIKQRVꝫ'. — *Studj* ɪɪɪ
     138 A. v 403 H : *M. G.* 1090 A, 1089 C, 1088 E ; *Arch.* **33**,
     440 A. **33**, 421 Q, **36**, 395 V ; Cornicelius 653. 681 ꝫ'.

36. *Tot quan fatz de be ni dic.* — CRV. — *Arch.* **36**, 392 V.

37. *Tug silh quem van demandan.* — ACDEIKNRbf. — *Studj* ɪɪɪ
     130 A : *Arch.* **33**, 438 A : *M. G.* 1097 A, 1096 C. 1095 E.

38. *Un sonet m'es belh qu'espanda.* — CERV. — *M. G.* 1124 C,
   1125 R ; *Arch.* **36**. 392 V ; Crescini 129 V.

39. *Trop an chauzit mey huelh en luec honriu.* —E, anonyme C. —
   M. G. 1122 C, 1123 E*.

Parmi ces pièces, il en est trois auxquelles Miraval a appliqué
la dénomination de chansonnettes : le fait est sans importance,
puisque, ni dans le fond, ni dans la forme, la chansonnette
provençale ne se distinguait de la chanson. Ce sont les pièces
14 *(Chansoneta farai rencutz)*, 17 *(D'amor es totz mos cossiriers,*
v. le vers 61) et 34 *(Tal chansoneta farai).*

Rappelons quelles sont celles de ces chansons dont nous
avons établi la date approximative dans la première partie de
notre étude :

Les pièces 27, 36, 8, 20, 31, 3, 37, 13, 24, 17, 29, 22, composées
de 1196 à 1204 environ (v. p. 113).

Les pièces 7, 21, 28, 1, de 1204 à 1207 environ (v. p. 128).

La pièce 12 (vers 1206 ou 1207 (?) (v. p. 151).

La pièce 9, début de 1213 (v. p. 72).

Parmi les autres, les pièces 14, 30, 33, 35, 38, mentionnent
Audiart (Raimon VI). Miraval fut sans doute en relations avec
lui avant son avènement (1194). On peut raisonnablement faire
remonter l'origine de ces relations jusqu'à l'année 1185, date
extrême ; d'autre part, Miraval n'eut guère l'occasion de célébrer

---

*. La pièce est donnée comme douteuse par Bartsch ; c'est avec raison,
puisque, sur deux mss., un seul l'attribue à Miraval. Au v. 12 il est fait
allusion à un château de « Montesquieu », *« un fort castel qu'es caps de
cortezia. »* Le nom de Montesquieu — désignant d'ailleurs un personnage —
ne se retrouve dans Miraval qu'au v. 34 du sirventés « *A Dieu me coman,
Bayona »* d'après C ; la leçon de R *(Gent Esquieu)* nous a paru préférable
(v. plus haut p. 63 n. 3). Une pièce de Peire Vidal *(Bem pac d'ivern e
d'estiu,* n° 14 dans l'éd. Bartsch) mentionne aussi un château de Montesquieu
dans un passage qui offre précisément avec les vers 12 et 13 de la pièce *Trop
an chauzit* une certaine analogie :

    *e contrals fals fenhedors
    ten establit Montesquieu* (v. 13 et 14).

Une confusion s'est-elle produite dans les mss. par suite des relations
communes qu'eurent, au cours de leurs aventures, dans la même région,
Miraval et Peire Vidal? Ajoutons que la pièce *Trop an chauzit* est écrite
avec un charme et une émotion rares chez Miraval. Malgré tout, la question
doit être réservée.

Raimon VI à partir de 1209. On est, semble-t-il, fondé à renfermer entre ces limites les pièces dont il s'agit. Il faut y joindre la pièce 11, puisqu'elle nous a paru se rattacher à la même aventure que la pièce 14 (v. p. 125).

Dans les pièces 6, 10, 18, est nommé le personnage désigné sous le pseudonyme de *Leyal*, et dont nous n'avons pu établir l'identité. Remarquons que le même pseudonyme se trouve dans la pièce 20. Or celle-ci fait partie d'un groupe de chansons qui nous ont paru postérieures à 1196. Si les pièces 6, 10, 18, appartiennent à la même époque, on peut les placer de 1190 à 1200 environ.

Les pièces 10 et 18 mentionnent aussi *Audiart*, ce qui ne s'oppose en rien à l'adoption de ces dates.

Enfin la pièce 25 est peut-être de la même époque que la pièce 12 (v. p. 150). Elle se placerait dans ce cas, comme elle, vers 1206 ou 1207.

Restent les pièces 2, 4, 5, 15, 16, 19, 23, 26, 32, 34 (39), qui ne renferment aucun détail permettant de les dater, même approximativement.

2. *Domnejaire*.

· Nous mentionnerons, après les chansons de Miraval, une pièce qui, bien qu'appartenant à un genre différent, s'en rapproche cependant beaucoup. Elle rentre dans la variété connue sous le nom de Lettre d'amour ou Salut d'amour.

Le salut d'amour se rattache à la chanson par son fond, mais sa forme est plus libre. Il est généralement consacré à des déclarations amoureuses, soit que l'amant sollicite les faveurs de sa dame, soit que, séparé d'elle, il exprime la douleur que lui cause cette séparation. On donne au salut d'amour provençal le nom spécial de *domnejaire* quand il commence et se termine par le mot *domna* : c'est le cas pour la pièce dont nous parlons[1].

---

1. M. P. Meyer (*Le Salut d'Amour dans les littératures provençale et française*, p. 8) estime que cette dénomination « est tirée du sujet même de l'Epître, qui est la galanterie, *(domnei)*, et non de sa forme. » Il allègue

La lettre d'amour est écrite d'ordinaire en vers de huit syllabes rimant deux à deux. La pièce de ce genre qui nous est restée sous le nom de Miraval est la seule qui fasse exception. Elle se compose de couplets de trois vers rimant ensemble ; le premier vers a quatre syllabes, les deux autres, huit. Les deux premiers couplets seuls sont composés de vers d'égale longueur[1].

L'authenticité de cette lettre étant discutable, nous sommes tenu de nous y arrêter un moment. On y trouve tour à tour des formules élogieuses et des protestations de dévoûment adressées par le troubadour à la dame de ses pensées : en voici quelques extraits qui donneront une idée de l'ensemble.

La pièce débute de la façon suivante :

« Dame, vous, la plus belle de celles à qui l'on aspire, celui
« qui est tout à vos ordres vous salue : puis il vous mande en
« amour autant qu'il peut et sait, et s'il vous plaît, dame,
« de l'entendre sérieusement du commencement jusqu'à la fin,

l'exemple de quelques pièces désignées dans les mss. sous le nom de *domnejaire* et dans lesquelles le mot *domna* manque au début ou à la fin. Le ms. Q donne le même titre à un salut d'Arnaut de Mareuil « *Cel que vos es al cor plus pres* » (*Arch.* **34**, 429), où le mot *domna* ne se trouve ni au commencement ni à la fin. Quelle que soit l'origine du terme *domnejaire*, la nature intime du genre est parfaitement fixée.

1. Selon M. P. Meyer (*our. cité*, p. 7, n. 1), le couplet fondamental de cette pièce est peut-être formé d'une autre manière. On pourrait « le considérer comme composé de deux vers rimant ensemble et d'un troisième (le petit) rimant avec les deux vers octosyllabiques du couplet suivant. Ce qui pourrait justifier cette manière de distinguer les couplets, c'est : 1° qu'il y a ordinairement un repos après le petit vers ; 2° que le couplet ainsi formé est analogue à l'espèce dite...... *cobla capcaudada* de laquelle on a de très nombreux exemples. » Nous pensons qu'il est préférable de considérer le petit vers comme formant le premier vers de chaque couplet. En effet : 1° rien n'oblige à voir dans cette pièce des *coblas capcaudadas* plutôt que des *coblas* autrement disposées ; 2° le repos après le petit vers est ordinaire, sans doute, mais n'est pas observé partout ; 3° enfin et surtout, la structure de la pièce nous invite à la considérer comme formée de groupes de trois vers rimant ensemble : les deux groupes de trois vers octosyllabiques du début le prouvent bien ; on ne peut couper la pièce d'autre façon sans en rompre l'équilibre. On serait obligé de considérer les vers 4 à 8 comme formant un couplet de 4 vers (3 octosyllabiques, plus le premier des petits vers) pour introduire le rythme : ce qui est inadmissible. Enfin le rythme resterait encore en suspens à la fin de la pièce, les deux derniers octosyllabes se trouvant privés de l'appui du petit vers.

« vous pourrez bien comprendre ainsi qu'il ne désire pas
« changer. car c'est à vous qu'il s'adonne, dame avenante,
« belle et bonne......¹ »

Suit un éloge courtois de la dame, fait dans les termes chers
à tous les troubadours et qui rappellent notamment d'assez près
le ton que prend Miraval dans bon nombre de ses chansons. Il
répète, à son ordinaire, que le mérite de sa dame rehausse le
sien propre, et il n'a garde, chemin faisant, de se peindre
lui-même sous un jour défavorable. Plus loin, il laisse entendre
que l'intérêt même de celle qu'il aime est de lui conserver sa
faveur et les conseils qu'il risque à ce propos lui sont tout à
fait habituels.

« Pourquoi le remplaceriez-vous par un autre? Une dame
« doit bien faire attention au caractère de celui qui l'aime :
« car elle a un sort bien heureux celle que son ami aime
« loyalement ; et celle qui en trouve un tel que je le dis ne
« doit jamais le changer pour un amant plus puissant qui
« ne serait qu'un ignorant². »

Le dernier trait est particulièrement familier à Miraval, qui,
souvent en lutte avec des rivaux plus puissants que lui, faisait

1.
> *Dona, la genser c'om demanda,*
> *sel qu'es tot en vostra comanda*
> *vos saluda, apres vos manda*
> *d'amor aitan can pot ni sap ;*
> *e sieus play, dona, que ses gap*
> *o entendatz del premier cap*
> > *tro en la fi,*
> *entendre poiretz ben aisi*
> *qu'el non a talan ques cambi :*
> > *c'a vos s'adona,*
> *arinen dona, bel' e bona.*   (V. 1-12, *M. G.* 640),

2.
> *Per quel camiaretz per autruy ?*
> *Car dona deu gardar per cuy*
> > *sia amada ;*
> *car mot a bona destinada*
> *dona qu'es lialmen amada*
> > *per son amic ;*
> *e quil trob' aital co yeu dic*
> *nol deu ies camiar per pus ric*
> > *desconoissen.*   (V. 99-108, ibid.).

volontiers valoir sa fidélité et son talent comme des titres à l'amour de sa dame.

La dernière partie de la lettre est d'un ton de plus en plus soumis :

« ...... sur mille amants vous n'en trouveriez pas un si patient, « si humble, si fidèle. Dame, ne m'en veuillez pas, si la force « d'un amour naturel m'en fait tant dire ; s'il vous plaît vous « pouvez me tuer ; car je ne puis plus me dédire envers vous « sans beaucoup d'efforts ; si vous me faites du bien, je suis « sauvé, et si vous me voulez du mal, je suis perdu, Dame ! ' »

Cette analyse suffit à prouver que la pièce dont il s'agit ne renferme rien qui ne pût être dit par Miraval et que, si l'on a des raisons de douter de son authenticité, ces raisons ne sauraient être tirées de son contenu.

C'est pour d'autres motifs que M. P. Meyer a hésité à attribuer ce *domnejaire* à Miraval. Il se fonde sur la forme métrique de la pièce, laquelle n'apparaît qu'assez tard', et sur l'autorité médiocre du seul manuscrit qui la contient (R). Ces raisons ont assurément leur valeur. Mais qui nous empêche d'admettre que Miraval a inventé le rythme dont il s'agit ? Est-il sûr, d'ailleurs, que d'autres pièces, rythmées de même façon et datant de son époque, ou de peu postérieures, ne se soient pas perdues ? Enfin n'est-il pas excessif de faire fi

1.
    Que non trobariatz en mil
    un tan sofren ni tan humil
        ni tan lial.
    Dona, nous o tengatz a mal
    que forsa d'amor natural
        m'en fa tan dire.
    e, s'a vos play, podetz m'ausire,
    que ras ros ges nom puesc desdire
        ab pauc d'esfortz ;
    e sim faitz be, yeu soi estortz
    e sim coletz mal, yeu soi mortz
      Dona !

                              (V. 120-130, ibid.)

2. *Ouc. cité* p. 7. Bartsch, dans son *Grundriss*, 29, hésite lui aussi à se prononcer. Remarquons en passant que la structure métrique de *l'Ensenhamen del Guarso* de Cavalier Lunel de Montech (que M. P. Meyer rapproche de notre *domnejaire*) n'est pas la même que celle de *Dona, la genser*.

du témoignage du manuscrit? Douter est permis. Mais il y a, ce nous semble, plus de raisons pour que contre l'attribution de la pièce à Miraval.

Ce *domnejaire* a été publié, d'après l'unique manuscrit R (f° 135) dans les *Denkmaeler* de Bartsch (p. 127-131) et dans Mahn : *Ged. der Troub.* n° 640.

L'absence de toute allusion précise permettant de rattacher cette pièce à une intrigue déterminée, nous empêche de proposer une date, même approximative, pour sa composition.

3. Sirventés.

Il nous reste de Miraval cinq sirventés :

1. *A Dieu me roman, Bayona!* CR — *M. G.* 8 C, 540 R ; Withœft, *Sirv. Jogl..* 49, CR.

2. *Aras no m'en puosc plus tardar.* — AD. — *Arch.* **34**, 197 A ; *Studj* III 638 A.

3. *Bayona, per sirventes.* — CR. — *M. G.* 541 R ; Milà, *Tror. en Esp.* 115 R ; Withœft. *Sirv. Jogl.* 50 CR.

4. *Forniers, per mos enseignamens.* — AD. — *Arch.* **34**, 196 A ; *Studj* III 637 A ; Withœft, *Sirv. Jogl.* 51 AD.

5. *Grans mestiers m'es razonamens.* — ADH. — *Arch.* **34**, 195 A ; *Studj* III 635 A, v 491 H ; cf plus haut p. 143.

Voici les dates approximatives de ces sirventés :

N° 1, antérieur à 1204, mais assez rapproché de cette date, puisqu'il doit appartenir à peu près à la même période que le n° 3. Si l'on admet avec nous que Bertran de Saissac est mort vers 1200 (v. p. 56 n. 4), le sirventés 1 doit être placé entre 1200 et 1204. Entre ces deux pièces Miraval composa sans doute le second des sirventés à Bayona, qui ne nous est pas resté, mais auquel fait allusion le v. 3 de *Bayona per sirventes.*

N°s 3 et 4, composés de 1204 à 1207 environ (v. p. 128).

N° 2. Ce sirventés est mutilé ; les quatre premiers couplets seuls restent. L'incident auquel Miraval y fait allusion n'est pas connu. Mais le ton même que prend le poète pour narrer l'aventure dont il s'agit semble indiquer que ce sirventés est une œuvre de jeunesse[1].

Nº 5, écrit vers 1206 ou 1207 (v. p. 152).

De ces sirventés, trois, les nᵒˢ 1. 3. 4, appartiennent à la variété des *Sirventes Joglaresc*, c'est-à-dire, selon les conclusions de M. Zenker[2], des sirventés traités à la manière des jongleurs, et non, destinés aux jongleurs.

4. Tensons.

Il reste sous le nom de Miraval deux tensons. L'une est certainement de lui ; l'autre ne peut lui être attribuée.

1. *Miraval. tenzon grazida.* — O. — *Arch.* **34**, 379; Lollis : *Il canz. prov. O.* 91. — Cf. plus haut, p. 29[3].

La pièce appartient exactement à la variété désignée sous le nom de *partimen*, puisque le troubadour à qui est dû le premier

1.   *Mas eu nom ruoill far entestar,*
     q'ieu sui tan fis dompneiaire
e sai tant ma dompna honrar,
qe, si mos seigner ditz que plou,
     eu dic q'aital temps deu faire :
c'a midonz auria faillit
sin ren desdizi' al marit. (A. Fº 207. cf. *Studj* III. 638).

« Quant à moi je ne veux pas me faire décapiter, car je suis un galant si « sûr et je sais si bien honorer ma dame que, si mon seigneur dit qu'il pleut, « je dis qu'il doit faire en effet ce temps ; car ce serait faillir envers ma « dame que de contredire son mari en quoi que ce soit. »

C'est ce couplet gouailleur qui nous paraît autoriser ce que nous disons sur l'époque à laquelle appartient ce sirventés.

2. V. *Folquet con Romans* p. 35 à 39. « Je suis donc d'avis que dans les biographies on désigne par *Joglaresc* des sirventés à la manière des jongleurs. c'est-à-dire des sirventés consacrés à la fois à faire l'éloge de la générosité et à critiquer l'avarice, aussi bien que des sirventés n'ayant que l'un ou l'autre de ces objets, c'est-à-dire consacrés ou bien à l'éloge, ou bien au blâme. » (p. 39.) Cette interprétation, qui permet de se rendre compte de toutes les particularités contenues dans les pièces se rattachant à ce genre, nous paraît de beaucoup la plus simple et la plus large. Voir d'ailleurs pour le détail des différents types du *Sirventes Joglaresc* l'étude de M. Withœft publiée sous ce titre même *(passim.)*

3. L'autre auteur de la tenson est un certain Ademar. Quel est ce troubadour ? Parmi ceux qui portent ce nom, il n'en est guère qu'un auquel on

complet laisse à son interlocuteur le choix de la thèse à sou-
tenir [1]. Cette pièce se rattache sans doute à la dernière période
de la vie de Raimon, Ademar faisant (v. 17 et 18) allusion aux
cheveux gris de Miraval et l'épithète *veils* (v. 19) s'appliquant
visiblement à ce dernier. Nous estimons qu'elle est antérieure
aux incidents relatifs à Gaudairenca : Miraval n'aurait pu,
sans être ridicule, railler Ademar, comme il le fait, aux vers
25-28, sur l'humeur voyageuse de sa femme, après ses propres
aventures. Pour ces deux raisons, nous proposons de placer
la pièce entre 1200 et 1206.

2. *Bertran si fossetz tant gignos.* — IK. Bertran d'Avignon et
    Raimon de las Salas A, Raimon D, anonyme L. — *M. G.*
    1086 A, 1087 I; *Arch.* **34**, 184 A. *Studj.* III. 567, A.

C'est à tort selon nous que la moitié de cette tenson est
attribuée quelquefois à Miraval, par Diez notamment [1]. Car il
n'est désigné comme étant l'un des deux auteurs que dans I et
K. — D donne Raimon sans autre nom ; A l'attribue à Bertran
d'Avignon et à Raimon de las Salas ; L donne la tenson comme
anonyme. Celle-ci se place entre les années 1216 et 1218,
puisqu'il y est fait allusion au siège de Beaucaire par Simon
de Montfort (1216) [3], et non à la mort de ce dernier (1218) [4].

Le sujet de cette tenson, souvent citée, est bien connu : les
deux troubadours discutent les titres des nations Lombarde et
Provençale à la prééminence : Bertran soutient que les Lombards
l'emportent par la vaillance, Raimon que les Provençaux sont
supérieurs aux Lombards par leur générosité et par le talent
poétique. Nous avons déjà contesté que la tenson fût en partie
de Miraval [5]. En voici les raisons :

puisse songer : c'est Ademar le *Noir* (v. Chabaneau, *Biogr.*, p. 72). Il fut le
contemporain et le protégé de Raimon VI et de Pedro II, comme Miraval, et
il était originaire de l'Albigeois. Il eut sûrement l'occasion de séjourner en
Espagne : ce qui expliquerait bien l'allusion contenue dans le vers 24.

1. V. A. Jeanroy : *La Tenson Provençale* (dans *Annales du Midi*, 1890,
p. 285 et suiv.).

2. *Leb. u. Werke der Troub.*, p. 319.

3. V. v. 26.

4. V. v. 24.

5. V. p. 25, n. 2.

Sur cinq manuscrits, deux seulement, I et K (qui sont d'ailleurs deux copies d'un même type), donnent le nom de Miraval. Le nom de l'interlocuteur de Raimon nous paraît être exactement donné dans A. Laissons de côté l'argument que l'on peut tirer de la valeur de A, qui est pourtant considérable : nous n'en avons pas besoin. On nous accordera que, si A donne le véritable nom de l'un des deux troubadours, il y a bien des chances pour que le nom du second soit aussi exact. Or I K désignent, avec Miraval, le troubadour Bertran de Lamanon comme auteur de la tenson. Ce troubadour nous est connu, non seulement par ses poésies, mais par des documents historiques : la date de ces documents (1241 et 1262) prouve qu'il est sensiblement postérieur à l'époque de Miraval [1]. M. Chabaneau [2] renferme sa carrière poétique entre les années 1232 et 1262. Nous ne pouvons donc reconnaître en lui un des auteurs de la tenson composée entre 1216 et 1218. Au contraire Bertran d'Avignon (ou Bertran Folcon d'Avignon), dont le nom est donné par A, appartient à une époque antérieure, bien que plus jeune que Miraval. Nous savons par la *Chanson de la Croisade* qu'il assista précisément au siège de Beaucaire en 1216 [3]. On peut objecter que l'attitude prise par ce personnage dans cette circonstance ne cadre guère avec ce que dit Bertran dans le quatrième couplet de la tenson, où la conduite des Provençaux à Beaucaire même est durement raillée : mais qui ne sait que l'on exprimait parfois dans les tensons, tout comme dans les chansons, peut-être plus volontiers encore, des sentiments factices, des opinions empruntées et, pour ainsi dire, momentanées ? Il faut donc considérer Bertran Folcon d'Avignon, avec Bartsch *(Grundriss* n° 83 de la Table) et M. Chabaneau *(Biogr.,* p. 133), comme un des deux auteurs de la tenson. Concluant de l'exactitude d'un nom à l'exactitude de l'autre, c'est Raimon de las Salas et non Raimon de Miraval qu'il faut reconnaître dans l'interlocuteur de Bertran d'Avignon.

1. V. Chabaneau *(Biogr.,* p. 95, n. 3).
2. *Biogr.,* p. 133.
3. V. 4239.

Selon M. Chabaneau, la carrière poétique de ce troubadour s'étend de 1215 à 1230 environ[1]. Ces dates n'ont rien qui gène notre conclusion.

Si nous nous sommes arrêté à cette tenson, c'est uniquement parce que nous n'avions pas cru, en établissant les dates de la vie de Miraval, devoir nous appuyer sur elle, ainsi que la plupart des biographes de Raimon l'ont fait pour prolonger sa carrière jusque vers 1218 ou 1220[2].

5. *Coblas.*

Le dernier genre poétique que nous trouvions représenté dans les œuvres qui nous restent de Miraval est celui des *coblas*.

On sait que les *coblas,* — qui comportent ordinairement deux couplets, dont le second riposte à l'attaque lancée dans le premier, — se rattachent à la tenson par leur forme, — puisqu'elles sont échangées entre deux poètes différents, — et au sirventés par leur fond, — puisqu'elles sont presque toujours d'une inspiration satirique : c'est en somme là *l'épigramme* des Provençaux.

Il nous reste une *cobla* de Miraval :

Tostems eseing e mostri al mieu dan. N. — M. G. 1352.

Au couplet de Miraval répond un couplet dont un certain Guilhelmi est l'auteur[3].

1. V. *Biogr.,* p. 172.

2. Nostre-Dame, se fondant sur l'attribution inexacte de cette tenson à Miraval, a imaginé de dire que ce dernier était l'auteur d'un traité sur « *las Lauzors de Proensa.* » (V. p. 61 de l'éd. de 1575). Son invention provient du vers 47 de la tenson, où Bertran dit à Raimon : « *Quels* « *Provensals* » *que vos tant mi* « *lauzatz* ». » Cf. Bartsch, dans *Jahrbuch,* XIII, 136.

3. V. sur ces *coblas* l'art. de M. A. Jeanroy (*Romania* 1890. p. 394 et su.) Réfutant l'hypothèse de M. Zenker, qui voulait reconnaître dans Miraval et Guilhelmi les deux auteurs de la tenson *Car rei fenir a tot dia* (Bartsch *Grundriss* **112**, 1), M. Jeanroy montre sans peine que le second couplet est bien la réponse de Guilhelmi. Le ms. ne porte pas le nom de ce dernier en tête de ce couplet ; mais ce fait n'est pas isolé, et, d'ailleurs, le texte même des *coblas* ne laisse aucun doute à cet égard.

Le texte en étant nécessairement très court, nous insérons
ici ces *coblas*.

<table>
<tr><td>I Miraval :</td><td>Tostems esciny e most[r]i al mieu dan
so ad autre ab quem mou pas revel ;
qu'eu ai mostrat a N Villelmin aitan
qu'aimais li par que ses mi se capdel,
e fai de mi chanssos e sirventes
ab caitius motz mal pausatz e mal mes,
l'un curt e fals, l'autre fraich e redon :
ben par, quant el las fetz, qu'avia son.</td><td>

5</td></tr>
<tr><td>II [Villelmi]</td><td>De paubriera m'apella e d'enjan,
quar gen me vol cubrir del sieu mantel ;
qu'el fon de tres mandas en un sol an,
per qu'ambas partz lo ran claman rausel.
Fals soi d'aitan, tans m'a el faichs de be(n)s,
qar ieu non pren aitan [q'] aquel s'en fes.
Mas laissi m'en per desdeing de Raimon,
qu'el ten els mans so quin ad el rescon¹.</td><td>
10

15</td></tr>
</table>

Le texte de la seconde *cobla* est manifestement altéré et les
allusions qu'elle renferme ne sauraient être saisies. Toutefois
le sens général est clair. Il s'agit très probablement d'un
personnage qui s'était mis à l'école de Miraval et qui, après

1. Voici la leçon du ms. pour les passages que nous tentons de corriger :
9 *entan* (correction déjà faite par M. Zenker) 11 *mandas* — 14 *altan. ses f.*
— Au v. 16 peut-être faut-il lire : *quieu ad els* (= huels) : mais le sens de
ce vers reste bien obscur.

Voici le sens. I. « Je ne cesse pas — et cela à mon détriment — d'enseigner
« et d'apprendre à un autre ce qui lui sert ensuite à me combattre; j'ai si
« bien instruit le sire Guilhelmi qu'il se croit désormais en état de se con-
« duire sans mon aide, qu'il compose contre moi des chansons et des sirven-
« tés, avec de méchants mots maladroitement employés et mal placés, les
« uns courts et faux, les autres sans force et emphatiques : on voit bien qu'il
« avait sommeil quand il fit ces vers. » ——— II. « Miraval m'accuse de
« pauvreté et de perfidie, et fort obligeamment veut me couvrir de son man-
« teau, lui qui a eu trois maîtres en un an, ce qui lui vaut d'être traité de
« roseau par les uns et par les autres ! Quant à être perfide, je le suis autant
« qu'il a été généreux envers moi : car je ne lui dois pas autant de bien qu'il
» s'en est fait à lui-même. Mais je renonce (à me disculper) par mépris pour
Raimon. » — Le dernier vers nous paraît inintelligible : Guilhelmi veut dire
peut-être — pour justifier son mépris — que Miraval profite de ce qui ne lui
fait pas honneur, jouit ouvertement de ce qu'un autre cacherait. — Nous ne
pensons pas que le vers 11 fasse allusion aux relations de Miraval avec les
dames de sa contrée, nous croyons plutôt que Guilhelmi veut parler de ses
protecteurs.

avoir appris de lui les secrets de son art, s'en était montré
assez peu reconnaissant. Miraval lui reproche son ingratitude
en termes méprisants et Guilhelmi lui répond sur le même
ton. On remarquera cependant que, si Miraval raille surtout
la médiocrité poétique de son adversaire, celui-ci semble faire
allusion à la vie plutôt qu'à l'œuvre de son ancien maître.

Ce Guilhelmi ne nous est pas autrement connu : nous
pensons malgré tout qu'il ne s'agit pas d'un simple jongleur, —
comme Bayona, — ou d'un apprenti jongleur, — comme
Fornier,— mais d'un personnage qui devait être, au moins alors,
l'égal de Miraval ; et cela, non parce que Miraval fait précéder le
nom de Guilhelmi de la particule honorifique *en* — ce à quoi il ne
faut pas attacher grande importance—mais parce que Guilhelmi
répond sur un ton qui ne sent nullement son inférieur.

Quant à l'époque à laquelle appartiennent ces *coblas*, on peut
la déterminer assez facilement. Tout d'abord le ton de Miraval
prouve que notre troubadour devait être depuis longtemps
connu : il n'eût pu, dans le cas contraire, le prendre de si
haut, surtout avec un disciple qui se livrait déjà à la poésie[1] ;
en outre on n'a pas d'exemple d'échange de *coblas* remontant
au-delà du xiiie siècle ; enfin il est peu vraisemblable que
Miraval ait pu écrire les vers qui forment le premier couplet
dans l'intervalle compris entre la bataille de Muret et la date
de sa mort. Nous avons donc le droit de placer ces *coblas* entre
les années 1200 et 1213.

Il reste en somme, sous le nom de Miraval : trente-huit
chansons authentiques, une chanson dont l'authenticité est
fort douteuse ; un *domnejaire*, dont il est probablement l'auteur ;
cinq sirventés, une tenson, une *cobla*, qui sont bien de lui :

6. Miraval auteur de nouvelles.

Des témoignages positifs nous permettent d'affirmer que
Miraval ne s'en était pas tenu aux différentes variétés du genre
lyrique, mais qu'il avait abordé aussi le genre narratif dans

---

1. V. le vers 5.

des nouvelles. Il est regrettable que cette partie de son œuvre
se soit perdue ; car elle nous permettrait de juger plus équita-
blement son talent et de nous faire une idée plus précise d'un
genre dont il ne nous est resté que d'assez rares spécimens.

Selon M. Chabaneau [1], un passage de la première *razo* de
Miraval contient une allusion à ses nouvelles. Il y est dit, à
propos de la Louve de Pennautier, que le troubadour l'exaltait
de son mieux dans ses chansons et *dans ses récits : « La metia
enans a son poder ab sas cansos et en contan.* » Est-ce bien à des
nouvelles proprement dites que l'expression *en contan* s'applique [2] ? Il serait permis de la juger trop vague, si ce témoignage indirect n'était confirmé par ailleurs. Or nous savons
pertinemment par Francesco da Barberino que Miraval s'était
en effet exercé dans la nouvelle [3].

Barberino était l'auteur d'un choix de nouvelles « *Fiori di
novelle* », aujourd'hui perdu, mais dont les sources nous sont
en partie connues. Entre autres matériaux, Barberino avait
utilisé pour un de ses récits une nouvelle de Miraval ; il le dit
formellement, mais il se borne malheureusement à résumer
en quelques lignes la nouvelle dont il s'agit [4]. « Le provençal
« Miraval rapporte que la mort cruelle que le comte de Flandre
« infligea à monseigneur Raimbaut, un de ses chevaliers, n'eut
« pas d'autre cause qu'un soupir que ce chevalier avait laissé
« échapper en le servant en présence de la comtesse. »

Il n'est pas douteux qu'il est ici question de notre Miraval,

1. *Biogr.*, p. 67, note 7.

2. Notons qu'elle se retrouve dans la biographie de Guilhem de Balaruc
(éd. Chabaneau, p. 72), où il est parlé des amours de ce troubadour avec la
dame de Gaujac : « *Mout l'amet e la servi en contan et en cantan.* » Les
deux récits sont peut-être du même auteur.

3. Tous les renseignements qui suivent sont nécessairement extraits du
livre de M. A. Thomas sur *F. da Barberino et la Littérature provençale en
Italie au moyen-âge* (Paris 1883). Barberino vécut de 1264 à 1348.

4. Au f° 25 b de son commentaire latin des *Documenti d'amore* (d'après
A. Thomas, *ouv. cité*, p. 181) : « *Refert Miraval provincialis quod crudelis
« mortis quam intulit olim comes Frandrie in dominum Raembaud, militem
« suum, causa fuit quoddam suspirium quod ille miles emisit dum serviret
« eidem, presente domina comitissa ; et de hoc scripta aliqua in libro
« Florum Novellarum sepius allegato.* »

puisque Barberino le cite parmi d'autres troubadours qui furent
les contemporains de Raimon. D'autre part, il ne nous reste
de Miraval aucune œuvre où l'on puisse recconnaître celle à
laquelle Barberino fait allusion : elle est donc bien perdue pour
nous. L'épisode qu'elle racontait avait peut-être un fondement
historique. Il semble bien en effet qu'un drame conjugal ait
eu lieu à la cour de Flandre, en 1175 [1]. A cette date, le comte
Philippe fit supplicier un chevalier qu'il soupçonnait d'être
l'amant de la comtesse. L'identité de ce chevalier n'est pas
nettement établie, mais le fait qui a dû servir de point de
départ à la nouvelle de Miraval subsiste.

M. A. Thomas s'est demandé si le récit de Miraval n'avait
pas été l'origine de la légende qui s'est formée autour du nom
de Guilhem de Cabestany [2]. On sait que, d'après cette légende,
Guilhem aurait été surpris par Ramon de Château-Roussillon,
dont il aimait la femme, que le mari l'aurait mis à mort, lui
aurait arraché le cœur et l'aurait fait manger à la châtelaine [3].
D'autre part, M. Beschnidt [4] a supposé que le premier biographe
de Guilhem s'était inspiré dans son récit du sirventés de Miraval :
« *Aras no m'en puosc plus tardar* », où ce dernier parle de la
mésaventure d'un chevalier qui aurait été surpris et tué par
le mari de la dame qu'il courtisait. Cette dernière hypothèse
nous paraît moins admissible que celle de M. Thomas. La

---

1. C'est M. Trojel (*Rev. d. lang. rom.*, mai-juin 1888, p. 286) qui a rapproché l'histoire du chevalier Gautier des Fontaines, consignée dans Benoit
de Peterborough, dans Raoul de Dicet et dans Roger de Hoveden (ce Gautier
aurait été victime de la jalousie du comte de Flandre), du récit qui faisait le
fond de la nouvelle de Miraval. M. G. Paris (*Romania*, 1888, oct., p. 591 et
suiv.), a montré que les chroniqueurs anglais s'étaient trompés de nom
(Gautier mourut en réalité en 1183), et que ce chevalier ne saurait être
identifié avec le Raembaut mentionné par Miraval ; la différence des noms
importe peu, et le rapprochement fait par M. Trojel n'en est pas moins intéressant. Quant au nom même de *Raembaut*, « tout à fait invraisemblable au
nord de la France » selon M. G. Paris, M. A. Thomas a fait observer avec
raison qu'il n'avait rien de surprenant, attendu qu'un méridional pouvait
fort bien avoir été au service du comte de Flandre (v. *Annales du Midi*, t. i,
p. 277).

2. *Ouc. cité*, p. 116.

3. V. la biographie de Guilhem, éd. Chabaneau, p. 99.

4. *Die Biographie des Trobadors Guilhem de Capestaing*, 1879.

coïncidence est curieuse assurément, mais les faits, d'ailleurs assez vagues, qui semblent ressortir du sirventés de Miraval n'offrent pas un rapport bien étroit avec l'aventure concernant le comte de Flandre. M. Canello [1] partage l'avis de M. Beschnidt, et estime lui aussi que l'aventure du chevalier provençal dont parle Miraval a été le noyau primitif de l'histoire de Guilhem de Cabestany.

En réalité, l'on peut bien trouver en germe dans le résumé qui nous est resté de la nouvelle de Raimon l'élément mélancolique qui caractérise la légende relative à Guilhem de Cabestany ; au lieu que le sirventés de Miraval relate d'un ton plutôt humoristique l'histoire tragique qui l'a inspiré ; on peut s'en convaincre par la lecture des deux premiers couplets de la pièce, qui racontent l'aventure à mots couverts :

« Je ne puis plus différer de composer un nouveau sirventés, « et que chacun se mette à le chanter, bien que le vent soit « frais et qu'il pleuve : car si, dans notre pays, amants et « maris sont attaqués, ceux-là sont les plus maltraités. »

« Car j'ai entendu raconter à Graulhet ce qui suit, et qui est « difficile à rapporter : un chevalier vint faire la cour à la « femme du sire de Castelnau ; mais il fut assez mal accueilli, « et, pour être entré sans y avoir été invité, il a eu la tête « coupée et fendue [2]. »

---

1. *Giornale di filologia romanza*, II, 77.

2.
> *Aras no m'en puose plus tardar*
> *d'un novel sirventes faire,*
> *e ques s'enprenda al cantar,*
> *sitot l'aur' es fresca ni plou :*
> *car, si en nostre repaire,*
> *son drut e marit envazit,*
> *mas de lor hi a plus ferit.*
>
> *Q'a Graignolet auzi comtar*
> *aisso, qu'es greu a retraire,*
> *c'us caralliers venc dompneiar*
> *ab la moiller d'en Castelnou.*
> *Mas lui non abellic gaire,*
> *e, car lai intret ses convit,*
> *li al cap taillat e partit.* (V. 1-14, d'après A f° 206 ; le

7° vers, mutilé dans A, est complété à l'aide de D, f° 137 v°).

La mention de Graulhet (arr' de Lavaur), qui est situé tout près de Lombers,

Nous voilà assez loin, semble-t-il, du roman douloureux que la tradition avait forgé sur la dame de Château-Roussillon[1]. Aussi, ayant à choisir entre deux hypothèses, nous nous prononcerions plutôt pour celle de M. A. Thomas que pour celle de MM. Beschnidt et Canello.

Quelle que soit sur ce point la vérité, le témoignage de Barberino suffit à nous prouver que Miraval se fit connaître en son temps par d'autres productions que celles qui nous restent de lui, et atteste la fécondité relative de son talent.

nous permet de comprendre tout au moins dans quelle région s'était passé le drame auquel Miraval fait allusion. On ne sait de quel sire de Castelnau il s'agit ; mais plusieurs localités de la même contrée portent ce nom : Castelnau de Montmirail (arr' de Gaillac) ; Castelnau de Brassac (arr' de Castres), près de Boissezon ; Castelnau de Lévis (arr' d'Albi). L'aventure s'était donc très probablement passée dans l'Albigeois, c'est à dire dans une contrée familière à Miraval. Notons que, dans un document de 1260, se trouvent, à côté les uns des autres, les noms des personnages suivants : *Guillelmum Donati de Graoleto*, militem, *Castellanorum*, fratrem ejus, *Sicardum de Boyssesono de Lumberiis...* (Hist. Lang. viii, 1162). Bien qu'il s'agisse d'une époque sensiblement postérieure, le rapprochement de ces noms est à relever.

1. Il n'est pas de notre sujet de rappeler les rapports qui existent entre la légende de Guilhem de Cabestany et le roman du châtelain de Coucy et de la dame de Fayel. Cette question a été étudiée par M. G. Paris dans *Romania*, viii, 333 et xii, 359.

CHAPITRE II

LA POÉSIE DE MIRAVAL

1. Miraval jugé par les Provençaux. — 2. Jugement de Diez
sur Miraval. — 3. Examen des chansons de Miraval :
A. Fond des chansons ; B. Forme des chansons : 1° Le style ;
2° la versification. — 4. Conclusion.

1. Miraval jugé par les Provençaux.

Il est bon, avant d'apprécier l'œuvre d'un troubadour, de
relever les jugements que ses contemporains ou ses conti-
nuateurs ont portés sur cette œuvre : car ils avaient, pour
asseoir leur opinion, plus d'éléments que nous n'en possédons aujourd'hui, puisque beaucoup de pièces, maintenant
disparues, pouvaient encore faire partie du répertoire des
jongleurs.

A vrai dire, les jugements proprement dits sont rares : mais
il est plus d'une citation faite en termes assez significatifs pour
qu'on puisse en tirer quelque conclusion et qui laisse deviner
en quelle estime les Provençaux tinrent tel ou tel de leurs
poètes.

Voici les témoignages qui nous restent sur Raimon de
Miraval.

Nous ne rappellerons guère que pour la forme l'éloge que
l'auteur de l'ancienne biographie provençale fait de notre
poète ; les biographes primitifs sont en effet d'ordinaire assez
indulgents pour les troubadours qu'ils jugent sommairement,
et c'est par exception que quelques réserves accompagnent

la louange[1] : encore celle-ci est-elle formulée le plus souvent en termes assez vagues[2]. Disons du moins, au sujet de Miraval, que les expressions employées par le biographe[3] prouvent que ses contemporains avaient surtout apprécié en lui l'auteur des chansons, l'homme pour qui la science amoureuse n'avait pas de secrets.

Quant aux passages des *razos* qui font allusion à la célébrité de Miraval comme poète, il est inutile de nous y arrêter, puisque ces *razos*, destinées à faire valoir les chansons, s'inspirent de celles-ci et ne peuvent renfermer, en fait d'éloges, que ceux-là même que Miraval s'était décernés.

Il faudrait attacher plus d'importance au nombre même des *razos* : bien que beaucoup sans doute soient perdues, celles qui nous restent permettent de mesurer la vogue dont tel troubadour a pu jouir de son temps. A cet égard, Miraval est des plus favorisés, puisque Bertran de Born et Giraut de Borneil sont les seuls sur lesquels il nous soit parvenu un plus grand nombre de *razos*[4]. Il peut se faire d'ailleurs que l'étendue des *razos* de Miraval soit due autant à la singularité de ses aventures qu'à sa réputation de poète.

Nous trouvons sur son talent, dans les poésies des troubadours de son temps, quelques témoignages qui offrent plus de garanties. L'un d'eux est particulièrement important. Il est contenu dans la pièce d'Elias de Barjols « *Bels Gazaings, s'a vos plazia*[5] »

---

1. C'est le cas pour Raimon de Salas et pour Daude de Prades. V. Chabaneau, *Biogr.* p. p. 94, 19.

2. Ajoutons que la régularité avec laquelle les mêmes formules reparaissent dans les Biographies est un indice que toutes les vies, ou peu s'en faut, proviennent de la même source et qu'en dehors des noms d'Ugo de Saint-Circ et de Miquel de la Tour, les seuls qui nous soient positivement connus, il ne faut peut-être pas compter en découvrir beaucoup d'autres. On trouve d'ailleurs, çà et là, dans les Biographies, quelques jugements motivés, dont plusieurs ne sont pas sans intérêt.

3. « *Mas per lo seu bel trobar e per lo seu bel dire, e car el saup plus « d'amor et de domnei, e de totz los faitz avinens et de totz los ditz plazens « que corron entr' amadors et amairitz, el fo amatz et tengutz car*, etc... »

4. Il y a 18 *razos* pour Bertran de Born, 6 pour Giraut de Borneil ; Gaucelm Faidit en a 5, comme Miraval.

5. V. le texte dans *P. O.* 98.

composée, d'après M. Suchier[1], avant 1189. Le poète y a repris le procédé employé par Bertran de Born dans le fameux sirventés de la *domna soisseubuda*[2], la « dame idéale ». Voici le passage concernant Miraval :

> *Bels Castellas, cortezia*
> *rolh aver de vos;*
> *e volrai quem do N'Eblos*
> *corit, que plus non penria;*
> *en Miraval sas cansos;*
> *en Pos de Capduelh do nos*
> *sa gaieza; en Bertran la Tor man*
> *sa drecheza mi don e nom soan*[3].

Pour si brève que soit cette mention, on ne peut en nier la portée : si le poète, songeant à réunir en imagination dans un même homme toutes les qualités d'un chevalier courtois, a ainsi pris Miraval comme le plus digne d'incarner l'art de faire des chansons, c'est assurément parce que la réputation de ce dernier était solidement établie et qu'on le regardait dès lors comme un maître dans la poésie amoureuse. Poète lui-même, Elias de Barjols pouvait se prononcer en connaissance de cause, et l'éloge qu'il décerne ainsi en passant à Miraval a toute l'autorité désirable.

Nous avons mentionné plus haut[4] le passage du sirventés du Moine de Montaudon où Miraval est nommé à côté des Gaucelm Faidit, des Arnaut Daniel, des Arnaut de Mareuil : il est vrai que c'est pour recevoir une épigramme et non un éloge. Mais cette épigramme vise exclusivement les envois de Miraval, qui sont comme en dehors des chansons, si bien que ce détail

---

1. V. *Jahrbuch f. rom. u. engl. Spr. u. Lit.* xiv. p. 121.

2. V. éd. Thomas. p. 107.

3. Vers 25-32 « Beau Castillan, je désire avoir votre courtoisie, et je « voudrais qu'Eble me donnât sa table, car je n'en demanderais pas davan- « tage ; puisse Miraval me donner ses chansons ; que Pons de Chapteuil nous « donne sa gaieté ; à Bertran de la Tour je demande de me donner sa droi- « ture, et de ne pas me la refuser. »

4. V. p. 21.

confirme indirectement la notoriété du troubadour, sans porter sérieusement atteinte à son prestige poétique.

Nous avons vu que Miraval s'était exercé dans le genre de la nouvelle : est-ce à ce titre que Raimon Vidal de Bezaudun, son contemporain, qui parcourut les mêmes régions que lui, et avec qui il fut sûrement en relations, l'a si souvent nommé dans ses nouvelles ? Sans doute Miraval est loin d'être le seul troubadour dont Raimon Vidal ait invoqué l'autorité au cours de ses récits ; mais il est certain qu'il l'y fait intervenir volontiers.

Dans la nouvelle « *So fo el temps c'om era jais*[1], » appelée quelquefois le *Tribunal d'amour*. Miraval est cité à plusieurs reprises[2].

Au vers 108 :

> « *E si non voletz creire mi*
> *aujatz d'en Miravalh qu'en dis*
> *qui saup mai d'amor que Paris*
> *ni hom de c'auzissetz parlar.* »

« Et si vous ne voulez pas m'en croire, écoutez ce qu'en dit
« le sire de Miraval qui se connaissait en amour plus que
« Pàris et que tous ceux dont vous avez pu entendre parler. »
Au vers 679 :

> « *E faray so quel meteys dis*
> *en Miravalhs que tan fon fis*
> *e francx e de bon chauzimen.* »

« Et je ferai ce que le sire de Miraval lui-même dit, Miraval
« qui fut si fidèle, si sincère et qui eut tant de discernement. »
Au vers 737, il est encore question de « *Miravals lo fis* » et plus loin (v. 797), ce sont des épithètes analogues qui accompagnent son nom :

> « *Aisi com dis lo cabalos*
> *en Miravals c'anc no fo fals.* »

1. Nous renvoyons toujours à l'édition de M. Cornicelius.

2. Exactement, neuf fois ; en dehors des passages que nous reproduisons, Miraval est cité aux vers 458. 571. 608. 661, mais sans commentaire.

« Comme le dit l'excellent sire de Miraval qui jamais ne fut
« faux. »

Enfin, au vers 1323, l'auteur rend une dernière fois hommage
à la courtoisie de Raimon.

> « *Aisi com dis us amicx vers,*
>   *en Miravalh, cuy plac domneis.* »

« Comme le dit un ami vrai, le sire de Miraval, qui aimait
« la galanterie. »

C'est à dessein que nous relevons ces formules et que nous
les mettons en évidence dans notre texte : car, si elles sont
peu variées, elles n'en montrent que plus clairement ce qui
avait fait la réputation de Miraval parmi ses compatriotes.
Sans doute Raimon Vidal s'exprime à peu près de la même
manière sur le compte de certains autres troubadours[1] ; mais
ceux-ci sont parmi les plus célèbres, et, si Miraval n'est pas
seul cité avec éloges dans le récit, du moins s'y trouve-t-il
en fort bonne compagnie ; enfin, l'insistance que met l'auteur
à invoquer son témoignage, dans un poème où c'est précisément un point de droit amoureux qui est débattu, prouve que
notre poète faisait autorité en cette matière.

Il est encore mentionné dans la nouvelle « *Abril issi' e mays
intrava*[2], » où Raimon Vidal a traduit les regrets qu'il éprouvait
à voir se précipiter la décadence de la poésie courtoise : deux
passages de Miraval y sont cités[3].

C'est au même titre, c'est-à-dire en sa qualité de maître dans
l'art de la courtoisie, que Miraval figure dans le *Breviari d'amor*
de Matfre Ermengaud[4]. On sait que la partie de ce poème didactique
qui porte le titre de « *Perilhos tractat d'amor* » — elle commence
au vers 27791 — constitue une sorte d'anthologie des troubadours, que l'auteur invoque à tout moment et dont il ne fait à
vrai dire que relier des extraits. Raimon de Miraval y est cité

---

1. V. par ex. vers 238, 259, etc...

2. Imprimée dans les *Denkmaeler* de Bartsch. p. 144-192.

3. Au vers 1136, où Miraval est appelé : *us conoissens trobaires*, et au
vers 1719.

4. V. l'édition Azaïs (Béziers-Paris).

sept fois[1]. Ces citations montrent qu'à la fin du XIIIe siècle, —
c'est l'époque où Matfre Ermengaud écrivit son livre, — la
réputation de notre troubadour était restée ce qu'elle avait
été de son temps, et qu'on le regardait toujours, soit pour les
souvenirs qu'évoquait son nom, soit pour le caractère de
ses chansons, comme un de ceux qui représentaient avec le
plus de fidélité les traditions du monde courtois.

On le voit, l'accord est complet entre tous ces témoignages :
fis, arinens, amoros, conoissens, voilà les termes qui reparaissent
partout et qui, dans la pensée des écrivains Provençaux, résu-
maient le mieux le rôle qu'avait joué Miraval. Pas un mot qui
n'ait trait, en somme à l'auteur de chansons d'amour : nous
devons tenir compte de ce fait et en conclure que ce fut vraiment là le principal titre de Miraval à l'estime de ses compatriotes, et que, s'il s'exerça dans d'autres genres, ce fut surtout
à celui-là qu'il dut sa renommée.

2. Jugement de Diez sur Miraval.

Seul, parmi les critiques modernes[2], Diez a porté un jugement, fort bref d'ailleurs, sur l'œuvre de Miraval. A l'en croire,
l'originalité de notre auteur serait plutôt négative, puisque sa
poésie se distingue, selon lui, précisément par son... prosaïsme.
Voici du reste en quels termes il s'exprime :

« Toutes les pièces de Miraval offrent le même caractère
indéniable d'une poésie raisonnée, mais que cet auteur a portée
jusqu'à une certaine perfection ; elles sont spéculatives, analy-
tiques, et c'est à peine si l'on y relève quelque trace de sentiment. Le poète néglige même les ornements extérieurs, faits
de ces tournures et de ces images nouvelles que l'on trouve

---

1. Aux vers 27907 *(en Miravals l'arinens)* ; 28629 *(en Miravals l'amoros)*;
30026 ; 30114 *(en Miravals le caraliers)* ; 30565 *(Miravals l'arinens* ; 32128
(Miravals l'amoros) ; 32191.

2. Nous négligeons la courte appréciation contenue dans la notice de
l'*Histoire Littéraire* (t. XVII, p. 466). Il ne s'y trouve rien qui ne puisse être
dit de tel ou tel troubadour un peu connu.

si facilement ; au contraire, il s'entend mieux à l'enchaînement des idées : aussi chacune de ses chansons forme-t-elle en général un ensemble complet dans sa courte étendue[1]. »

Diez ajoute que cette absence d'ornements poétiques l'a déterminé à ne citer que de rares passages de Miraval et à ne pas les traduire en vers[2].

Sans décomposer le talent de notre troubadour en trop d'éléments, — ce qui serait peut-être imprudent, — demandons-nous cependant, en examinant successivement le fond et la forme de sa poésie, si l'opinion de Diez est réellement fondée.

Il nous paraît inutile de distinguer ici entre les diverses variétés représentées dans l'œuvre de Miraval : c'est principalement à ses chansons que nous nous attachons, puisqu'elles forment la grande majorité de ses poésies et que d'ailleurs, ainsi qu'on l'a vu plus haut, c'est à ce genre qu'il doit d'avoir été célèbre parmi ses contemporains.

3. Examen des chansons de Miraval.

A. Fond des chansons.

L'étude biographique à laquelle la première partie de notre travail est consacrée nous dispense de parler longuement du contenu de ces chansons : aussi bien les thèmes en sont-ils fort peu variés.

Deux éléments en constituent le fond : un élément général tout d'abord.

Ce sont les lieux communs de galanterie que Miraval reprend et développe à son tour après tant d'autres. De ses chansons, toutes consacrées à l'amour, ainsi que le veut la loi du genre, on pourrait extraire une théorie complète de l'art d'aimer selon les Provençaux : on ne trouve d'ailleurs chez lui rien qui ne soit d'accord avec ce que nous apprend, sur ce sujet, l'ensemble de la lyrique des troubadours : c'est la pure doctrine courtoise,

---

1. *Leben u. Werke der Troub.* 394.

2. Nous n'oserions affirmer que Diez n'a en effet traduit en vers que des passages de troubadours marqués au coin de la vraie poésie.

dans toute sa subtilité et son insupportable affectation. Nous nous abstiendrons résolument d'en parler, renvoyant ceux qui seraient curieux de connaitre les préceptes de cet art, les procédés recommandés par le troubadour pour briguer, obtenir et conserver la faveur des dames, aux ouvrages généraux qui ont depuis longtemps tout dit sur ce point[1].

Nous noterons seulement que Miraval met peut-être plus d'insistance que d'autres à *enseigner* cette doctrine amoureuse, et que, sans représenter, à proprement parler, le genre didactique, il donne cependant très volontiers à sa pensée la forme d'un conseil ou d'une leçon.

Il parle souvent en homme qui s'acquitte d'une mission officielle et qui est tout pénétré de son importance :

« Si je chante, dit-il, c'est uniquement pour que l'amour
« ne décline pas et pour que les dames vaillent davantage
« grâce à mes conseils[2]. »

Les passages de ses chansons où il prétend faire la leçon aux dames ou aux amants sont innombrables. Les deux exemples suivants suffiront à donner une idée du ton qu'il prend en pareil cas :

« Avec de fausses paroles et de longs délais, les dames
« transforment en vilains ceux qui sont courtois ; car nul n'est
« assez noble ni assez humain pour que son cœur ne s'irrite
« pas, quand un autre profite de ses épreuves. Pour moi, je
« ne me plains pas si bruyamment : frappé à mort, je ne
« réclamerais même pas[3]. »

---

1. On trouvera l'exposé le plus net de la question dans le *Précis de Littérature Provençale* de M. A. Stimming (par. 26 à 32) qui fait partie du *Grundriss der rom. Philologie* de Grœber (1893).

2.
> *Eu no chan per autre sen,*
> *mas per so qu'amors no bays,*
> *e que domnas valhan mays*
> *per lo mieu essenhamen.* (*Tals rai mon chan enqueren,*
> v. 9-13, d'après C f° 77 v°).

3.
> *Ab fals ditz et ab* [*termes*] *loncs*
> *fan donas de cortes vilas,*
> *q'us non es tan francs ni humas*
> *quel coratge nolh ensenda*
> *quant autre pren lo[s] sieu[s] endur[s] :*
> *mas ieu non fatz tan gran[s] rancur[s],*
> *ni si muer, non quier esmenda.* (*Contr' amor vau*
> *durs et embroncs,* 15-21, d'après C, f° 81 v°).

Voici un autre couplet du même genre :

« Que jamais, pour un blâme. une dame ne renonce à ce
« qu'il y a de mieux ; mais qu'elle sache qui est sincère envers
« elle et aussi qui est perfide, qui est sûr ou qui est trompeur :
« si, après cela, elle ne choisit pas le meilleur parti. puisse
« Dieu perdre celui qui plaint une telle dame, puisqu'elle ruine
son mérite[1]. »

Il a vraiment la prétention de diriger l'opinion, d'agir sur le
monde courtois, et, s'il faut s'en rapporter à son propre témoignage, il y réussit : il se flatte qu'on apprécie sa poésie comme
elle le mérite et se décerne à lui-même, sans plus de façons.
les louanges les moins équivoques :

« Dans mon cœur naît la flamme qui s'échappe de mes lèvres
« quand je chante et qui me fait embraser dames et amants.
« Mes chants sont doux et bas, gracieux. légers et courtois :
« aussi les apprend-on volontiers. si bien que tel qui serait
« lent à aimer, se hâte de le faire grâce à mes beaux vers[2]. »

Et ce n'est pas là un trait isolé : Miraval s'estima visiblement
lui-même plus encore que ne firent ses contemporains : il a

1.
  Ni ia per chastiamen
  neguna son mieills non lais,
  mas sapcha cais l'es cerais,
  o cals l'es fals eissamen,
  cals l'es [fis] o cals galia ;
  e s'adoncs son mieills non tria,
  mal perda Dieu[s] qui ia plaing
  dompna, puois sa calor fraing. (Tals cui mon chan

enqueren, 17-25, d'après A, f° 48 d.). — V. encore, entre autres passages de
même inspiration, *Aissi cum es gensser pascors,* couplet 1 ; *Amors me fai
chantar et esbaudir,* couplets 2 et 3 ; *Ara m'agr' ops que m'aizis,* couplets 2,
4, 5 ; *D'amor es totz mos cossiriers,* couplet 4 ; *Pus oguan nom cale estius,*
couplet 2 ; *Tug silh quem van demandan,* couplet 3, etc.

2.
  Dins lo cor me nais la flama
  qu'eis per la boca chantan,
  don domnas e drutz abras.
  Elh sonet son dous e bas,
  coind' e leugier e cortes,
  per que de grat son apres :
  que tals amera tiran
  que per mos bels ditz s'abrica. (Sitot s'es m'a donn'
esquica, 9-16, Bartsch, *Chrest.* 151).

reçu tous les dons de la nature, il le dit du moins et sans ambages :

« Je possède pleinement l'art de la poésie, la voix et le talent « nécessaires pour chanter[1]. »

Ainsi pénétré de sa supériorité, il fait fi de l'approbation du vulgaire et n'aspire qu'au suffrage des connaisseurs :

« Mon chant, dit-il, n'est pas assez banal pour être à la dis-position de tous[2]. »

Le couplet qui suit n'est-il pas plaisant à force d'être dédai-gneux ?

« Si l'on appréciait le chant comme il doit l'être, je chanterais « bien plus souvent que je ne fais ; mais on semble croire que « tous les talents poétiques se valent : aussi me trouverais-je « mal, moi qui prétends aux suffrages des meilleures, de pro-« diguer mes chants parmi les profanes et les dames de mauvais « goût[3]. »

A ce public d'élite, pour qui Miraval rimait ses maximes courtoises, en harmonie avec l'esprit du temps, le troubadour offrait dans ses chansons des développements d'un intérêt plus particulier : c'étaient des allusions aux intrigues vraies ou supposées qui lui fournissaient l'occasion de composer ses poésies.

Destinées le plus souvent à étayer les lieux communs dont la chanson provençale ne saurait se passer, ces allusions person-

---

1.
De trobar ai tot saber
e de chantar votz e gejn (*De trobar ai tot saber*, 1-2,
d'après V. f° 42).

2.
Non es mos chans tan cenals,
qu'a totz sia cominals. (*Tug silh quem van demandan,*
v. 5-6, d'après C, f° 77 v°).

3.
S'a dreg fos chantars grazitz,
ben chantera pus soven ;
mas reiair' es a la gen
que totz trobars si' enguals ;
per qu'ieu no(i)seria sals,
— *qu'ieu cuelh grat de las methors* —
s'entrels desconoissedors
e domnas de mals talans
sorendeiara mos chans. (*S'a dreg fos chantars grazitz,*
v. 1-9, d'après C, f° 83 r°).

nelles tiennent, dans l'œuvre de Miraval, une place assez importante et donnent à ses pièces un intérêt anecdotique plus marqué ; elles n'en relèvent peut-être pas la valeur poétique ; mais, si le lettré ne trouve pas son compte à cette abondance de menus détails, le biographe et l'historien s'en accommodent volontiers.

Tels sont les deux éléments qui se combinent dans les chansons de notre troubadour.

De ce que la part faite par lui aux préoccupations personnelles est assez considérable, il ne faut pas conclure que le sentiment soit plus sincère. Ne nous attardons pas à ce grief, pour cette raison qu'il devrait être étendu à presque tous les troubadours. Disons seulement que si l'on fait abstraction de quelques couplets, où le dépit de l'amant s'exprime avec plus de force que d'habitude, ses chansons contiennent presque toujours de quoi nous édifier sur la nature de ses vrais sentiments[1]. Il n'est pour ainsi dire aucune pièce, parmi celles où le poète se plaint d'être dédaigné ou trahi, qui ne renferme quelque passage d'un ton plus confiant, et l'on voit le troubadour se résigner d'autant plus aisément qu'il souffre surtout pour obéir à la mode courtoise. Par là même, par ces revirements continuels, s'accuse une fois de plus ce qu'il y a de factice dans le genre de la chanson provençale.

Cet examen rapide suffit à prouver que, si Miraval eut quelque originalité, ce ne fut pas par les idées ou les sentiments qu'il fit entrer dans son œuvre[2].

---

1. C'est ainsi que dans la pièce *Chansoneta farai reneuts*, la moins *irréelle* assurément des chansons de notre troubadour, l'on trouve des protestations d'amour et de dévoûment à l'adresse d'une femme, après que Miraval a lancé contre une autre les injures les plus grossières. V. p. 125.

2. Nous passons à dessein sur ce qui touche à la composition, à l'enchaînement des idées et des sentiments dans Miraval, bien que le jugement de Diez rappelé plus haut semblât nous inviter à nous y arrêter. La question est, selon nous, sans intérêt. Y a-t-il vraiment lieu d'étudier la composition dans les poëmes de courte étendue que sont les chansons ? Tous les troubadours ont su lier leurs couplets de façon à reproduire au naturel le développement de leur pensée ou la succession de leurs émotions. C'est un mérite que nous ne songeons pas à dénier à Miraval, mais qui, outre qu'il n'est nullement propre à notre auteur, reste, ce nous semble, tout secondaire.

B. Forme des chansons de Miraval

1° Le style.

Il est plus intéressant de s'arrêter à la forme de sa poésie, puisque nul ne songe à contester que les Provençaux aient été surtout poètes par l'expression et par le rythme.

Selon Diez[1], Miraval représenterait à son époque l'école opposée à celle du *trobar clus*, de la poésie obscure, dont Marcabru et Raimbaut d'Orange avaient été les prôneurs autorisés, qu'Arnaut Daniel incarne avec éclat à la fin du XIIe siècle, et à laquelle le « maître des troubadours », Giraut de Borneil, avait lui-même sacrifié tout d'abord pour adopter ensuite un genre moins tourmenté. Ce n'est pas sans raison que Diez attribue ce rôle à Miraval : ce dernier s'est en effet prononcé en faveur de la poésie claire et facile, contre les expressions pénibles, les constructions sinueuses, les allitérations outrées, les rimes ardues, où l'école adverse se plaisait. Voici le début d'une de ses chansons[2] :

> *Anc trobars clus ni braus*
> *non dec aver pretz ni laus,*
> *pos fon faitz per vendre,*
> *contrals sonetz suaus*
> *e leus ad aprendre,*
> *ab bels ditz clars e gen claus,*
> *car per far entendre*
> *non cal trop contendre*[3].

1. *Leben u. Werke der Troub.* 394.

2. Les citations contenues dans cette partie du chapitre II ayant pour objet — sauf la première — de donner une idée de l'expression dans Miraval, nous laissons le texte provençal en évidence, et rejetons les traductions dans les notes.

3. « Jamais la poésie obscure et dure n'a mérité d'être estimée ni louée, « puisqu'elle fut inventée pour être vendue — en comparaison des chanson

Il est fâcheux que le reste de la pièce nous entretienne d'un tout autre sujet : on eût été bien aise que Miraval s'expliquàt plus nettement sur les motifs qui lui font condamner le genre obscur[1].

Il est permis malgré tout de le ranger parmi ceux des troubadours qui pensèrent que les raffinements de l'expression et du rythme étaient inutiles, nuisibles même, à la poésie, et dont le talent s'accommoda d'une simplicité relative.

S'en est-il tenu à ce programme? Nous dirons plus loin un mot de sa versification ; demandons-nous pour l'instant quel style fut le sien.

On peut dire que, dans son œuvre, les pièces où se montre le souci du détail curieux sont l'exception. Sans doute sa vanité, ses prétentions aristocratiques, et aussi la tradition du genre, l'ont entraîné parfois à quelque préciosité : défaut commun, ou peu s'en faut, à tous les troubadours, qui, écrivant pour la société des grands, connurent de bonne heure et pratiquèrent obstinément, par goût et par nécessité, l'art de dire complaisamment des riens gracieux et alambiqués. Mais, si nous laissons de côté les envois des chansons, — où le madrigal est pour ainsi dire de rigueur, où l'usage des pseudonymes amène des expressions plus recherchées et des obscurités inévitables, — rendons à Miraval cette justice qu'il donne rarement dans le contourné ou le bizarre.

Non qu'il ignore l'art des pointes : il écrit bien quelque part, payant son tribut au genre :

> *Bona domna, doussa, plazens,*
> *avinens, d'aussor natura,*
> *genser d'autra criatura,*
> *quo nous pren de mi chauzimens?*

« nettes douces, gracieuses, telles que j'en compose, et faciles à apprendre, « avec de jolies paroles claires et bien arrêtées : car pour être entendu, il ne « faut rien de trop tourmenté. » (*Anc trobars clus ni braus.* 1-9, d'après Bartsch : *Chrest.* 149.)

1. Peut-être les premiers mots d'une autre chanson se rapportent-ils au même objet :

> *Chans quan non es qui l'entenda*
> *no pot res valer.* (*M. G.* 1106).

> *Quel cor m'art pus que calius,*
> *don sui pus glassatz que rius :*
> *per merce nom fassatz languir*
> *si del tot nom volet[z] aucir[1].*

Mais, Dieu merci! il n'abuse pas de ce style.

Nous ne trouvons guère, parmi ses œuvres, qu'une chanson où il ait poussé jusqu'au ridicule le souci de la singularité : c'est la pièce « *Aissim ten amors franc* », véritable tissu d'allitérations et de traits d'esprit, qui prouve plus en faveur de la virtuosité de Miraval que de son goût.

Pour qui sa muse se met-elle ainsi en frais? Nous l'ignorons, la pièce ne renfermant aucune allusion précise : il faut croire que, pour l'instant, « Endymion » était, une fois de plus, « amoureux de la lune, » à en juger par le passage suivant :

> *E mon cor port la lima*
> *ab que mos cars motz lim,*
> *els fatz en cara rima,*
> *quar de car loc los rim[2].*

Voici un couplet *limé* à souhait :

> *Li vil entendedor*
> *on vils sabers s'avila*
> *diran que fort sotil*
> *de motz far s'asotila,*
> *e qu'ieu trop vuelh dir d'il*
> *e de prima e d'ila.*
> *Mas tan fermet m'apil*
> *on ferms sabers s'apila.*

---

1. « Bonne dame, douce, agréable, avenante, de nature supérieure, plus « belle que nulle autre créature, comment êtes-vous sans égards pour moi? « Car le cœur me brûle plus que cendre chaude, et j'en suis plus glacé qu'un « ruisseau : par pitié, ne me faites pas languir si vous ne voulez pas absolu- « ment me tuer. » (*Res contr' amor non es quirens*). V. 25-33, d'après C. f° 84 r°.

2. « Dans mon cœur je porte la lime avec laquelle je lime mes mots rares, « et je les fais en rimes rares, car de lieu rare je les rime. » (*Aissim ten amors franc*, v. 37-40 d'après C f° 82 v°).

que non tem dezapil
quels nescis dezapila.
tant ai ferm cor el fil
on ferms sabers s'afila[1].

Dès lors ce n'est plus qu'un cliquetis de mots, formant autant d'allitérations bizarres, dont le poète se grise visiblement : tout cela est parfaitement habile et puéril.

Mais, encore une fois, cela est l'exception. Miraval est capable de s'en tenir au genre gracieux et un peu grêle où triomphe l'art des troubadours, au style doucement fleuri et fluide qui fut si volontiers le leur. Une des pièces contenues dans la *Chrestomathie* de Bartsch peut donner une idée de cette manière, dont l'originalité n'est pas grande, mais dont il serait injuste de méconnaître le charme délicat. Voici le début de cette chanson :

Be m'agradal bels temps d'estiu
e dels auzels m'agradal chans,
elh folha m'agrad' els verjans
elh prat vert mi son agradiu ;
e vos, domna, m'agradatz cent aitans,
et agradam quan fatz vostres comans :
mas vos non platz quem denhetz re grazir,
mas agradaus, car me mor de dezir[2].

Sans doute le thème est bien usé, le style assez mièvre :

1. « Les vils amants, en qui le vil savoir s'avilit, diront qu'un fort subtil « fait le subtil à combiner des mots et que j'abuse des *il* et des *prima* et des « à *ila*. » (Ces trois mots n'ont ici aucun sens et font simplement allusion aux rimes sur lesquelles la chanson est écrite.) « Mais je m'appuie si solidement la « où solide savoir s'appuie, que je ne crains pas de manquer de cet appui qui « manque aux ignorants, tant j'ai ferme confiance au tranchant où ferme « savoir s'affile. » id. v. 48-60.

2. « Bien me plaît le beau temps de l'été, et le chant des oiseaux me « plaît, et le feuillage dans les vergers me plaît, et les prés verts me plaisent ; « et vous, madame, vous me plaisez cent fois autant, et il m'est agréable de « faire vos volontés : mais il ne vous plaît pas à vous de daigner me témoi- « gner en rien votre reconnaissance : puisse-t-il cependant vous plaire ainsi, « car je me meurs de désir. » (*Be m'agradal bels temps d'estiu.* v. 1-8. Bartsch, *Chrest.* 152.)

mais n'est-ce donc rien que de dérouler la phrase poétique avec cette aisance ?

On retrouve encore chez Miraval les comparaisons chères aux troubadours, où le printemps et l'été, la rose et le glaïeul sont largement mis à contribution :

> *Si cum la roz' entre mil troncs*
> *es gensers que flors d'autre[s] gras,*
> *entre fals lauzengiers trefas*
> *estai midons en la tenda*[1].

Mais, à l'ordinaire, c'est d'un style assez nu et d'un relief peu accusé qu'il écrit. Diez avait raison sur ce point : la phrase de Miraval est peu ornée, l'expression y est rarement figurée, la métaphore y est discrète.

Ce style vaut mieux que cela, cependant, et ses mérites sont, çà et là, moins négatifs.

Si l'on cherche la haute poésie chez Miraval, on ne l'y trouvera pas ; si l'on y cherche la poésie gracieuse et facile, on l'y trouvera par instants ; si l'on y cherche enfin une poésie plus familière, faite de légèreté et d'à-propos, on l'y trouvera assez souvent : et voilà surtout, selon nous, par où s'avive et plaît le style de notre troubadour.

On peut voir en plus d'un endroit que Miraval était capable de racheter par la vivacité de son esprit ce qu'il y avait de médiocre dans son imagination, qu'il savait à l'occasion trouver le mot pittoresque, lancer le trait juste et piquant. Tel détail de ses chansons nous laisse l'impression d'une sorte de « *Musa pedestris* », autrement séduisante, il faut bien le dire, en sa libre et franche allure, que toutes les sentimentalités

---

1. « Comme la rose entre mille tiges est plus belle que toute fleur d'autre « origine, de même ma dame se tient dans sa tente ou milieu des faux « médisants trompeurs. » (*Contr' amor cau durs et embroncs*, v. 29-32 ; d'après C f° 81 v°).

V. d'autres passages du même style, avec ou sans comparaisons, dans les pièces suivantes : *Ben sai que per aventura* (v. 3) ; *Pus oguan nom calc estius* (v. 1) ; *Ar ab la forsa dels freys* (v. 1) ; *Entre dos volers sui pessuis* (v. 35) ; *Aissi cum es gensser pascors* (v. 1) ; *Belh m'es qu'ieu chant em cobdey* (v. 37).

fausses ou les élégances convenues dont la poésie provençale fut si prodigue.

La plupart des comparaisons employées par Miraval sont du genre familier, les unes un peu vulgaires, les autres d'une expressive bonhomie, d'autres sobres et justes dans leur simplicité.

En voici une qui lui sert à peindre la fascination qu'exerce sur lui la femme aimée :

Pus fort, quan vos remire,
ai mon cor deziran,
dona, mo ferm talan,
de vos qu'ieu no vos dic :
que pus qu'estrus m'afic,
que estay esguardan
sos huous quels huels no bran
tro l'es semblans quels gire[1].

Nous goûtons davantage la suivante, où Miraval raille, non sans esprit, l'inconséquence de sa dame, qui, après lui avoir fait des avances, le traite maintenant avec froideur :

...fa semblan de joglar,
que chanta tro ques fai grazir,
e quant hom pus lo vol auzir,
el s'en gec e fas s'en preguar[2].

D'autres comparaisons, plus brèves, ont tout autant de saveur

1. « Quand je vous contemple Madame, mon cœur vous désire plus ardem-
« ment que je ne puis vous le dire : car je suis là, immobile, plus encore que
« ne fait l'autruche, qui reste à regarder ses œufs sans remuer les yeux
« jusqu'à ce qu'il lui semble qu'elle les tourne. » (*Aissim ten amors franc.* v.
13-20. C f° 82 v°).

2. « Elle fait comme le jongleur qui chante jusqu'à ce qu'on le remercie, et
« qui, quand on veut l'entendre davantage, s'arrête et se fait prier. » (*Sim fos
de mon chantar paroen.* v. 9-16. C f° 84 v°) — Bien qu'on ne « s'attendît
guère à voir Horace en cette affaire » nous rapprocherons de ce passage le
début bien connu de la 3ᵉ satire du Livre I :

Omnibus hoc vitium est cantoribus, inter amicos
ut nunquam inducant animum, cantare rogati,
injussi nunquam desistant.

et de netteté : ce mot n'est-il pas heureux, pour dire que le troubadour sait cacher ses bonnes fortunes ?

> *...aissi quol moix laire*
> *son quetz e celaire*[1]...

Veut-il exprimer cette idée, que rien ne sert de se donner du mal pour réussir en amour? Il a cette image simple et vive :

> *...atertam vey que s'enansa*
> *colp de cayrelh cum de lansa*[2].

Cette autre, pour défier le dépit de sa dame, est du même genre :

> *...sitot me desmezura,*
> *ges de lieys no pare m'espera :*
> *ans combat ab quiers de cera*
> *bastimens de peira dura*[3].

Nous avons déjà relevé la vigueur, fort peu courtoise, mais saisissante de cette apostrophe à une femme qui l'a trompé :

> *Ai! fals escutz tan leu vos laissatz fendre,*
> *qu'om de part vos non auza colp atendre*[4].

Nous ne donnons pas assurément ce trait comme un modèle de bon goût, non plus d'ailleurs que les suivants :

> *...tals n'i a que no volon chauzir*
> *el temps qu'om plus d'amar las arazona :*
> *pueys quan iorens lur estrai sa beutat,*
> *prendol sordeys qu'arion soanat,*
> *aissi cum fetz lo Lombartz de las figuas*[5].

---

1. « Comme le prudent larron, je me tiens coi et suis discret. » (*Enquer non a guaire*, v. 46-7).

2. « Je vois qu'un coup de flèche avance autant qu'un coup de lance. » (*Ben aial cortes essiens*, v. 23-24. C f° 84 r°.)

3. « Quoiqu'elle s'emporte contre moi, il ne semble pas qu'elle m'atteigne : « mais elle combat avec des traits de cire bâtiments de pierre dure. » (*Qui bona chanso cossira*, v. 21 21. C f° 85 v°).

4. *Chansoneta farai vencutz*, v. 37-38. (cf. p. 124).

5. « Il en est qui refusent de faire leur choix dans le temps où on les presse

Il faut convenir qu'un Ronsard mettra une autre grâce à rendre la même idée !

Miraval n'a-t-il pas une façon bien triviale de dire à quel point il est soumis à sa dame ?

> *ieu non fug sim rai' o sim ton'*[1].

ou encore de peindre la vivacité de son amour ?

> *mas lo deziriers m'afama*
> *ques rai cascun jorn doblan*
> *tan quem poja sobrel nas*[2].

Mais ces écarts de goût, où le naturel peu délicat du poète semble reprendre ses droits, ne doivent pas nous empêcher d'apprécier ce qu'il y a parfois de très heureux dans un tel style.

Nous pourrions facilement, en dehors des chansons de Miraval, trouver des traits du même genre dans celles de ses pièces qui appartiennent à d'autres variétés : mais dire, par exemple, comme nous en aurions le droit, que notre troubadour a su faire preuve de vivacité et d'esprit dans le sirventés, ne serait pas lui reconnaître des titres nouveaux à l'originalité, puisque ce genre comportait plus volontiers de telles qualités[3].

Mais, en ce qui concerne les chansons, nous en avons assez dit pour montrer que, si la vraie poésie, celle où la fraîcheur du sentiment s'allie à l'expression éclatante ou gracieuse, n'est

« le plus d'aimer ; puis, quand elles perdent l'éclat de la jeunesse, elles « acceptent ce rebut qu'elles avaient d'abord dédaigné, comme fit le Lombard « pour les figues. » (*Amors me fai chantar et esbaudir*, v. 14-19.) On trouvera le sens de l'allusion contenue dans les derniers mots dans Raynouard, *Lex. rom.* III, 322 : l'origine de cette comparaison est assez grossière.

1. « Qu'elle me rase ou me tonde, je ne m'éloigne pas d'elle. » (*Ar ab la forsa dels freys*, v. 39).

2. « Mais le désir m'alfame et va chaque jour doublant, si bien qu'il me « point sur le nez. » *Sitot s'es ma domn' esquiva.* (v. 41-43. Bartsch *Chrest.* 152).

3. Ainsi l'épigramme qui se trouve à la fin du dernier couplet de la tenson avec Ademar est assez bien venue, quoique brutale (v. p. 29). Les trois premiers couplets du sirventés à Fornier sont vifs et colorés à souhait (v. p. 65) ; enfin le sirventés « *Aras no m'en puosc plus tardar* » se termine par un trait d'ironie malicieuse et discrète, presque digne d'un conte de La Fontaine (v. p. 179, n. 1).

guère le fait de Miraval, du moins une poésie familière, sans
élévation ni émotion, mais non sans justesse ni sans esprit,
en d'autres termes, un réalisme d'assez bon aloi se retrouve
çà et là dans son œuvre et en rompt la monotonie. Entendons-
nous bien : nous ne prétendons pas que cette familiarité soit
particulière à notre poète : il serait aisé de montrer qu'elle
existe chez d'autres, et l'on nous permettra d'observer en
passant qu'on néglige trop volontiers ce caractère de nos troubadours, à qui il devrait peut-être faire pardonner bien des
faiblesses ; nous disons seulement que Miraval, pour s'être montré tel dans l'expression du sentiment amoureux, c'est-à-dire
pour l'avoir traduit avec plus de vivacité que d'élégance,
représente, en tant qu'écrivain, une forme plus intéressante
et plus personnelle de la chanson provençale.

Voilà dans quel sens, ce nous semble, Diez était fondé à
dire que les chansons de Miraval n'avaient pas un caractère
poétique marqué. Nous reconnaissons volontiers que ce troubadour ne s'éleva pas d'un vol bien hardi et que son vers,
suivant le mot connu, « rase souvent la prose. » Mais qu'on
nous accorde en retour que le sens du pittoresque ne lui fit pas
défaut et qu'il sut avoir à ses heures mieux que de l'esprit
courtois, tout simplement de l'esprit.

2° La versification.

Ce serait la tâche d'un éditeur de Miraval que de donner
une étude détaillée de sa versification : comme nous n'en
parlons ici que pour contrôler sur ce point le jugement de Diez,
nous nous bornerons à quelques observations générales : on
trouvera à l'Appendice iii l'énumération complète des rythmes
employés par notre troubadour.

Bien que rompu, comme presque tous les poètes provençaux,
aux difficultés de son art, Miraval a généralement adopté des
combinaisons métriques assez simples.

Sur 46 pièces[1] qui nous restent de lui, il n'en est guère que

______

1. En négligeant la chanson « *Trop an chauzit mey huelh en luec honriu.* »

cinq qui offrent quelque particularité soit dans le rythme, soit dans les rimes[1].

Au reste, si Miraval eut rarement recours aux singularités métriques, ce n'est pas que l'invention rythmique lui fît défaut, puisque, parmi ses pièces, il en est douze dont la forme ne se retrouve pas ailleurs[2].

Des différentes combinaisons strophiques employées par notre poète, il en est une qu'il préfère visiblement aux autres : elle comporte six couplets de huit vers (les envois non compris) ; son œuvre ne renferme pas moins de vingt pièces composées sur ce modèle.

En ce qui concerne les rimes, ses pièces sont, en grande majorité, formées de couplets dits *unissonans* (32 sur 46) ; deux seulement ont des couplets *capcaudatz*, qui supposent une structure plus savante ; enfin on n'y trouve aucun exemple de vers à rimes intérieures.

En somme, Miraval a fait preuve d'une habileté technique assez grande pour pouvoir figurer honorablement, en tant que versificateur, parmi les troubadours connus ; d'autre part, il a recherché trop rarement les formes rythmiques compliquées pour qu'on puisse le mettre au nombre de ceux qui raffinèrent sur l'art du vers, comme ils firent sur l'expression. Rien ne s'oppose donc à ce qu'on le considère, avec Diez, comme un des adeptes du *trobar clar* et comme un adversaire du *trobar clus*.

Son œuvre contribua-t-elle à relever le crédit de la poésie claire ? Il est permis d'en douter. Cependant Diez ne paraît pas éloigné de le penser, à en juger par ce qu'il dit à la fin

---

1. Ce sont les pièces 2, 10, 20, 38, 39. — Ces chiffres renvoient à l'Appendice III, où l'on trouvera le détail de ces particularités.

2. Selon les indications fournies par Maus, dans son étude sur Peire Cardinal : *Peire Cardinals Strophenbau in seinem Verhältniss zu den anderen Trobadors*, 1884. Ce sont les pièces 2, 5, 8, 10, 20, 28, 31, 33, 34, 36, 39, 41.

de son étude sur Miraval : « Son exemple ne resta pas sans succès, car déjà parmi ses contemporains il passa pour un poète excellent[1]. »

La vérité est que la poésie lyrique provençale, de par son origine courtoise et aristocratique, portait en elle des germes de raffinement et de préciosité qui la faisaient tendre naturellement à l'obscurité et qu'aucune influence ne pouvait détruire.

En fait, le goût du maniéré et du bizarre persista jusqu'à la fin, et, bien après l'époque où Miraval écrivait ses chansons, Lanfranc Cigala[2] protestait encore[3] contre les excès de l'école obscure : le genre n'était donc pas mort; à vrai dire, il ne pouvait disparaître qu'avec la poésie méridionale elle-même.

4. Conclusion.

Telle est l'œuvre de Raimon de Miraval.

Elle reste surtout intéressante, répétons-le, pour les détails significatifs qu'elle nous fournit sur la société Languedocienne à la fin du XII⁰ siècle et dans les premières années du XIII⁰. Mais sa valeur littéraire n'est certes pas à dédaigner.

Assez banale en son fond, à peu près vide de sentiments, elle offre cependant des qualités de forme appréciables. Sans avoir le charme soutenu d'un Bernart de Ventadour, ni le coloris vigoureux d'un Bertran de Born, ni même la virtuosité technique d'un Giraut de Borneil, Miraval eut des dons assez heureux pour que la vogue dont il jouit auprès de ses contemporains ne nous surprenne pas. D'une originalité peu accusée, du moins mit-il à écrire ses chansons une simplicité louable, et la vivacité naturelle de son esprit, que l'affectation courtoise est souvent impuissante à contenir, le sauva de la platitude.

Si nous n'avons guère appuyé sur l'éloge, en parlant du

1. *Leben u. Werke der Troub.*, 395.
2. Dont la carrière poétique va de 1241 à 1257 selon M. Chabaneau (*Biogr.*, 157).
3. Dans la chanson « *Escur prim chantar e sotil.* » (*M. G.*, 551).

poète, c'est qu'il appartient à une race privilégiée, pour qui la poésie fut comme une fonction naturelle : chez tous les Provençaux s'affirme, à défaut de mérites plus intimes, cet instinct musical supérieur, dont on peut dire qu'il est l'élément essentiel du génie méridional.

Aimant leur art, comme ils aimaient la vie, pour si frivole que fût cet art même, ces hommes eurent par là leur grandeur. C'est Miraval qui écrit au début d'une de ses chansons :

« Quand on s'adonne à la poésie et qu'on s'en acquitte avec « grâce, il n'est amour ni rien au monde qui doive nous y « faire renoncer : car c'est un passe-temps qui embellit la vie, « et l'abandonner après s'y être une fois livré, c'est être plus « coupable que de ne pas s'y essayer[1]. »

Cet art embellissait leur vie en effet, et l'exemple de notre troubadour nous a montré qu'il passait pour eux avant même le souci de l'existence, puisqu'à la veille du jour qui devait consommer leur ruine, imprudents, épris obstinément de plaisir et d'harmonie, et sur qui le conquérant posait déjà sa main de fer, ils chantaient encore.

Le chevalier-poète du Cabardès, l'ami fidèle de Raimon VI, celui qui fut le héros ou le témoin de tant d'intrigues galantes, qui put, au cours de sa longue carrière, voir le Midi dans tout l'éclat de sa gloire poétique et dans l'emportement de ses plaisirs et qui connut aussi les tristes jours de Muret, semble vraiment incarner, par ses aventures et par ses chansons, ce qu'il y eut d'insouciance morale et de sens artistique chez les hommes de cet âge.

C'est pour ce monde brillant et léger que le sire de Miraval avait vécu ; et, s'il ne devait pas lui survivre, il lui fut donné du moins de nous transmettre l'écho de ses dernières joies.

1.
> *Selh que de chantar s'entremet*
> *si d'avinen o sap faire*
> *no s'en deu ges pueys estraire*
> *per amor ni per nuilhs afars :*
> *qu'aitals uzans' es bes estars,*
> *que pieygz o fai totz hom que s'en estraya*
> *pus o comens, que selh que nos n'asaya. (Selh que de chan-*
> *tar s'entremet, v. 1-7, C, f° 79 v°).*

APPENDICES

APPENDICE I

Nous croyons utile de rappeler ici quelles sont, en dehors
du texte de Miraval lui-même, les sources où l'on peut puiser
pour étudier la vie du troubadour. Nous distinguerons :

1° L'ancienne biographie provençale et les *razos* ou arguments
de certaines pièces de Miraval.

2° Les diverses études biographiques consacrées, depuis le
XVIe siècle jusqu'à la publication des travaux de Diez, à Raimon
de Miraval dans les ouvrages généraux ayant trait à la littérature méridionale : les unes reproduisent fidèlement les données des *razos* primitives, les autres les modifient sur quelques
points : toutes, on peut le dire, ont pour caractère commun
de n'en pas aborder la critique.

3° La notice consacrée par Diez à Miraval.

§ 1.

Raimon de Miraval est au nombre des troubadours dont nous
possédons une biographie rédigée en ancien provençal.

Cette biographie est reproduite avec de légères variantes[1]
dans neuf manuscrits : ABaIKERPH.

On ne peut attribuer avec certitude les biographies des troubadours à tel ou tel auteur. On sait seulement que la vie de
Peire Cardinal est due à Miquel de la Tour ; que celles de
Bernart de Ventadour et de Savaric de Mauléon sont de Ugo de
Saint-Circ ; enfin, que ce dernier en a sûrement écrit d'autres,
sans qu'on puisse toutefois dire lesquelles. Rien ne s'oppose à
ce qu'il soit l'auteur de la biographie de Miraval, mais rien ne

---

1. Il n'en est guère que deux qui méritent d'être signalées : nous l'avons
fait plus haut : v. p. 20, n. 3, et p. 27.

permet de l'affirmer. Tout ce que l'on peut dire, c'est que Ugo de Saint-Circ, qui vécut dans la première moitié du XIIIe siècle et qui fréquenta quelques cours du Midi (notamment celles de Castille et d'Aragon), peut-être à l'époque même où vivait Miraval, du moins peu de temps après, était en état de se renseigner sur les aventures de notre troubadour.

M. Chabaneau, en s'appuyant sur deux détails du texte[1], semble disposé à admettre qu'un même auteur avait écrit la vie de Miraval et celles de Peire Vidal et de Bertran de Born : le fait est possible, sinon probable, mais, malheureusement, nous ne pouvons être plus affirmatif en ce qui concerne Peire Vidal et Bertran de Born qu'au sujet de Miraval.

Nous donnons ci-après le texte de la biographie et des *razos* d'après l'édition de M. Chabaneau[2]. Obligé de renvoyer sans cesse à ces récits au cours de notre étude, nous ne pouvions nous dispenser de les reproduire. Les notes relatives aux différences qu'offrent les manuscrits sont celles-là même que M. Chabaneau a jointes au texte. Nous y avons ajouté pour notre part l'indication des chansons d'où sont tirées les citations renfermées dans les *razos*.

Biographie

ABaJKERPH

Raimons de Miraval si fo us paubres cavalliers de Carcasses, que non avia mas la quarta part del castel de Miraval, et en aquel castel non estavo XL home. Mas per lo seu bel trobar e per lo seu bel dire, e car el saup plus d'amor e de domnei, e de totz los faitz avinens, e de totz los ditz plazens que corron entr' amadors et amairitz, el fo amatz e tengutz car per lo comte Raimon de Tolosa, quel clamava son Audiart et el lui. El coms li dava cavals et armas, els draps quel besoingnaven, e so queil fazia mestier. Et era senher de lui e de son albere, e senher del rei Peire d'Arago et del vescomte de Bezers, e d'en B. de Saissac, e de totz los grans baros d'aquela encontrada. E non era neguna grans domna ni valens

___
1. V. *Biogr.*, p. 66, notes 3 et 7. Le rapprochement indiqué à la note 7 nous paraît peu concluant.
2. P. 66 et su.

que no dezires e no se penes que el entendes en ella, e que li
volgues be per domesteguessa, quar el las sabia pus onrar e
far grazir que nuls autr'om ; perque neguna no crezia esser
prezada, si R. de Miraval no fos sos amics. E R. de Miraval
s'entendet en mantas domnas, en fetz mantas bonas cansos ;
e no se crezet mais qu'el de neguna en dreg d'amor agues ben,
e totas l'enganeren. E definet a Lerida, a Santa Clara de las
donas de Sistel [1].

Razos

1. ERP

Ben avetz auzit d'en R. de Miraval qui fo ni don [2], per
qu'ieu no vos vuelh dire mais d'aiso qu'ieu vos ai dig. Mas
el amava una dona de Carcasses que avia nom la Loba de
Puegnautier, filha d'en Raimon de Puegnautier, et era molher
d'un cavayer ric et poderos de Cabaret, parier del castel. La
Loba si era sobravinens e voluntoza de pretz e d'onor ; e tug li
baro de la encontrada e li estranh que la vezian entendian
en ela : lo coms de Fois, en Bertrans de Saissac [3], en Oliviers
de Saissac, en Peire Rotgiers de Mirapeys, en Aimeric de
Monrial, en Peire Vidal, que fes mantas bonas cansos de lieis.
En Raimons de Miraval si l'amava mais que totz, e la metia
enans a son poder ab sas cansos et en contan, com sel que o
sabia meils far de cavalier del mon, et ab plus plazens razos
et ab plus bels digz. E la Loba per lo gran pretz en que el
l'avia meza, e car conoissia qu'el sabia meils domna enansar e
dezenansar de nul ome del mon, ela li sofria sos precs el pro-
metia de far plazer en dreg d'amor, e l'avia retengut baizan.
Mas ela o fazia tot per engan ; et amava lo comte de Fois tan
que ela ne avia fag son drut. Et era l'amors paleza de lor per
tota la encontrada de Carcasses, don ela fon descazucha de
pretz et de honor e d'amics e d'amigas ; que lai tenian per morta
tota domna que fezes son drut d'aut baro.
Can Miravals auzi la novela del mal qu'ella avia fag, et que

1. Cette dernière phrase seulement dans E.
2. P ajoute ici : « *en la razo qu'es escriuta denan las sous chansos* »,
c'est-à-dire dans la biographie proprement dite.
3. *Bertrans de Saissac* seulement dans P.

P. Vidals n'avia facha una mala chanso d'ela que ditz :

Estat ai una gran sazo ;

En la cal el dis en unas coblas :

Mot ai mon cor felo
Per lieis que mala fo[1].

Miravals fo sobre totz pus dolens, et ac voluntat qu'en disses mal et en decazer leis ponhes ; e pueis pesset se que mais valia que ponhes en ela enganar, aisi com ela avia lui enganat : e comenset la a defendre, a cobrir et a razonar del fag del comte. La Loba auzi que Miravals la defendia del mal que avia fag, sobre la gran tristeza qu'el avia. Si s'alegret molt per la defensio de Miraval, per so qu'ela avia major paor d'el que de totas las autras gens. E s'il fai venir a se, e sill regrasia molt en ploran del mantenemen e de la defensio qu'el fazia d'ela : e si li dis : « Miravals, sieu anc jorn agui pretz ni honor, ni amic ni amiga, ni fui auzida ni prezada luenh ni pres, ni agui ensenhamen ni cortezia, per vos m'es tot avengut e de vos o tenh. E com so sia causa que ieu no ai fag tot so que vos avetz volgut en dreg d'amor, no m'o a vedat amors d'autrui, mas una paraula que vos dissetz en una vostra canso, que ditz : *Amors me fai cantar e esbaudir :*

Bona domna nos deu d'amor gequir ;
E pos tan fai qu'az amors s'abandona,
No s'en coch trop, ni massa non o tir,
Que meins en val totz faitz, quil dessazona[2].

Et ieu volia vos far tan de plazer ab onrada razo, per que vos l'acsetz plus car, que no m'en volia cochar[3]; que non a mais dos ans e cinq mes que vos retengui baizan, si com vos dissetz en vostra canso :

Passat so cinq mes e dui an
Qu'ieu vos retengui a mon coman[4].

Aras vei be que vos nom voletz abandonar per lo blasme

---

1. Peire Vidal : *Estat ai gran sazo* (v. 11-2. N° 2 de l'éd. Bartsch).

2. Vers 15 18.

3. M. Chabaneau met : après *car* et une virgule après *cochar*.

4. Vers inexactement cités de la chanson *Enquer non a gaire* (cf. plus haut, p. 108, n. 2).

fals e mensongier que m'an mes enemic et enemigas desobre
me. Per so vos dig que pos vos me mantenetz contra tota
gent, et ieu me tuelh de tota autra amor per vos, e don vos lo
cor el cors per far tot cant que vulhatz: e met me del tot en
vostre poder et en vostras mas, e prec vos quem defendatz a
vostre poder. » Miravals ab gran alegrenza receup lo don de
la Loba, et ac de lieis tot so que a lui plac longa sazo. Mas
denan s'era enamoratz de la marqueza de Menerba, que avia
nom Gent Esquia de Menerba[1], qu'era joves et gaia e gentils domna, et era molher del comte de Menerba[2], e non avia
mentit ni enganat, ni era estada enganada ni trahida. E per
aquesta se parti Miravals de la Loba, per que fetz aquesta
canso que ditz :

S'ieu en cantar soren.

2. — ERP

Vos avetz entendut d'en R. de Miraval co saup enganar la
Loba e remaner ab lieis en patz[3]. Mas ar vos dirai de n'Alazais
de Boissazon com l'enganet, et una autra apres qu'era sa
vezina, na Esmengarda de Castras, cill dizia hom la bela
d'Albeges. Abdoas ero de l'avescat d'Albi : N'Alazais era d'un
castel que a nom Lombers, molher d'en Bernart de Boissazo;
na Esmengarda si era d'un borc que a nom Castras, molher
d'un ric valvassor, qu'era fort de temps.

Miravals si s'enamoret de n'Alazais qu'era joves e gentils e
bela e voluntoza de pretz e d'onor e de lauzor. E car ela conoissia
que Miravals li podia plus donar de pretz que nuls hom que fos,
si fo molt alegra car vi qu'el l'amava : e fetz li totz los semblans
e dis li totz los bels plazers que dona pot far ni dire a cavalier.
Et el la enanset cantan et contan à son poder, e de lieis fetz
motas bonas chansos, lausan son pretz e sa valor e sa cortesia.
E mes la en tan gran pretz, que tuit li baro de aquela terra

---

1. P seul donne ce nom. On le lisait aussi, peu différent (Gent Esquien),
dans un des mss. dont Giammaria Barbieri a fait usage.

2. *E era... Menerba*, seulement dans P.

3. Ce passage de la *razo* est évidemment tiré des vers suivants de la chanson « *S'ieu en chantar soren* » :

Et ieu sofren mon dan
saub l'enganar totz enganatz
e remaner ab lieis en patz. (v. 18-20.), cf. d'ailleurs
la 3ᵉ razo.

entendero en ela, lo vescoms de Bezers, el coms de Tolosa, el
reis Peire d'Arago, als cals Miravals la avia tan lauzada, quel
reis senes vezer s'en era fort enamoratz, e l'avia mandatz sos
messatges e sas joias. Et el moria de voluntat de lieis vezer ; don
Miravals ponhet mot com el la vis, e fetz una cobla en sa chanso
que ditz : *Ar ab la forsa del freis* :

> *S'a Lombers cortejal reis*
> *per tostems er jois ab lui*
> *e si tot s'es sobradeis,*
> *per un be l'en renran dui.*
> *Que la cortesī el jais*
> *de la bella n'Alazais*
> *el fresca colors eil pel blon*
> *fan tot lo setgle jauzion*[1].

Don lo reis s'en venc en Albiges a Lombers per vezer n'Alazais ;
en Miravals venc ab lo rei, pregan lo rei qu'el li degues valer
ab madona n'Alazais. Fort fo creubutz et onratz lo reis, e vegutz
volentiers per ma domna n'Alazais. El reis, tantost can fon
assegutz apres d'ela, la preguet d'amor ; et ela autrejet de far
tot so que volria ; si que la nueg ac lo reis tot so que volc ; e
l'endema fo saubut per tot lo castel e per tota la cort del rei.
En Miravals, que atendia esser rics de joi per prec del rei,
quant auzi aquestas novelas, fo fort marritz ; et anet s'en e
laisset lo rei e la dona. Longamen se plais del mal que avia
fag la dona, e de la felonia quel reis avia facha de lui ; don el
per aquesta razo fetz esta chanso :

> *Entre dos volers sui pessius.*

3. — Raynouard. *Choix des poésies des Troubadours.*
I. v. p. 388[2].

Eu vos•ai dich de sobre en l'autra raison d'en R. de Miraval
et avetz auzit qui fo ni don, e com gran ren entendet en totas las
meillors dompnas e las plus valens d'aquelas encontradas, si
com el dis :

---

1. Vers 12-19.
2. M. Chabaneau fait observer avec raison que cette *razo*, dont Ray
nouard n'indique pas la provenance, parait être simplement une variante
du début de celle qui suit.

> *Ja ma dompna nos malei*
> *s'eu a sas merces m'eslais,*
> *que non ai cor que m'abais*
> *ni cas bas amor desrei ;*
> *qu'ades ai lo meills volgut.*
> *dedins e fors son repaire[1]...*

que las mes en gran pretz et en gran lauzor entre la bona gen. Ben ni ac de tals que feiron ben de lui, e d'autras qu'en feiron mal, si com el dis :

> *Que mantas retz me tornet a folor*
> *E mantas retz en gaug et en doussor[2] ;*

e ben fo per tals galiatz que el las galiet pueis totz galiatz. si com el dis :

> *Et eu sufren mon dan*
> *Saup l'enganar totz enganatz*
> *e remaner ab leis en patz[3].*

Mais a lui desplazia fort qui dizia qu'el non agues ben de las dompnas, e si desmentia aquels que disian qu'el non agues ben, si com el dis :

> *Ar van disen a lairo*
> *q'anc d'amor no fi mon pro.*
> *Menton, qu'aratz n'ai bes e jauzimens*
> *e n'ai sufert dans e galiamens[4].*

Ancmais no vole enganar las finas ni las leials per mal qu'elas li fesezon sofrir, ans de lor dan poc aver fait son pro. mas anc no vole ren qu'a lor no fos bo[5].

E si s'enamoret d'una joven dompna gentil d'Albiges que avia nom madona Aimengarda de Castras; bela era e cortesa et avinens et enseignada e gen parlans.

---

1. 6ᵉ strophe de la chanson : *Bel m'es qu'ieu chant em conhdey.*
2. Vers 23 et 24 de la chanson : *Ben aial messatgiers.*
3. Vers 18-20 de la chanson : *Sieu en chantar soren.*
4. Vers 13-17 de la chanson : *Entre dos volers sui pessius.*
5. Ces mots (depuis : *ans de lor...*) sont 2 vers démarqués de la chanson : *Tug silh quem ran demandan.*

> *Neys del sieu dan pogr' arer fag mon pro,*
> *mas anc nom plac res qu'a lieys non fos bo.* (v. 31-2. cf. *M. G.* 1096).

4. — ERPII.

Dig vos ai de n'Alazais de Boissazo com engannet Miraval e trai et aucis se meteissa : ara vos vuelh dir com na Esmengarda de Castras, laquals era dicha la bela d'Albeges, si com eu vos ai dig de sobra, l'enganet el trai. N'Esmengarda de Castras[1] saup que n'Alazais l'avia escarnit : si mandet per en Miraval ; et el vene, et elal dis que mot era dolenta de so que se dizia de n'Alazais, e de l'ira qu'avia del faillimen d'ela ; don ela avia cor e voluntat de far esmenda a lui de se messeiza, del mal que li avia fag n'Alazais. Et el fon leus per enganar, can vi los bels semblans els bos ditz ab qu'ela li presentava l'esmenda del dan qu'el avia pres ; e dis li que voluntiers voldria prendre de lieis la esmenda. Et ela pres lo per cavalier e per servidor, e Miravals la comenset a lauzar et a grazir, et a enansar son pretz e sa valor. E la dona avia sen e saber e cortezia e saup gasanhar amics et amigas. En Oliviers de Saissac, que era un gran bar de la terra, si entendia en ela e la pregava de penre per molher.

En Miravals, can vi que l'avia tan montada en pretz et en onor, vole gazardo ; e si la preget que li fezes plazer en dreg d'amor. Et ela li dis que ela noil faria plazer d'amor per nom de drudaria, qu'enans lo pendria per marit, per so que lur amors nos pogues partir nis rompre ; e qu'el degues partir sa molher de se, laquals avia nom madona Gaudairenca. Don Miravals fon fort alegres e jauzens, cant auzit que per marit lo volia ; e anet s'en al sieu castel, e dis a sa molher que no volia molher que saupes trobar, que assatz avia en un alberc d'un trobador, e que se aparelhes d'anar vers l'alberc de son paire, qu'el no la tenria plus per molher. Et ela entendia en un cavayer que avia nom Guilhem Bremon, don ela fazia sas dansas. Cant ela auzi so que en Miravals li dis, feis se fort irada, e dis que mandaria per sos parens et per sos amicx. E mandet per en Guilhem Bremon que vengues, que ela lo pendria per marit es n'iria ab el. G. Bremon cant auzi las novelas fo molt alegres ; e pres cavaliers e venc s'en al castel d'en Miraval e desmontet a la porta. E na Gaudairenca o apres,

---

1. *laquals..... de Castras,* manque dans ER.

e dis an Miraval que siei paren e siei amic eron vengut per lieis,
e qu'ela s'en volia anar ab lor. Miravals fo molt alegres e la
dona plus. La dona fo aparelhada d'anar : en Miravals la menet
fora e trobet en G. Bremon e sa companha e receup los fort.
Can la dona vole montar el caval, ela dis an Miraval, que pus
qu'el se volia partir de liei, que la des an Guilhem Bremon per
molher. Miravals dis que voluntiers, si ela o volia. En Guilhems
se trais enan e pres l'anel per espozar : en Miravals lal det
per molher, e menet lan.

Can Miravals ac partida sa molher de se, anet s'en a madona
na Esmengarda : e dis li qu'el avia fag son comandamen de
sa molher, e qu'ela degues faire e dir so que li avia promes.
E la dona li dis que ben avia fag, e que s'en tornes a son
castel e que fezes son aparelhamen de far grans nossas e de
recebre lieis per molher, car ela mandaria tost per el. Miravals
s'en anet et fetz gran aparelhamen per far nossas. Et ela mandet
per n'Olivier de Saissac, et el venc tost : e elal dis co ela faria
tot so qu'el voldria, el penria per marit. Et el fo lo plus alegres
hom del mon, et acorderon aissi lur fag quel ser lan menet
al sieu castel, e l'endeman l'espozet e fetz grans nossas e gran
cort.

Las novelas vengro an Miraval que la dona avia pres n'Olivier
de Saissac per marit. Fort fo dolens e trist, car l'avia fag sa
molher laissar e que l'avia promes quel prendria per marit, e
que n'avia[1] fag son aparelhamen de nossas : e dolens de n'Alazais del mal qu'ela avia fag ab lo rei d'Arago : e si perdet
tot joi e tot alegrier e tot solatz, e cantar e trobar. E estet
com hom esperdutz ben dos ans. Aquellas novellas foron auzi-
das per totas aquelas contradas loing e pres ; et avenc a saber
a un valen baron de Cataloigna que avia nom N'Uguet de
Mataplana, qu'era mout amics de Miraval, e si en fetz aquest
sirventes que ditz :

> *D'un sirventes m'es pres talens*[2].

E mant cavalier trobador se trufavon de lui per los esquerns
qu'en fazian. Mas una gentils dona que avia nom Brunessen,
molher d'en P. Rotgier[3] de Cabaret, que era envejosa de pretz
e d'onor, s'il mandet saludan e pregan e confortan an Miraval

---

1. M. Chabaneau écrit : *e qu'en avia...*
2. *Et avenc... talens*, manque dans EP.
3. *Molher... Rotgier*, manque dans P.

ques degues alegrar per l'amor de lieis : e que saubes per
veritat qu'ela l'anaria vezer si no volia venir vas lieis, e li
faria tan d'amor qu'el conoiseria be que nol volia enganar. E
d'aquesta razo fetz esta chanso que ditz :

Ben aial messatgiers.

5. — ERP.

Can lo coms de Toloza fon deseretatz per la guerra e per los
Frances, et ac perdut Argensa et Belcaire : e li Frances agro
San Gili et Albiges e Carcasses : e Bederres fon destruitz, el
vescoms de Bezers era mortz, e tota lo bona gens d'aquela
encontrada morta e guandida a Tolosa. Miravals era col
comte de Tolosa[1], ab cui el se clamava n'Audiart, e vivia ab
gran dolor, per so que tota la bona gens, don el era senher
e maystre, e dona e cavalier eran mort e deseretat. Pueis avia
sa molher perduda, aisi com avetz auzit[2], e sa dona l'avia
trait et avia son castel perdut. El avenc se quel reis d'Arago
venc a Tolosa per parlar ab lo comte, e per vezer sas serors,
madona na Elionor e madona Sancha. E confortet mot sas
serors el comte e son filh e la bona gent de Toloza, e promes
al comte qu'el li rendria e cobraria Belcaire e Carcassona, et
a Miraval lo sieu castel : e que faria si que la bona gens
cobrario lo joi que avion perdut. En Miravals per joi que ac
de ʼla promessio qu'el reis fetz al comte et a lui de rendre so
qu'avion perdut, e per lo tems d'estat qu'era vengutz, ja agues
el preponut de no far cansos, entro que agues cobrat lo castel
de Miraval que avia perdut, e car s'era enamoratz de madona
na Elionor, molher del comte, qu'era la plus bela dona del
mon e la melher, a cui el non avia encaras fag semblan d'amor,
fetz aquesta canso que ditz :

Bel m'es qu'ieu chan e coindei.

E cant ac facha la canso la trames en Arago, per quel reis
venc ab mil cavayers a servizi del comte, per la promessio
qu'el avia facha. Don lo reis fon mortz per los Frances denan
Murel ab totz los mil cavayers que avia ab se, que negus
non escapet ab vida.

1. *Miravals... Tolosa.* Ces mots manquent dans ER.
2. *Avetz auzit.* Leçon de P. Dans E et R, qui placent cette *razo* avant la
précédente, on lit : *auziretz.*

§ 2.

Nostre-Dame. — Voici maintenant ce qu'est devenue la biographie de Raimon de Miraval entre les mains de Jehan de Nostre-Dame. C'est uniquement à titre de curiosité que nous reproduisons le récit de ce faussaire avéré, dont nous avons, bien entendu, jugé inutile de discuter le dire : c'est un travestissement ridicule.

Extrait des *Vies des plus celebres et anciens poetes prouensaux, qui ont floury du temps des comtes de Prouence* etc... par Jehán de Nostre-Dame Procureur en la cour du Parlement de Prouence... A Lyon pour Alexandre Marsilii. MDLXXV.

De Remond de Mireuaux XIII.

(p. 59). « Remond de Myreuaux fut un pauure chevalier Carcassonois, n'ayant que la quarte partie du chasteau de Myreuaux, auquel n'habitoyent pour lors soixante hommes. mais par le moyen de sa belle et riche poesie il l'augmenta de beaucoup, et chanta si bien, que finalement il l'acquist entierement. Il sauoit plus d'amour et courtizanie, et de plusieurs bonnes sciences qu'auoyent cours de son temps qu'autre qu'aye escript, fut aymé et prisé par le comte Raymond de Thoulouse, luy portant tant de faueur et de familiarité qu'entre eux se nommoyent par nom secret Audeiards, le Conte luy fournissoit d'armes, de cheuaux, et de tout ce que luy estoit necessaire. Il était estoit aussi aymé et prisé de Peirre Roy d'Aragon, et du Vicomte de Beziers, et de Bertrand de Sayssac, et de tous les Barons et gentilshommes du pays. Il n'y auoit dame ne damoiselle de quelque maison que ce fust qui ne desirast auoir Remond de Myreuaux en sa compagnie. Toutes desiroyent de le voir, de l'auoir, — (p. 60) — de l'ouyr chanter, et auoir, sa coynoissance et familiarité, parce qu'il les sauoit fort bien honorer, et tenir en allegresse et passetemps, et aucune d'elles ne croyoit estre prisee s'il *(sic)* n'estoit aymee de luy, au moyen de quoi il eust grande coynoissance et familiarité avec elles, pour lesquelles chanta maintes bonnes chansons. Mais l'on n'a iamais eu opinion mauuaise d'elles, ni de luy, ainsi que la descript Hugues de sainct Cesari, et en mesmes termes le Monge des isles d'Or, ne qu'il receut aucune faueur d'elles à l'endroit de l'amour, ains au contraire toutes le trompèrent. Il se trouve une tenson ou un dialogue entre Remond de Myreuaux et Bertrand de Allamanon autre Poete Prouensal qui florissait de ce temps, auquel y a une belle dispute, quelle des nations est la plus noble et la plus excellente, ou la Prouensalle, ou la Lombarde. Remond maintient par viues raisons, que c'est la nation Prouensalle, et le pays aussi auquel abonde beaucoup de bons Poetes Prouensaux, ce qu'on ne voit point en la Lombardie, et qu'il ne sortit iamais tant de Seigneurs et vaillans cheualiers et capitaines du ventre du cheual de Troye, qu'ils se sont trouvez de — (p. 61) — souuerains Poetes en Prouence. Ceste question fut ennoyée aux dames de la Cour d'Amour, residents à Pierrefeu, et à Signe, pour en avoir la diffinition, par Arrest de laquelle, la gloire fut attribuée aux Poetes Prouensaux, comme obtenans le premier lieu entre toutes les langues vulgaires. Le Monge de Montmaiour dict, que Myreuaux estoit si prodigue et liberal qu'il donna par plusieurs fois son chasteau à sa dame, et auant que fut passé l'an le luy redemanda en plorant. Il a fait un traité intitulé *Las lauzours de Proensa* en prose, trespassa en l'an 1218 chargé de plusieurs ans, pauure et defectueux. »

Bastero. — Bastero et Crescimbeni nous ont transmis sur les troubadours en général, et sur Miraval en particulier, des renseignements sans autorité, puisque tous deux ont pris pour base le livre de Nostre-Dame.

Nous aurons vite fait de reproduire ce que Bastero a consacré à Miraval : il n'a recueilli que ce qui a trait à la tenson sur les Lombards et les Provençaux.

Extrait de : *La Crusca provenzale...* opera di Don Antonio Bastero etc... Roma. Stamperia di Antonio de Rossi. MDCCXXIV. in-4°.

(Page 92) « *Raimondo di Miravalle* detto *Raimon de Miraval*, Cavaliere di Carcassona, Signor della quarta parte del Castello di Miravalle. Canzoni, e un Serventese a Ugo di Mataplana Baron Catalano ; e una Tenzone con Bertrando d'Alamanone il primiero di questo nome. MSS. della Libreria Vaticana. Nella Tenzone, che si legge nel Cod. 3204, si disputa quale delle due

Nazioni sia più eccellente, e in pregio : o la Provenzale, cioè
quella della lingua d'Oc, come la Catalana, la Limosina, la
Guascona, l'Alvernese ec. o la Lombarda, cioè la Italiana. E
Ramondo mantiene con forti motivi le parti della Nazione
Provenzale, particolarmente per abondare questa, di bravi, e
famosi Poeti. o, come dice, di

> *Trobadors prezanz*
> *Que sabon ben far vers e canz*
> *Tenzons, Serventes, e Descortz.*

> Trovatori pregiosi (di pregio, pregiati)
> Che sanno ben far versi, e Canti,
> Tenzoni, Serventesi, et Canzoni con diverse ariette.

il che non si vedeva nella Lombardia ; e per regnare nel Paese
di Provenzali, e cortesia, e larghessa con doni, presenti, e
conviti, il che non era già cosi nelle contrade d'Italia, imperocche
in Italia, o come egli dice, e si diceva allora dagli Oltramontani

> *En Lombardia, podetz ben, siu 's platz*
> *Morir de fam si deners no portatz :*
> In Lombardia potete ben, se vi piace,
> Morir di fame se non portate denari.

(P. 93) Questa Tenzone fu rimessa alle Dame della Corte
d'Amore di Pierafuoco e di Signa per averne la diffinizione ;
per arresto delle quali fu attribuita la gloria all' inclita Nazione
Provenzale, come a quella che otteneva il principal luogo tra
tutte le lingue volgari, siccome attestano i compilatori delle
Vite de' Poeti Provenzali. Della suddette Corte d'Amore parle-
remo nel terzo Volume alla voce *Tenzone*. »

Bastero, dans une note qu'il nous paraît inutile de reproduire,
ajoute que par *Lombards* il faut entendre les Italiens en général
et donne l'étymologie de ce mot.

Crescimbeni. — Dans l'*Istoria della volgar poesia* de
Crescimbeni (éd. de 1730 en 6 vol. in-4° (Venise), comprenant
les commentaires du même auteur relatifs à cette histoire) on
trouve (tome II, p. 40-43) la version littérale en italien de la
vie de Miraval par Nostre-Dame : il n'y a donc pas lieu de la
reproduire ici.

A sa traduction, Crescimbeni a joint cinq notes : La note 9

de la page 41 contient quelques vers (d'après Bastero) de la
tenson sur les Lombards et les Provençaux. La 1re note de la
page 42 a trait aux différentes formes sous lesquelles se présente le nom du troubadour dans les manuscrits connus de
l'auteur ; la 3e note de la même page mentionne les manuscrits
d'Italie où se trouvent les pièces de Miraval ; la 4e rappelle
l'allusion faite par le moine de Montaudon à Miraval et à son
château.

La 3e, la seule importante, donne un résumé de la biographie
d'après K et un récit de l'aventure de Miraval et d'Ermengarda
de Castres d'après H. C'est la seule de ses intrigues galantes
que Crescimbeni ait mentionnée.

Nous reproduisons cette note :

(II. 42. n. 3). « Nella detta Vaticana cod. 3204 [1]. cart. 52 v'è
un ristretto della vita di costui, nella quale si dice, che fu povero
cavaliere di Carcassès, cioè di Carcassona, e che fu amato dal
comte di Tolosa, i quali scambievolmente si chiamavano tra di
loro Audiars (questa voce dal Nostradama scritta cosi Audeiards,
il Giudice [2] la traduce Galante ; ma noi col parer del Salvini [3]
stimiamo, che voglia piu tosto dire Auditori, o Audienze), e che
si crede che egli non avesse alcun bene in diritto d'Amore, ma
tutte le donne l'ingannassero. Più ampiamente della vita di lui
si parla nel codice 3207 [4] cart. 20 ove molto s'aggiunge a ciò,
che scrive il Nostradama, perlochè questo testo noi l'abbiamo
tradotto interamente, e dice cosi. Raimondo di Miravalle venne
in tal pregio appo le Donne, che non pareva, che alcuna credesse
d'esser pregiata, se non era amata da lui ; ed egli converso
colle migliori dame, ma non si truova, che alcuna gli desse
mai un diritto d'amore ; anzi tutti l'ingannarono ; quantunque
egli non volesse mai ingannare alcuna. Alla fine s'innamorò
d'una Damigella Albigese assai bella, appellata Aimengarda di
Castras, della quale cantò : ma avendole richiesto qualche favore
in amore, ella gli rispose, che, como a Drudo, non gliel' avrebbe
mai fatto ; e se pur voleva, dimetesse sua moglie, che ella
l'avrebbe preso per marito. Raimondo tutto allegro tornò al suo
castello ; e cercando modo di torsi di torno sua moglie, laquale

1. K.

2. Giudice, auteur d'une traduction de Nostre-Dame antérieure à celle de
Crescimbeni (Lyon 1575).

3. A qui sont dues quelques citations des troubadours mêlées aux commentaires de Crescimbeni.

4. H.

si chiamava Taudairenga *(sic)*. bella e avvenente. e anche brava trovatria; alla fine s'accorse, che ella era servita da Guglielmo Breimon, il quale intendeva in esta, ed era cavaliere gentile e bello : perlochè presa l'occasione, disse alla moglie, che due trovatori non istavano bene in una casa ; e però, che mandasse per li suoi parenti e se ne andasse con essi. Ella, ciò audendo, mandò per lo stesso Guglielmo Breimon, a cui Raimondo la conseguò, ed egli se la condusse via, e sposolla. Intanto Aimengarda si maritò con un gentil cavaliere di quella contrada, appellato Oliviero di Sairac *(sic)* ; e quando Raimondo andò per averla, vedendola maritata, ebbe a morir di dolore, trovandosi senza moglie e senza sposa : il che saputosi per la contrada, diede occasione di molto riso a'cavalieri, e dame, e particolarmente ad Ughetto di Martaplana, baron catalano, e buon trovatore, amico di Raimondo, il quale sopra di ciò gli scrisse una serventese, che incomincia : *Dum serrentes mes pres talent* (D'un serventese m'e preso talento).

Voici ce que le même auteur dit d'Ugo de Mataplana (t. II, p. 220) :

« Ugo di Mataplana, detto Nuc, e Nuget de Mataplana, o Martaplana, barone catalano, e buon trovatore, fu amico di Raimondo di Miravalle, a cui scrisse un serventese, quando egli perdè nello stesso tempo la Moglie e l'amata, il cui principio veggasi di sopra nelle note alla vita di esso Raimondo. che è la XIII. Annot. 2. Fiori anche in tempo di Blancasso, o Blancassetto, a cui indirizzò un componimento, che si legge in uno de' Codici provenzali della Libreria di s. Lorenzo di Firenze, ove è appellato Nuc de Mataplano. Una tenzone con un poeta appellato col soprannome di Reculaire, cioè : che rincula. rinculatore ; ms. nel codice 3204 della Vaticana, ed in altri. E il suddetto serventese a Ramondo di Miravalle nel cod. 3207 della medesima Vaticana. E cobolle ; Testo a penna, della Libreria Laurenziana in uno de' codici de' poeti provenzali esistenti al Banco 41. Notisi, che nove principali. ed antichissime Baronie tra l'altre, vi sono in Catalogna ; e questa, cioè di Mataplana è una di esse nove, di cui veggasi Pietro Tomic ne' capi 15 e 22 della sua cronica. »

L'auteur rapporte ensuite que Miraval mourut en 1218 ; il cite enfin et traduit les six premiers vers du sirventés de Mataplana « *D'un sirventes m'es pres talens.* »

Histoire de Languedoc. — Les auteurs de l'*Histoire Générale de Languedoc* (éditée de 1730 à 1745) ont inséré au xxiiie livre quelques vies de troubadours appartenant à la fin du xiie siècle et au début du xiiie : ce sont des abrégés des biographies et des *razos* faits à l'aide des ms. E et I. La vie de Raimon de Miraval, de beaucoup la plus développée, se trouve dans l'édition primitive au tome iii, p. 326-27. Elle a été réimprimée, dans l'édition Privat, au tome vi, p. 556-57.

Millot. — Le chapitre consacré à Miraval par Millot *(Histoire Littéraire des Troubadours*, 1774, tome ii, p. 396-420) reproduit, en les amplifiant, tous les détails fournis par la biographie et les *razos* provençales. Çà et là quelques doutes traversent l'esprit de l'auteur, mais il ne s'y arrête pas (v. par ex. p. 404, 407, 418). L'étude se termine par une traduction ou plutôt par une paraprase du sirventés « *Del rei d'Aragon consir* » — que l'auteur attribue à Miraval, — de la tenson sur les Lombards et les Provençaux — dont l'authencité ne lui paraît pas certaine, — et des deux sirventés « *A Dieu me coman, Bayona !* » et « *Forniers, per mos enseignamens.* »

Barbieri. — Barbieri a donné, d'après un manuscrit aujourd'hui perdu, connu sous le nom de recueil de Miquel *(Libro di Michele.* — cf. Grœber : *die Liedersammlungen der Troubadours.* §. 110-116), un récit qui reproduit la biographie de Miraval telle qu'on la trouve plus haut jusqu'à ces mots : *per que neguna no crezia*, exclusivement, et, avec quelques variantes, la première *razo*, celle qui est relative à Miraval et à la Louve de Pennautier. Nous donnons la version de Barbieri, pour qu'on puisse comparer la leçon du manuscrit utilisé par cet auteur et celle des ms. ERP. Il n'y a guère que des différences de détail : Barbieri donne en somme une fusion de la biographie proprement dite et de la *razo* de « *s'ieu en chantar soven.* »

Le texte de Barbieri est accompagné de notes de Tiraboschi (qui fut chargé de faire pour les papiers de Barbieri ce que Millot venait de faire pour ceux de Lacurne). Ces notes sont empruntées à l'*Histoire de Languedoc* et à Millot lui-même ; la dernière (pag. 117) résume l'histoire de Gaudairenca, de Miraval et de Mataplana.

Extrait de : *Dell' origine della poesia rimata.* opera di Giammaria Barbieri Modenese, publicata ora per la prima volta e con annotazioni illustrata dal cav. Ab. Girolamo Tiraboschi consigliere di s. a. s. e presidente della ducal biblioteca di Modena. In Modena MDCCLXXXX.

(pag. 64.) Nov. IX. Amori di Ramondo di Miraval. *Mich. Car.* 73. « Ramondo di Miraval fu un povere cavaliere del paese di Carcassona, che non havea se non la quarta parte del Castello di Miraval, nel quale non stavano quaranta persone ; ma per lo suo bel trovare, & perchè seppe più d'amore, & de i piacenti detti, che corrono tra gli amadori, che nessuno altro, fu molto honorato & tenuto caro per lo conte Ramondo di Tolosa, il quale era quelli, che gli dava cavalli, & arme, e vestimenti, per lo Re Pietro di Aragon, pel Visconte de Beziers, per Beltramo di Saissac, e per tutti i gran baroni di quella contrada. E non era nel paese nessuna gran domna che non desiderasse, e non si pensasse, che Ramondo di Miraval le volesse bene per amore, perciocchè egli le sapeva piu honorare, e piu far gradire, che nessuno altro huomo. Hor è da sapere, che in quel tempo era in Carcassese una gentil donna avvenente, bella, e cortese detta per nome la Loba dei Puei Nautier (l. di Penautier), in cui s'intendevano tutti i valenti huomini, e molti gran baroni della contrada, come il conte di Fois, Olivier di Saisac, Pietro Rogier de Mirapois, Amerigo di Monreal, & ancora Pietro Vidale. Ma sopra tutti l'amava Ramondo di Miraval, e molto la esaltava in cantando, & in parlando, & ella per le gran lodi, — (page 65) — ch' egli le dava, mostrava d'aggradire i suoi preghi, & ritenevalo solo con atti cortesi, & con buone parole : ma non gli haveva amore alcuno, e ciò, che gli diceva, era per inganno, perciocchè ella voleva tutto' l suo bene al conte di Fois tanto, che fatto lo ne havea suo amante. Et alla fine men cantamente operando si fece palese il fatto del loro amore, onde fu subito discaduta di pregio, e di honore, che a quei tempi si havea per morta ogni donna, che facesse suo drudo d'alto barone, & fra gli altri Pietro Vidale ne fece una mala canzone, che comincia :

Molt ai mon cor felo
per lieis, que mala fo.
Molio aggio il mio cor fello
per lei, che mala fu.

Cosi Miraval ne senti gran dispiacere, & hebbe volontà di darsi a mal dire di lei, ma poi si pensò, che meglio era, ch' egli s'ingegnasse d'ingannarla lei, siccome ella havea ingannato lui, e cominciò a scusarla per tutto, & a sostenerla del fatto del conte di Fois. Quando la Loba intese, che Miraval la difendeva del male, ch' ella havea commesso con tutta la tristezza, che haveva, si rallegrò alquanto, perciocchè di lui haveva ella maggior paura, che di nessun' altro. Perciò fattolo venire a se priangendo lo ringraziò del mantenimento, che le faceva, e gli disse : Miraval, se io mai hebbi pregio e valore, nè cortesia nè cosa alcuna di buono, tutto ciò mi è da voi venuto, del quale bene, se io non ve ne ho fin qui rimeritato, io non me ne sono già rimasa per difetto di buona volontà, ma per una parola, che voi portaste in una vostra canzone, quando diceste :

> *« Bona donna nos deu d'amar gequir,*
> *e pos tant fai cazamor s'abandona*
> *no sen cuy trop ni massa non o tir,*
> *que meins en ral totz faitz, qu'il dessanzona. »*

> « Buona dona, non si dec d'amar tralasciare,
> e poi tanto fa, chè ad amor s'abbandona,

(page 66) non sen cura troppo, e massa non lo sceglie ;
> che meno ne val ogni fatto, che l'inquieta. »

Onde io attendeva di accettarvi per amante, ma con honorata cagione, acciocchè voi l'haveste più caro. Horo conoscendo quale amico voi mi sete al bisogno difendendomi contra tutti del falso biasimo, che mi hanno messo addosso i miei nimici, io per voi mi voglio torre a tutti, e darmi a voi solo per fare e per dire ciò, che vi fara in piacere. Miraval mostrandone grande allegrezza, accettò l'amore della Loba, & poi poco appreso ne se parti, essendosi innamorato di una gentil donna detta Gent Esquieu de Menerba, & fece allora la canzone:

> *Sieu en chantar soven*
> *no matur ni maten,*
> *non cuidetz que sabers*
> *men failla, ni razos,*
> *ni talans amoros,*
> *quel plus de mos volers*
> *es en ioi, & en chan,*
> *e de razon ai tan*
> *que chantar en poiri'asatz :*
> *mas tot can sai, no vueill sapchatz.*

« Se io in cantar sovente non mi fermo, nè m'arresto, non
pensiate ch' el sapere mene manchi, nè ragioni, nè talento
amoroso ; che'l più de' miei voleri e' nella gìoja, e nel canto,
e di ragioni ne ho tanto, che cantar potrei assai. Ma tutto
quanto so, non voglio, sappiate. »

Histoire Littéraire. — La notice consacrée à Miraval
dans l'*Histoire Littéraire de la France* (t. XVII. p. 456-467, 1832),
et qui est d'Eméric-David est plus développée. Toutes les
données des *razos* provençales y sont acceptées sans contrôle.
Pour la première fois une tentative est faite pour reconnaître
quelques-uns des personnages désignés par Miraval à l'aide
de surnoms, mais sans grand succès, on l'a vu. Quelques
extraits des pièces publiées par Rochegude et par Raynouard
y sont traduits, très inexactement d'ailleurs.

§ 3.

Diez. — L'étude de Diez (p. 308 à 321 de la 2ᵉ édition des
Leben und Werke der Troubadours) est antérieure à la précédente,
puisque la première édition de cet ouvrage date de 1829. Mais
nous la mentionnons après elle, car elle s'inspire d'un tout
autre esprit. A la fois plus prudente et mieux documentée, si
elle suit dans son ensemble le récit du biographe primitif.
du moins n'est-ce pas sans réserves. Les passages cités y sont
traduits plus exactement et surtout commentés avec plus de
justesse[1].

---

1. Nous ne citons que pour mémoire l'étude de Balaguer, la dernière en
date (1879).

APPENDICE II

LA FAMILLE DE MIRAVAL AU XIIe SIÈCLE

§ 1.

Divers personnages portant le nom de Miraval figurent dans un certain nombre d'actes qui sont compris entre les années 1112 et 1213.

De ces actes, les uns étaient déjà publiés dans l'*Histoire de Languedoc* ; les autres sont inédits et proviennent des *Archives de la Haute-Garonne* (fonds de Malte).

Voici l'analyse rapide des uns et des autres, avec l'indication des personnages portant le nom de Miraval qui s'y trouvent mentionnés ; nous classerons ensuite les renseignements qu'ils nous fournissent pour en tirer nos conclusions.

1. Acte d'hommage pour le château d'Arifat[1] à Bernart-Aton. vicomte de Carcassonne (vers 1112). Un *Bernart de Miraval* y figure comme garant. — *Hist. Lang.* t. v c. 837.

2. Accord conclu entre Bernart-Aton, vicomte de Carcassonne, et Rogier III, comte de Foix (31 mars 1125). *Bernart de Miraval* est témoin. — *Hist. Lang.* t. v. c. 926.

3. Cession en faveur du vicomte Bernart-Aton par Roland de Bize[2] (18 avril 1127). *Bernart de Miraval* est témoin. — *Hist. Lang.* t. v. c. 946.

4. Accord entre le vicomte Bernart-Aton et Bernart, abbé de Castres (vers 1128). *Bernart de Miraval* est témoin. — *Hist. Lang.* t. v. c. 947.

---

1. Sur les bords de la Durenque, à 3 km. de Castres.
2. Bize (arr' de Narbonne).

5. Accord conclu entre Raimon-Trencavel, vicomte de Béziers, et Sicart, vicomte de Lautrec (28 décembre 1152). Un *Guilhem de Miraval* est témoin. — *Hist. Lang.* t. v. c. 1050.

6. Acte d'inféodation du château de Verdalle[1], consenti par Raimon-Trencavel, vicomte de Béziers, en faveur d'Isarn de Puylaurens (25 août 1153). *Bernart de Miraval* et *Guilhem de Miraval*, son *agnat*, sont témoins. — *Hist. Lang.* t. v. c. 1140.

7. Cession à l'abbaye du Loc-Dieu[2] de la moitié du *mas* de la Roquette[3] par *Raimon de Miraval*, *Raimon Ugo* et *Bernart*, frères, à l'occasion de l'entrée de leur sœur dans ce monastère (1157). — *Arch. dép*[les] *de la Haute-Garonne*, fonds de Malte, abbaye du Loc-Dieu, n° ii, liasse vii, titre 8.

8. Vente à l'abbé du Loc-Dieu, mentionnant *Raimon de Miraval* comme ayant possédé la moitié du *mas* de la Roquette (sans date; postérieure à 1157). — *Arch. dép*[les] *de la Haute-Garonne*, fonds de Malte, abbaye du Loc-Dieu, n° ii, liasse vii, titre 6.

9. Vente à l'abbé du Loc-Dieu, mentionnant *Raimon de Miraval* comme ayant possédé la moitié du *mas* de la Roquette (sans date ; postérieure à 1157). — *Arch. dép*[les] *de la Haute-Garonne*, fonds de Malte, abbaye du Loc-Dieu, n° ii, liasse vii, titre 6.

10. Accord mentionnant *Raimon de Miraval* et son frère, *Raimon Ugo*, comme ayant déjà cédé la moitié du *mas* de la Roquette à l'abbaye du Loc-Dieu, et leur sœur, *Vediana*, comme étant déjà entrée audit monastère (sans date ; postérieure à 1157). — *Arch. dép*[les] *de la Haute-Garonne*; fonds de Malte, abbaye du Loc-Dieu, n° ii, liasse vii, titre 4.

11. Accord conclu entre les chevaliers et les bourgeois de Castres et Raimon-Trencavel (1160). *Bernart de Miraval* figure parmi les témoins. — *Hist. Lang.* t. v c. 1236.

---

1. Canton de Dourgne, arrond' de Castres.
2. A une faible distance de Villefranche-de-Rouergue.
3. Peut-être *La Rouquette*, canton de Villefranche-de-Rouergue.

12. Cession d'un droit de pacage à Vital, abbé de Fontfroide, par *Bernart de Miraval* (août 1162). — *Gallia Christiana*, t. vi. col. 200 E.

13. Cession[1] par *Guilhem de Miraval* à Rogier II, vicomte de Béziers, de tous les biens qu'il possédait à Castres et aux environs et que son aïeul, *Bernart de Miraval*, avait reçus de Bernart-Aton. aïeul de Rogier II (décembre 1174). — *Hist. Lang.* t. viii. c. 309.

14. *Raimon Ugo et Raimon de Miraval*, son oncle, impignorent et engagent Guilhem et Bernart de Revel, frères, tous les droits qu'ils avaient au Mas-Majeur de Saint-Etienne du Larzac pour 350 sols melgl. (1186)[2].

15. Reconnaissance de Sicart, vicomte de Lautrec, à Rogier II, vicomte de Béziers (février 1188) ; *Bernart de Miraval* est parmi les témoins. — *Hist. Lang.* t. viii. c. 386.

16. Acte par lequel *Raimon de Miraval* et *Raimon Ugo*, son neveu, donnent aux Templiers de Sainte-Eulalie tous les droits qu'ils avaient sur le *mas* de la Roquette ; il est rappelé que *Raimon de Miraval* et ses frères, *Raimon Ugo* et *Bernart*, avaient auparavant donné les mêmes droits à l'abbé du Loc-Dieu, à l'occasion de l'entrée de leur sœur *Vediana* au monastère du Loc-Dieu ; les Templiers sont subrogés aux droits dudit abbé (1189). — *Arch. dép*les *de la Haute-Garonne* ; fonds de Malte, Sainte-Eulalie, Vialar n° 35.

17. Serment de fidélité prêté par les chevaliers des vicomtés de Béziers et de Carcassonne au jeune Raimon-Rogier, fils de Rogier II, vicomte de Béziers (mai 1191) ; *Bernart de Miraval* figure parmi ces chevaliers. — *Hist. Lang.* t. viii. c. 411.

---

1. Cette session fut consentie par Guilhem de Miraval « en dédommagement de la guerre qu'il avait faite et des actes de brigandage dont il s'était rendu coupable. » Il avait notamment donné asile à un certain Arnaut de Montcassen, qui avait dépouillé plusieurs marchands, bien que ceux-ci fussent munis d'un sauf-conduit du vicomte de Béziers.

2. Nos efforts sont restés infructueux pour retrouver dans le fonds de Malte cet acte, peut-être égaré. Nous en indiquons le contenu d'après l'*Inventaire général des titres et documents de la Commanderie de Sainte-Eulalie*, dressé en 1704 (*Arch. dépar*les *de la Haute-Garonne*, fonds de Malte, invent. 117. page 13.) Ayant d'ailleurs pu constater l'exactitude des analyses données par cet inventaire pour d'autres actes, nous ne doutons nullement de l'existence de cette pièce.

18. Arnal du Molnar renonce en faveur des Templiers de Sainte-Eulalie à toutes les prétentions qu'il pouvait faire valoir sur la paroisse de Saint-Etienne du Larzac. au nom de *Raimon de Miraval*, d'*Alfanza*, sa sœur, de *Raimon Ugo*, son neveu, et de *Guilhem*, son frère (octobre 1213). — *Arch. dép*[les] *de la Haute-Garonne*; fonds de Malte; C[rie] de Sainte-Eulalie. n° 77.

Voici le texte des actes 7, 8, 9, 10, 16, 18. qui sont inédits :

7. *Archives départementales de la Haute-Garonne*; fonds de Maltè ; abbaye du Loc-Dieu, n° II, liasse VII, titre 8. — Copie ancienne sur parchemin, écriture du XIIe siècle.

> *Anno dominice incarnationis centesimo quinquagesimo septimo post millesimum*, eu Raimunz de Miraval et eu Raimunz Ug et eu Bernartz, nos tug que em fraire, donam et ab aquesta present carta liuram a te Rigal e al abat del Loc Dieu et als habitadores de la maiso que aras i so ni adenant i seran per nostra seror qu'enzmorguez [1], lo meg mas de la Rocheta tot aquel dreg que i aviam — e qui re us i amparava devem vos ne esser guirent per dreg, e dam vos ne e fidanza Folco del Molnar, et el a o donat e so aver et sa honor a mort et a vida, qui ren perdia que tot o emendes. *Hujus rei testes sunt :* Raimunz Bertranz e Bernartz Ricartz et Peire Arnalz e Gauzfres le fils que fo d'en Ugo Fabre et Ug Dartimi.

7 bis. Rédaction latine du même acte ; elle diffère de la précédente par la formule qui fait mention du garant et par la place qu'occupe le nom du premier témoin de la première copie. *Archives départementales de la Haute-Garonne*; fonds de Malte, abbaye du Loc-Dieu, n° II, liasse VII, titre 4. Rouleau de parchemin ; écriture du XIIe siècle, paraissant plus récente que celle de la copie précédente :

> Anno dominice incarnacionis centesimo quenquagesimo septimo post millesimum. ego Raimundus *de Miraval* et ego Raimundus Ugonis et ego Bernardus, nos omnes qui sumus fratres, donamus et ab ista *present* carta tradimus tibi Rigaldo et abbati Loci Dei et habitatoribus eiusdem domus præsentibus futuris, cum sorore nostra ut eam faciatis recipere et monachari in monasterium

---

1. *Qu'enzmorguez* = *qu'emmorguetz*, et répond aux mots *ut eam faciatis monachari* de la transcription latine du même acte.

feminarum, medietatem *del mas de la Rocheta* quidquid
nostri iuris est. Et si aliqua calumnia vobis ibi surrexerit,
guirenciam vobis debemus facere *per dreg*. Et ego Fulco
del Molnar [1] hujus donacionis sum fideiussor, et laudo hoc
in censu et in honore meo in vita et in morte, et si aliquid
inde perdiderint, debeo totum emendare. Hujus rei testes
sunt : B[ernardus] Ricardi. P[etrus] Arnaldi. Gaufridus
filius Ugonis Fabri. R[aimundus] Bertrandi. Ugo Dartimi.

8. *Archives départementales de la Haute-Garonne*; fonds de
Malte, abbaye du Loc-Dieu, n° II, liasse VII, titre 6 [2] :

> Similiter ego Willelmus Raimundi et Raimundus
> Virgilii frater ejus vendimus et cum ista presenti carta
> tradimus tibi Amelio gratia Dei abbati Loci Dei et tibi
> Rigaldo et habitatoribus Loci Dei presentibus et futuris
> medietatem unius agni et medietatem unius velleris et
> medietatem unius sextatarii de avena et medietatem unius
> galline et medietatem de uno *alberc* de tribus militibus
> et quartam partem unius porci de tribus solidis. Totum
> hoc habebamus in medietate mansi *de la Rocheta* quam
> Raimundus *de Miraval* tenebat; et totum hoc damus
> vobis integre cum bona fide et sine *engan* ad vestram
> cognitionem per triginta solidos de *Melgoires* quos nobis
> datis nomine pretii et ut recipiatis nos in or[atio]nibus
> vestris. Quod si aliqua calumnia vobis inde surrexerit,
> guirentiam vobis debemus facere *per dreg*. Testes sunt :
> Bernardus Richardi, P[etrus] Arnaldi, Raimundus Petri.

9. *Archives départementales de la Haute-Garonne*; fonds de
Malte; abbaye du Loc Dieu, n° II, liasse VII, titre 6 :

> Noverint presentes atque futuri quod ego Pontius
> *Malras* conditione et iure venditionis cum ista carta trado
> tibi Amelio, abbati Loci Dei, et tibi Rigaldo et habitato-
> ribus Loci Dei presentibus atque futuris tres partes de
> quarto medietatis mansi *de la Rocheta*, quem habebam in
> illa parte quam tenebat Raimundus *de Miraval*, accipiens
> a vobis XL solidos melgoirensium. Si vero aliqua vobis
> calumnia ab aliquo fuerit illata, guirentiam vobis debeo

---

1. Le Monna, commune de Millau.

2. Cette pièce et la suivante font partie d'une série de notices transcrites
sur un rouleau de parchemin; l'écriture est du XIIe siècle. Ces notices, au
nombre de 17, résument des actes compris entre les années 1150 et 1166.
Nous ne pouvons, d'après ce seul indice, dater les 2 pièces qui nous intéres-
sent. Du moins est-il certain qu'elles sont postérieures à 1157, puisqu'elles
mentionnent Raimon de Miraval comme *ayant possédé* la moitié du *mas*
de la Roquette (cf. l'acte 7). La pièce 7 bis se trouve aussi sur ce rouleau.

facere *per dreg*. Et ego Fulco *del Molnar* hac de causa,
remota omni fallacia, facio vobis fiduciam et laudo in
censu et in honore meo. Testes sunt : Bernardus Richa[r]di.
Bertrandus Bernardi, Bernardus Raimundi et Gaufridus,

10. *Archives départementales de la Haute-Garonne ;* fonds de
Malte ; abbaye du Loc-Dieu, n° II, liasse VII, titre 4, copie
ancienne ; parchemin ; écriture du XII[e] siècle :

> *Hec est carta diffinicionis sive transactionis* de rancura
> que era entre Raimun de Miraval e l'abbat del Loc
> Deu. E fo aissi plaigada li terra de que era li rancura,
> zo es lo megz mas de la Roqueta, em poder de Peiro
> Aenric per laudimi de Guillem Raimun de la Roca ;
> e fo enaissi plaigat que iamais Raimunz de Miraval
> ni hom per el aquesta terra sobredicha — laqual avion
> dada el e Raimunz Uc sos fraire ab lur seror Vediana al
> Loc Deu per morga — nom remogues ni anpares, e qui
> o fadia deu n'esser guirenz per dreg ; et a o iurat sobre
> sancts evangelis tocatz fidanza Peiro Aenric. *Hujus rei*
> *testes sunt :* Elias de Monbru, e Guichard maistre del
> Hospital, e Tortorel, e Raimun de Rodes, e Raimun de
> Brazac, e Peiro Arnal, et Arbert, e Raimun Curel, que
> demandet lo sagrament davant la gleisa a boissa e
> vedenza d'aquez tres sobredigz e de Peiro Canas, e de
> Ademar d'Esparro e de Levedo e de Bernart Ugo de la
> Roia, prior, quen det a Raimun de Miraval de be e de
> karitat LXX *solidos.*

16. *Archives départementales de la Haute-Garonne ;* fonds de
Malte ; Sainte-Eulalie, Vialar n° 35, copie[1] :

> *Notum sit omnibus hominibus quod anno dominice incar-*
> *nationis* M° C° LXXX° VIIII°, eu Raimunz de Miraval et eu
> Raimung Ug, sos neps, nos dui essens bonament e senes
> engan e senes retenement que non i faim de re, donam
> laudam et autorgam et ab aquesta present carta liuram,
> per nos e per totz homes e per totas femenas daus nostras
> partz per aras e per totz temps, a Deu et a sancta Maria
> et alz fraires del Temple ad aquelz que aras isso e per
> adenant i seran, e per nom a te Bernart lo Capella, —
> totz aquelz dregz et aquellas razos que nos aviam et aver
> deviam per qualque guisa re i poxem aver el mas de la
> Roqueta, e sabem [d]e ver e conoissem que eu R[aimunz]

---

1. C'est à l'obligeance de M. A. Thomas que nous devons la copie de cet
acte et du suivant.

de Miraval, e Raimunz Ug, e Bernartz mei freire, tug
trei, senes tota retenguda, donem per totz temps tot
quant aviam e aver podiam en aquest dig mas a Deu et
a sancta Maria et al abat del Loc Deu et ad aquelz habi-
tadors que ero e la maio e i ero a venir, e per nom a
Rigal lo morgue, per V[ediana] [1] nostra seror, qu'enmor-
guero e n'adersero, de la qual maio vos, fraire del
Temple, o avetz conquist ; a cui en present bonament,
senes tota retenguda per totz temps, aissi con es sobredig,
o lauzam et o donam et o liuram, eu R[aimunz] de Miraval
et eu R[aimunz] Ug, ab una ega valent. C. *solidos Melgo-*
rienses que n'avem avuda e receupuda, enz en tenem per
be pagat de la maio per nom de caritat e d'absolve-
ment. Et avem iurat sobre s[ancts] evangelis tocatz
que d'aizi enant re no i queiram ni demand[ar]em per
luinna ocaiso, ni hom ni femena per nos ab nostre vol
ni per nostre grat, e qui o fazia que guirent en siam a la
maio de totz homes a dreg e rededor de que qu'en perdes
o per aiso meses ; e donam o en tot quant avem e per
adenant aurem a vida e pos mort ; et aizo fo fag e la
gleia al Monnar. Autor : Esteve des Ortals, Deusde de
Botiac, Berenguer de Revel, Peiro Guiral e Ric... so fraire
Bermun, Raimun Guillem, Bernart Juze, Bernart Pinol,
Raimun Gasc, Bernart Folco, Folco.

18. *Archives départementales de la Haute-Garonne;* fonds de
Malte; commanderie de Sainte-Eulalie nº 77, original :

> *Notum sit omnibus hominibus quod anno dominice incar-*
> *nationis Mº CCº XIIIº mense octobris,* eu Arnalz del Molnar,
> bonament e sas engan e sas retenement que non i faz de
> re, solvi done e desanpar per aras e per totz temps a Deu
> et a la maiso del Temple e a te W[ilhem] Arnal que es
> comandaire de S. Eulazia, totz los demans qu'eu fazia o
> far podia en tota la parrochia de S. Esteve de Larzac [2]
> per Raimun de Miraval o per Alfanza sa seror o per R[ai-
> mun] Ugo so nebot o per W[ilhem] so fraire; totz los demanz
> sobredigz solvi e desanpar per totz temps a la maiso del
> Temple et a te W[ilhem] Arnal, que es comandaire de
> S. Eulazia, per L *solidos* de Melgoires que n'ai avutz e

---

1. La pièce 10 nous permet de rétablir le nom de femme dont celle-ci ne
donne que la lettre initiale.

2. Au centre même du Larzac, au sud-est et à une faible distance de
Sainte-Eulalie, se trouvent, à côté d'une église ruinée portant le nom de
Saint-Etienne, les restes d'un cloître. (V. Gaujal : *Etudes sur le Rouergue,*
III, 246).

> receubutz de te W[ilhem] Arnal per nom de solvement.
> Et ai iurat sobre sancts evangelis tocatz que ia mais
> contra aquest solvement sobredig no vengua per neguna
> maneira per me ni per altre. *Hujus rei testes sunt :*
> Loreman de Cantobre, W[ilhem] de Cornuz, Ugo Carrer,
> W[ilhem] de Lodeva, Peironet, Ugo Benastruc. Ugo de la
> Faia, Raimun Alaman, P[eire] Nairet, R. Saumalier,
> W[ilhem] de Bonavila ; *et ego Petrus Raimundi notarius*
> *his omnibus interfui et hanc cartam scripsi et signum appo-*
> *sui.* (Signet du notaire).

Rappelons brièvement les faits dont la connaissance est
nécessaire à l'intelligence des transactions auxquelles ces actes
se rapportent.

L'abbaye du Loc-Dieu, de la filiation de celle de Dalon, en
Limousin, et de l'ordre de Citeaux, fut fondée en 1124, le 21
mars [1]. Ses biens furent absorbés à la fin du XII° siècle par la
commanderie des Templiers de Sainte-Eulalie du Larzac, fondée
en 1158 par Raimon-Berengaier, comte de Barcelone, oncle
et tuteur du vicomte de Millau. Bérengier-Raimon. Le comte de
Barcelone donna en même temps aux Templiers la plus grande
partie du Larzac. Les Templiers possédaient notamment les
villages de Sainte-Eulalie (canton de Cornus, arrondissement de
Saint-Affrique), de la Cavalerie et de la Couvertoirade (canton
de Nant, arrondissement de Millau) [2]. Par là s'expliquent les
cessions consenties par les Miraval à l'abbaye du Loc-Dieu
d'abord, puis aux Templiers.

§ 2.

Admettons pour l'instant que les différents personnages portant le nom de Miraval et mentionnés dans les actes dont nous
venons de donner le détail appartiennent à une même famille.

Ces actes nous font connaître :

1° Un *Bernart de Miraval* (v. les actes 1, 2, 3, 4) contemporain
du vicomte de Carcassonne, Bernart-Aton. et à qui ce dernier
donna des biens aux environs de Castres (v. acte 13) [3]. Les

1. V. *Gallia Christ.*, t. 1, c. 262.

2. V. Gaujal : *Etudes sur le Rouergue*, I, 482, II, 57, IV, 381.

3. Il existe encore, à 2 km. environ au S.-E. de Castres, un château du nom
de Miraval, de construction moderne d'ailleurs, mais qui doit sans doute son
nom au souvenir de ce Bernart de Miraval.

actes où figure ce personnage nous prouvent que la famille des
Miraval était dès le début du xiie siècle liée à la fortune de la
maison de Carcassonne.

2° Un *Bernart de Miraval* et un *Guilhem de Miraval*, son
agnat (v. les actes 5 et 6), représentant probablement la
génération intermédiaire entre celle du personnage précédent
et la génération de Raimon.

3° Quatre frères et deux sœurs : *Raimon, Raimon Ugo* (mort
sans doute avant 1186, puisque dans l'acte 14 c'est son fils
qui est nommé à sa place), *Bernart* (mentionné pour la dernière fois en 1191, acte 7), *Guilhem ; Vediana, Alfanza* (v. actes
7, 18). L'acte 13 permet de considérer le premier *Bernart
de Miraval* comme l'aïeul de ces derniers.

On voit, par la teneur de ces documents, que c'est du même
Raimon qu'il s'agit dans les actes 7, 8, 9, 10, 14, 16, 18.

Avons-nous le droit de considérer en effet ces divers personnages comme se rattachant à une même famille? Et cette
famille est-elle bien celle de notre troubadour ?

De ces actes, les uns proviennent du sud du Rouergue, les
autres de la partie de l'Albigeois qui confine au Cabardès.

Tout d'abord la présence simultanée des noms de *Bernart* et
de *Guilhem* dans des actes d'origine différente constitue déjà
une forte présomption.

L'acte 13 nous apprend que, si la famille de Miraval posséda
des biens dans les environs de Castres, ce n'était pas là qu'était
son berceau. Remarquons que le *Bernart de Miraval*, frère de
Raimon figure dans certains actes à côté des seigneurs de Saissac
et de Cabaret, et de ceux de Boissezon (actes 15, 17) : ce sont
là des noms soit du Cabardès, soit des contrées toutes voisines,
et que nous avons rencontrés maintes fois en retraçant la vie
de notre troubadour.

Il ne résulte donc aucune difficulté de ce fait que certains
des actes dont il s'agit nous transportent dans l'Albigeois,
puisque cette région était aussi soumise à l'influence de la
maison de Carcassonne et que, d'ailleurs, les Miraval n'y
possédèrent des biens qu'à titre passager[1].

Il n'y a pas non plus lieu de s'étonner que les Miraval aient
eu des possessions dans le sud du Rouergue, cette région[2]

---

1. On se rappelle d'ailleurs que bon nombre des aventures galantes de
Miraval eurent l'Albigeois pour théâtre.

2. Nous voulons parler de la région où se trouvent l'abbaye du Loc-Dieu et
le village de la Rouquette (canton de Villefranche-de-Rouergue).

confinant à l'Albigeois et ne nous éloignant pas sensiblement du Cabardès.

On s'explique tout aussi bien que les Miraval aient possédé des droits (d'après l'acte 18) dans le Larzac. A la suite de quelles circonstances les avaient-ils acquis? C'est ce qu'on ne peut préciser, mais c'est ce dont telle hypothèse toute naturelle (alliance matrimoniale, cession faite par quelque suzerain, etc.) pourrait rendre compte.[1] Il suffit de constater que le plateau du Larzac, qui domine, d'un côté, le bassin du Tarn, de l'autre, celui de l'Hérault, se trouve à proximité de l'ancien Albigeois et assez près de la région même du Cabardès.

La date du dernier document invoqué (octobre 1213) peut-elle soulever quelque objection? Nous ne le pensons pas. Elle nous transporte au lendemain de Muret, c'est-à-dire à un moment où le Languedoc était bouleversé et où Miraval devait se trouver à Toulouse auprès de Raimon VI. Mais la rédaction de l'acte montre que l'arrangement qu'il relate est fait au nom de Raimon par son mandataire et non en sa présence. Cet acte, consacrant sans doute des engagements antérieurs, et, comme tel, préparé peut-être depuis un certain temps, pouvait donc être conclu définitivement en octobre 1213, quelle que fût à ce moment la situation du Midi et en quelque lieu que résidât Miraval.

Pour ces raisons, nous estimons que, dans ces actes, auxquels certains noms sont communs, qui se rattachent à des régions voisines et qui appartiennent à une même période, il s'agit des membres de la même famille, et que cette famille est celle de notre troubadour.

On aura pu remarquer que Raimon de Miraval ne figure dans aucun acte ayant un caractère politique : ceci n'est pas pour nous surprendre, après ce que nous avons dû dire de son rôle; nous avons vu en effet qu'exclusivement occupé de son art, il ne prit aucune part aux affaires de son temps.

Enfin, deux points de la biographie provençale se trouvent indirectement confirmés par les documents que nous venons de passer en revue.

D'abord, s'il est exact que Raimon ait eu trois frères et

1. Notons que l'étendue de la vicomté de Millau, dont le plateau du Larzac formait la partie méridionale, varia sans cesse au cours du xii° siècle et qu'à diverses reprises telles parties de son territoire furent soumises à des familles différentes. V. A. Molinier : *Géogr. de la Proc. de Languedoc au M. A.* p. 241.

deux sœurs, il est possible que le troubadour ait été à un
moment donné, conformément au dire du biographe, possesseur,
lui quatrième, du château de Miraval.

En second lieu, l'allusion faite à la pauvreté de Raimon
s'explique si l'on veut bien se rappeler que sa famille dut,
au cours du xiie siècle, céder une partie des biens qu'elle possédait dans le Rouergue et ceux que les vicomtes de Carcassonne
lui avaient donnés près de Castres.

APPENDICE III

ANALYSE MÉTRIQUE DES PIÈCES DE MIRAVAL[1]

1. *Aissi cum es genser pascors.* — 6 couplets de 9 vers,
   unissonans, et 3 envois de 5 vers *unissonans :*
   couplet : 8 a 8 b 8 b 8 a 8 a 7 c 7 c 7 d 7 d.
   envoi : 8 a 7 c 7 c 7 d 7 d.

2. *Aissim ten amors franc.* — 6 couplets de 12 vers ; les 4
   derniers couplets ont des rimes *derivativas* et sont
   encadenatz :
   1er couplet : 6 a 6 b 6 a 6 b 6 b 6 c 6 c 6 d 6 d 6 c 6 c 6 b.
   2e couplet : 6 b 6 a 6 a 6 c 6 c 6 d 6 d 6 b 6 b 6 d 6 b 6 d.
   3e et 5e couplets : 6 a 6 b 6 a 6 b 6 a 6 b 6 a 6 b 6 a 6 b
   6 a 6 b.
   4e et 6e couplets : 6 b 6 a 6 b 6 a 6 b 6 a 6 b 6 a 6 b 6 a
   6 b 6 a.

3. *Amors me fai chantar et esbaudir.* — 5 couplets de 7 vers
   unissonans et 3 envois de 3 vers *unissonans :*
   couplet : 10 a 10 b 10 a 10 b 10 c 10 c 10 d.
   envoi : 10 c 10 c 10 d.

4. *Anc non atendei de chantar.* — 6 couplets de 8 vers
   unissonans :
   couplet : 8 a 8 b 8 b 8 a 8 c 8 d 8 d 8 e.

5. *Anc trobars clus ni braus.* — 6 couplets de 9 vers ; les
   couplets riment 2 à 2 *(coblas doblas) :*
   couplet : 6 a 7 a 5 b 6 a 7 a 5 b 7 a 5 b 5 b.

6. *A penas sai don m'aprejng.* — 6 couplets de 10 vers
   (coblas doblas) et un envoi de 3 vers :
   couplet : 7 a 7 b 7 b 7 a 7 a 7 b 7 a 7 a 7 b 7 a.
   envoi : 7 a 7 b 7 a.

---

1. Nous indiquons, par l'emploi de lettres identiques, quelles sont les rimes
d'un couplet reprises dans un couplet qui suit ou dans un envoi. — Pour le
le sens des mots techniques, v. les *Leys d'Amors*. éd. Gatien-Arnoult.

7. *Ar ab la forsa dels freys.* — 6 couplets de 8 vers *unissonans,* et 2 envois de 4 vers *unissonans* :
>   couplet : 7 a 7 b 7 a 7 b 7 c 7 c 8 d 8 d.
>   envoi : 7 c 7 c 8 d 8 d.

8. *Ara m'agr' ops que m'aizis.* — 6 couplets de 8 vers *unissonans* et 3 envois de 4 vers *unissonans* :
>   couplet : 7 a 7 a 7 b 7 b 7 c 7 d 7 d 7 c.
>   envoi : 7 c 7 d 7 d 7 c.

9. *Belh m'es qu'ieu chant em conhdey.* — 7 couplets de 9 vers *unissonans* et 2 envois de 5 vers *unissonans* :
>   couplet : 7 a 7 b 7 b 7 a 7 c 7 d 7 d 7 c 7 c.
>   envoi : 7 c 7 d 7 d 7 c 7 c.

10. *Be m'agradal bel temps d'estiu.* — 6 couplets de 8 vers *unissonans,* 2 envois de 4 vers *unissonans* et un demi-envoi (2 vers). Dans chaque couplet un mot tiré d'un même radical reparaît à chaque vers ; le mot qui termine un couplet est celui dont le radical est repris à chaque vers du couplet suivant[1] :
>   couplet : 8 a 8 b 8 b 8 a 10 b 10 b 10 c 10 c.
>   envoi : 10 b 10 b 10 c 10 c.
>   demi-envoi : 10 c 10 c.

11. *Ben aigl cortes essiens.* — 5 couplets de 9 vers *unissonans* :
>   couplet : 8 a 8 b 8 b 8 a 7 c 7 c 10 d 6 e 10 e.

12. *Ben aial messatgiers.* — 6 couplets de 8 vers *unissonans* et 2 envois de 2 vers *unissonans* :
>   couplet : 6 a 6 b 6 b 6 a 8 a 8 b 10 c 10 c.
>   envoi : 10 c 10 c.

13. *Ben sai que per arentura.* — 6 couplets de 8 vers *unissonans* et 3 envois de 3 vers *unissonans* :
>   couplet : 7 a 8 b 7 a 8 b 8 b 8 c 8 c 8 d.
>   envoi : 8 c 8 c 8 d.

---

1. La pièce de Peire Vidal « *Be m'agrada la coincens sazos* » (éd. Bartsch, n° 38), sans être d'une structure identique, offre quelque analogie avec cette chanson de Miraval, non seulement dans la forme, mais aussi, jusqu'à un certain point, dans le fond. Le procédé qui consiste à reprendre certains mots ou certains radicaux dans un ordre déterminé est très fréquent chez les troubadours. Toutefois nous ne connaissons aucune pièce qui soit exactement construite comme cette chanson de Miraval. Celle qui s'en rapproche le plus est la pièce de Raimbaut d'Orange « *Ab nou cor et ab nou talen* » (Rayn. *Choix,* III. 15) : mais il existe entre les deux plus d'une différence.

14. *Chansoneta farai vencutz.* — 6 couplets de 8 vers (*coblas doblas)* et un envoi de 2 vers. La rime du second vers dans chaque groupe de 2 couplets est reprise au 1er vers dans le groupe suivant.
    couplet : 8 a 8 b 8 a 8 b 10 c 10 c 10 c 10 c.
    envoi : 10 c 10 c.

15. *Chans quan non es qui l'entenda.* — 6 couplets de 8 vers *unissonnans* et 1 envoi de 4 vers :
    couplet : 7 a 5 b 7 b 7 a 7 c 7 c 10 d 10 d.
    envoi : 7 c 7 c 10 d 10 d.

16. *Contr' amor vau durs et embroncs.* — 6 couplets de 7 vers *unissonans* et un envoi de 4 vers :
    couplet : 8 a 8 b 8 b 7 c 8 d 8 d 7 c.
    envoi : 7 c 8 d 8 d 7 c.

17. *D'amor es totz mos cossiriers.* — 6 couplets de 8 vers *unissonans,* 3 envois de 4 vers *unissonans* et un demi-envoi (2 vers) :
    couplet : 8 a 8 b 8 b 8 a 7 c 7 c 10 d 10 d.
    envoi : 7 c 7 c 10 d 10 d.
    demi-envoi : 10 d 10 d.

18. *Dels quatre mestiers valens.* — 6 couplets de 9 vers *unissonans* et 2 envois de 4 vers *unissonans* :
    couplet : 7 a 7 b 7 a 4 c 8 c 10 d 10 d 8 e 8 e.
    envoi : 10 d 10 d 8 e 8 e.

19. *De trobar ai tot saber.* — 5 couplets de 8 vers *unissonans* (le dernier couplet est incomplet) :
    couplet : 7 a 7 b 7 b 7 a 10 c 10 c 10 d 10 d.

20. *Enquer non a guaire.* — 3 couplets de 18 vers *unissonans* et un envoi de 6 vers :
    couplet : 5 a 5 a 8 b 5 a 5 a 8 b 5 a 5 a 8 b 5 a 5 a 8 b 8 b 8 b 8 b 8 b 7 a 7 b.
    envoi : 8 b 8 b 8 b 8 b 7 a 7 b.

21. *Entre dos volers sui pessius.* — 6 couplets de 8 vers *unissonans* et 2 envois de 4 vers *unissonans* :
    couplet : 8 a 8 b 8 b 8 a 7 c 7 c 10 d 10 d.
    envoi : 7 c 7 c 10 d 10 d.

22. *Loncstemps ai avutz cossiriers.* — 6 couplets de 8 vers *unissonans* et 3 envois de 4 vers *unissonans* :
    couplet : 8 a 8 b 8 b 8 a 7 c 8 d 8 d 7 c.
    envoi : 7 c 8 d 8 d 7 c.

23. *Puois de mon chantar disetz.* — 5 couplets de 8 vers
    unissonans :
    couplet : 7 a 7 b 7 b 8 c 7 d 7 d 10 e 10 e.

24. *Pus oguan nom cate estius.* — 6 couplets de 8 vers *unisso-
    nans*, 1 envoi de 4 vers et 2 demi-envois de 2 vers :
    couplet : 7 a 7 b 7 b 7 c 10 d 7 d 10 e 10 e.
    envoi : 10 d 7 d 10 e 10 e.
    demi-envoi : 10 e 10 e.

25. *Qui bona chanso cossira.* — 5 couplets de 8 vers (les 4
    premiers en *coblas doblas)* et un envoi de 4 vers :
    couplet : 7 a 7 b 7 a 7 b 7 b 7 a 7 a 7 b.
    envoi : 7 b 7 a 7 a 7 b.

26. *Res contr' amor non es guirens.* — 6 couplets de 8 vers
    unissonans :
    couplet : 8 a 7 b 7 b 8 a 7 c 7 c 8 d 8 d.

27. *S'a dreg fos chantars grazitz.* — 6 couplets de 9 vers
    unissonans et 2 envois de 4 vers *unissonans* :
    couplet : 7 a 7 b 7 b 7 c 7 c 7 d 7 d 7 e 7 e.
    envoi : 7 d 7 d 7 e 7 e.

28. *Selh cui joys tanh ni chantar sap.* — 6 couplets de 8 vers,
    capcaudatz, et 3 envois de 4 vers *unissonans :*
    couplet : 8 a 7 b 7 b 8 c 8 c 7 d 7 d 10 e.
    envoi : 8 c 7 d 7 d 10 e.

29. *Selh que de chantar s'entremet.* — 6 couplets de 7 vers
    unissonans et 2 envois de 2 vers *unissonans :*
    couplet : 8 a 7 b 7 b 8 c 8 c 10 d 10 d.
    envoi : 10 d 10 d.

30. *Selh que no vol auzir chansos.* — 6 couplets de 8 vers
    unissonans, 1 envoi de 4 vers, et un demi-envoi (2 vers) :
    couplet : 8 a 8 b 8 b 8 a 8 c 8 c 8 d 8 d.
    envoi : 8 c 8 c 8 d 8 d.
    demi-envoi : 8 d 8 d.

31. *S'ieu en chantar soven.* — 6 couplets de 10 vers *unissonans*
    et un envoi de 4 vers :
    couplet : 6 a 6 a 6 b 6 c 6 c 6 b 6 d 6 d 8 e 8 e.
    envoi : 6 d 6 d 8 e 8 e.

32. *Sim fos de mon chantar parven.* — 5 couplets de 8 vers
    unissonans et 1 envoi de 4 vers :
    couplet : 8 a 7 b 7 b 8 a 8 c 8 d 8 d 8 c.
    envoi : 8 c 8 d 8 d 8 c.

33. *Sitot ses ma domn' esquira.* — 6 couplets de 8 vers,
capcaudatz, et 2 envois de 4 vers *unissonans* :
    couplet : 7 a 7 b 7 c 7 c 7 d 7 d 7 b 7 c.
    envoi : 7 d 7 d 7 b 7 a.

34. *Tal chansoneta farai.* — 6 couplets de 10 vers *(coblas
doblas)* et 1 envoi de 3 vers :
    couplet : 7 a 5 b 6 b 6 a 6 a 6 b 6 c 6 a 6 b 6 c.
    envoi : 6 a 6 b 6 c.

35. *Tals rai mon chan enqueren.* — 6 couplets de 8 vers
unissonans et 2 envois de 4 vers *unissonans* :
    couplet : 7 a 7 b 7 b 7 a 7 c 7 c 7 d 7 d.
    envoi : 7 c 7 c 7 d 7 d.

36. *Tot quan fatz de be ni dic.* — 6 couplets de 8 vers *unissonans*
et 1 envoi de 4 vers :
    couplet : 7 a 7 b 7 b 7 a 10 c 10 c 8 d 8 d.
    envoi : 10 c 10 c 8 d 8 d.

37. *Tug silh quem ran demandan.* — 6 couplets de 8 vers
unissonans, 2 envois de 4 vers *unissonans*, 2 demi-envois
de 2 vers *unissonans* :
    couplet : 7 a 7 b 7 a 7 b 7 c 7 c 10 d 10 d.
    envoi : 7 c 7 c 10 d 10 d.
    demi-envoi : 10 d 10 d.

38. *Un sonet m'es belh qu'espanda.* — 6 couplets de 9 vers
unissonans (le dernier mot du dernier vers de chaque
couplet est repris à la fin du 1ᵉʳ vers du couplet suivant) :
2 envois de 4 vers *unissonans*, et un vers restant d'un
3ᵉ envoi mutilé :
    couplet : 7 a 7 b 7 a 7 b 7 b 5 c 7 d 7 d 7 a.
    envoi : 5 c 7 d 7 d 7 a.

39. *Dona la genser c'om demanda.* — *Domnejaire :* 2 couplets de
3 vers de 8 syllabes sur la même rime et 41 couplets de
3 vers (chaque couplet formé d'un vers de 4 syllabes et
de 2 de 8, les 3 sur la même rime). Au vers 10 se trouve
un couplet de 4 vers (1 de 4 syllabes et 3 de 8) : un des
3 derniers vers de ce couplet a été sans doute intercalé
par erreur, car l'harmonie de la pièce est rompue par
là. — A la fin de la pièce, le mot *dona* est rejeté en
dehors de la mesure, après le dernier vers complet.
(Cf. p. 175 n. 1).

40. *A Dieu me coman, Bayona.* — 6 couplets de 8 vers *(rimas singulars)* et 1 envoi de 4 vers.
>   couplet : 7 a 7 b 7 a 7 b 8 b 7 a 7 b 6 a.
>   envoi : 8 b 7 a 7 b 6 a.

41. *Aras no m'en puosc plus tardar.* — 4 couplets de 7 vers *unissonans* (pièce incomplète) :
>   couplet : 8 a 7 b 8 a 8 c 7 b 8 d 8 d.

42. *Bayona, per sirrentes.* — 4 couplets de 10 vers *unissonans* et un envoi de 6 vers. Le mot *Bayona* est repris à la rime à chaque cinquième vers avant la fin du couplet.
>   couplet : 7 a 7 b 7 a 7 b 7 c 7 d 7 c 7 d 7 e 7 e.
>   envoi : 7 c 7 d 7 c 7 d 7 e 7 e.

43. *Forniers, per mos enseignamens.* — 5 couplets de 10 vers *unissonans* et 2 envois de 6 vers *unissonans* :
>   couplet : 8 a 8 b 8 b 8 a 4 c 4 c 4 c 4 c 4 c 3 d.
>   envoi : 4 c 4 c 4 c 4 c 4 c 3 d.

44. *Grans mestiers m'es razonamens.* — 5 couplets de 9 vers *unissonans* et un envoi de 3 vers :
>   couplet : 8 a 8 b 8 b 8 a 7 c 7 c 10 d 6 e 10 e.
>   envoi : 10 d 6 e 10 e.

45. *Miraval, tenzon grazida.* — 4 couplets de 7 vers *(coblas doblas).*
>   couplet : 7 a 7 b 7 a 7 b 7 a 7 b 7 b.

46. *Tostems eseing e mostri al mieu dan.* — 1 couplet de 8 vers :
>   10 a 10 b 10 a 10 b 10 c 10 c 10 d 10 d.

INDEX

H

I

S

TABLE DES RÉFÉRENCES

NOTA. — Nous donnons, entre parenthèses, après le titre
de certains ouvrages, les abréviations que nous avons employées pour les désigner.

Annales du Midi. p. par A. Thomas. — Toulouse-Paris.

Appel (C.) : *Provenzalische Inedita*. Leipzig, 1890.

Archiv für das Studium der neueren Sprachen und Literaturen.
p. par L. Herrig. — Brunswick. — *(Arch.)*

Azais (G.) : *Le Breviari d'Amor de Matfre Ermengaud*. — 2 vol.
Paris-Béziers, 1862.

Barbieri (G.) : *Dell' origine della poesia rimata*. — Modène,
1790.

Bartsch (K.) : *Chrestomathie Provençale*. — 5e éd. Berlin, 1892.

Bartsch (K.) : *Denkmaeler der provenzalischen Literatur*. —
Stuttgart, 1856.

Bartsch (K.) : *Grundriss zur Geschichte der provenzalischen
Literatur*. — 5e éd. Elberfeld, 1872.

Bartsch (K.) : *Peire Vidal's Lieder*. — Berlin, 1857.

Bastero : *La Crusca provenzale*. — Rome, 1724.

Bastié : *Description du Dépt du Tarn*. — 2 vol. Albi, 1875.

Baudon de Mony : *Relations politiques des comtes de Foix avec
la Catalogne jusqu'au commencement du XIVe siècle*. — 2
vol. Paris, 1896.

Beschnidt (E.) : *Die Biographie des Troubadours Guilhem de
Capestaing*. — Marburg, 1879.

Bofarull (P.) : *Coleccion de documentos ineditos del archivio
general de la corona de Aragon*. — t. IV. Barcelone, 1849.

Borel (P.) : *Les Antiquités de Castres*, publ. par Ch. Pradel. —
Paris, 1868.

Bulletin de la Société Ariégeoise des Sciences, Lettres et Arts. — Foix.

CHABANEAU (C.) : *Les Biographies des troubadours en langue provençale.* — Extrait du t. x de l'*Histoire Générale de Languedoc.* — Tirage à part, Toulouse, 1885. — *(Biogr.)*

CORNICELIUS (M.) : *So fo el temps c'om era jays*, nouvelle de Raimon Vidal de Bezaudun. — Berlin, 1888.

CRESCIMBENI : *Istoria della volgar poesia.* — 6 vol. Venise, 1730.

CRESCINI (V.) : *Il canzoniere provenzale della Marciana* (d° Per gli studj romanzi ; Padoue, 1892.)

DEVIC (Dom) et Dom VAISSETTE : *Histoire générale de Languedoc,* éd. Privat, 15 vol. Toulouse, 1872-1892. — *(Hist. Lang.)*

DIEZ (F.) : *Grammaire comparée des langues romanes,* trad. p. A. Brachet, A. Morel-Fatio et G. Paris. 3 vol. (3e éd.) Paris, 1877.

DIEZ (F.) : *Leben und Werke der Troubadours* : 2e éd. revue par K. Bartsch. — Leipzig, 1882.

DIEZ (F.) : *La Poésie des Troubadours* (trad. de Roisin). — Paris-Lille, 1845.

FAURIEL : *Histoire de la Poésie provençale.* — 3 vol. Paris, 1846.

Gallia Christiana.

GATIEN-ARNOULT : *Las flors del gay saber, estier dichas Las Leys d'Amors.* — 3 vol. Toulouse, 1841-43.

GAUJAL (Baron de) : *Etudes historiques sur le Rouergue.* — 4 vol. Paris, 1858-59.

Giornale di filologia romanza, p. par E. MONACI. — Rome.

GROEBER (G.) : *Die Liedersammlungen der Troubadours.* — Strassburg, 1877.

Histoire Littéraire de la France (t. XVII. — Paris, 1832).

Inventaire général des titres et documents de la Commanderie de Sainte-Eulalie, 1704 ; vol. manuscrit. — Arch. Dép[les] de la H[te]-Garonne ; Fonds de Malte, invent. 117.

Jahrbuch für romanische und englische Literatur, p. par A. EBERT et L. LEMCKE. — Berlin-Leipzig.

A. JEANROY : *La Tenson Provençale* (d° Annales du Midi, II, 281-304 ; 441-62.) Toulouse, 1890.

JEHAN DE NOSTRE-DAME : *Vies des plus celebres et anciens poetes provensaux qui ont floury du temps des comtes de Prouence.* — Lyon, 1575.

Klein (O) : *Die Dichtungen des Mœnchs von Montaudon*. — Marburg, 1882.

Kolsen (Ad.) *Guiraut von Bornelh, der Meister der Trobadors.* — Berlin, 1894.

Levy (E.) : *Provenzalisches Supplement-Wœrterbuch.* — Leipzig, 1894 (en cours).

Lollis (C. de) : *Il canzoniere provenzale O.* — Rome 1886.

Mahn (C. A. F.) : *Die Gedichte der Troubadours.* — 4. vol. Berlin, 1862-73. — *(M. G.)*.

Mahn (C. A. F.) : *Die Werke der Troubadours.* — 4 vol. Berlin, 1845-57. — *(M. W.)*

Mahul (A.) : *Cartulaire et archives des communes de l'ancien diocèse et de l'arrondissement administratif de Carcassonne.* — 6 vol. Paris, 1859-71.

Maus (F. W.) : *Peire Cardenals Strophenbau in seinem Verhält-niss zu dem anderer Troubadours.* — Marburg, 1884.

Mémoires de l'Académie des Sciences, Inscriptions et Belles-Lettres de Toulouse. — Toulouse.

Meyer (P.) : *La Chanson de la Croisade contre les Albigeois.* — 2 vol. Paris, 1875.

Meyer (P.) ; *Le Salut d'amour dans les Littératures provençale et française.* — Paris, 1867.

Meyer (P.) : *Les Troubadours à la cour des comtes de Toulouse* d' *Histoire Générale de Languedoc,* t. vii, p. 441 et su.

Mila y Fontanals : *De los Trovadores en España.* — Nouvelle éd. Barcelone, 1889. *(Trov. en Esp.)*

[**Millot**] : *Histoire Littéraire des Troubadours.* — 3 vol. Paris, 1774.

Molinier (A) : *Géographie historique de la province de Languedoc au moyen-âge* (Extrait du t. xii de l'*Histoire Générale de Languedoc*). — Tirage à part, Toulouse, 1889.

Paradin (G.) : *Alliances généalogiques des rois de France et princes des Gaules.* — Lyon, 1561.

Pelaez (M.) : *Vita e poesie di Bonifazio Calvo.* — Turin, 1897.

Philippson (E.) : *Der Moench von Montaudon.* — Halle, 1873.

Raynouard (F.) : *Choix des poésies originales des Troubadours.* — 6. vol. Paris, 1816-21.

Raynouard (F.) : *Lexique Roman.* — 6 vol. Paris, 1836-44.

Restori (A) : *Letteratura Provenzale.* — Milan, 1891.

Revue des Langues Romanes. — Montpellier-Paris.

DE ROCHEGUDE : *Le Parnasse Occitanien.* — Toulouse, 1819. —
       (P. O.).

Romania, p. par P. MEYER et G. PARIS. — Paris.

SCHOPF (S.) : *Beitraege zur Biographie und zur Chronologie der
       Lieder des Troubadours P. Vidal.* — Breslau, 1887.

SPRINGER (H.) : *Das altprovenzalische Klagelied.* — Berlin, 1895.

STENGEL (E.) : *Die provenzalische Blumenlese der Chigiana.* —
       Marburg, 1878.

STIMMING (A.) : *Provenzalische Litteratur.* — Strassburg, 1893.
       — Fait partie du *Grundriss der romanischen Philologie* de
       G. Groeber.

Studj di filologia romanza, p. par E. MONACI. — Rome. — *(Studj.)*

TEULET (A.) et J. DE LABORDE : *Layettes du Trésor des Chartes.* —
       3 vol. Paris, 1863-75.

THÉVENIN (M.) *Textes relatifs aux institutions privées aux époques
       mérovingienne et carolingienne.* — Paris. 1887.

THOMAS (A.) : *Poésies complètes de Bertran de Born.* — Toulouse,
       1888.

THOMAS (A.) : *Francesco da Barberino et la Littérature proven-
       cale en Italie au moyen-âge.* — Paris, 1883.

WITTHOEFT (F.) : *Sirventes Joglaresc.* — Marburg, 1891.

ZENKER (R.) : *Die Gedichte des Folquet von Romans.* — Halle,
       1896.

TABLE DES MATIÈRES

INTRODUCTION

LE LANGUEDOC ET LE NORD-EST DE L'ESPAGNE VERS LA FIN DU XII᷎ SIÈCLE. p. 1.

PREMIÈRE PARTIE

La vie de Raimon de Miraval

CHAPITRE I

CONDITION ET CARRIÈRE DE RAIMON DE MIRAVAL.

1. Le pays d'origine de Raimon de Miraval : *Le Cabardès. — Le village de Miraval.* p. 13. — 2. La famille et la condition de Raimon de Miraval. p. 19. — 3. La carrière de Raimon de Miraval : *Date de sa naissance. — Époque probable de ses débuts dans la poésie. — Miraval pendant la guerre des Albigeois. — Date et circonstances de sa mort.* p. 22.

CHAPITRE II

RAIMON DE MIRAVAL ET SES PROTECTEURS : LE POÈTE COURTISAN

1. Intérêt que présente l'étude des rapports des troubadours avec leurs protecteurs. p. 33. — 2. *Audiart* (Raimon VI, comte de Toulouse) et Miraval. p. 35. — 3. *Pastoret* (Raimon-Rogier, vicomte de Béziers ?) et Miraval. p. 45. — 4. Relations de Miraval avec les autres seigneurs du Languedoc. p. 51. — 5. Relations de Miraval avec les princes du Nord de l'Espagne. p. 68. — 6. Conclusion. p. 77.

CHAPITRE III

AVENTURES GALANTES DE RAIMON DE MIRAVAL

1. Importance des aventures galantes dans la vie du troubadour. p. 79. — 2. *Mais d'amic* (la Louve de Pennautier) ; *Mantel* ; la vicomtesse de Minerve. p. 82. — 3. Azalaïs de Boissezon. p. 114. — 4. Ermengarda de Castres, Gaudairenca et Miraval ; Brunessen de Cabaret. p. 129. — 5. Leonor d'Aragon. p. 152. — 6. Conclusion. p. 159.

DEUXIÈME PARTIE

L'œuvre de Raimon de Miraval

CHAPITRE I

LES ŒUVRES DE RAIMON DE MIRAVAL.

CHAPITRE II

LA POÉSIE DE MIRAVAL.

APPENDICES

APPENDICE I

APPENDICE II

APPENDICE III

Vu et lu,
En Sorbonne, le 6 décembre 1899
par le Doyen de la Faculté des Lettres
de l'Université de Paris :
A. CROISET

Vu et permis d'imprimer :
Le Vice-Recteur de l'Académie de Paris,
GRÉARD.

FOIX. — IMPRIMERIE-LIBRAIRIE GADRAT AÎNÉ.